"十三五"中小学教师培训教材

教师教学基本能力解读与训练
中学音乐
（第2版）

丛书主编：李　军

本书主编：李　磊

编　著　者：付晓敏　李红霞　袁衍明

　　　　　　杨再辉　朱　莉　李　磊

　　　　　　刘　颖　韩　旭　刘　娜

北京理工大学出版社
BEIJING INSTITUTE OF TECHNOLOGY PRESS

图书在版编目（CIP）数据

教师教学基本能力解读与训练 . 中学音乐 / 李磊主编 .—2 版 .—北京 : 北京理工大学出版社，2019.5

ISBN 978-7-5682-5532-5

Ⅰ . ①教… Ⅱ . ①李… Ⅲ . ①音乐课—教学法—中学教师—师资培训—教材 Ⅳ . ① G633

中国版本图书馆 CIP 数据核字（2019）第 071628 号

出版发行 / 北京理工大学出版社有限责任公司

社　　址 / 北京市海淀区中关村南大街 5 号

邮　　编 / 100081

电　　话 /（010）68914775（总编室）

　　　　　（010）82562903（教材售后服务热线）

　　　　　（010）68948351（其他图书服务热线）

网　　址 / http：//www.bitpress.com.cn

经　　销 / 全国各地新华书店

印　　刷 / 定州市新华印刷有限公司

开　　本 / 787 毫米 × 1092 毫米　1/16

印　　张 / 18.75　　　　　　　　　　　　　　　　　责任编辑 / 张荣君

字　　数 / 426 千字　　　　　　　　　　　　　　　　文案编辑 / 刘永兵

版　　次 / 2019 年 5 月第 1 版　2019 年 5 月第 1 次印刷　责任校对 / 周瑞红

定　　价 / 52.00 元　　　　　　　　　　　　　　　　责任印制 / 边心超

序

教育大计，教师为本。习近平总书记指出："一个人遇到好老师是人生的幸运，一个学校拥有好老师是学校的光荣，一个民族源源不断涌现出一批又一批好老师则是民族的希望。"可以说，有好的老师，就会有好的教育。

好老师不仅需要拥有强烈的教育情怀与高超的育人智慧，而且必定具有超强的教学能力。因为，教师的教学能力是落实育人目标和决定教学质量的重要因素。北京市朝阳区教委始终高度重视全区教师教学能力的持续提升，早在 2009 年就出台了《朝阳区教育系统教师教学能力提升工程的意见》，旨在以教师的教学能力为抓手，促进教师队伍的专业发展，全面提高朝阳区的教学质量和教育品质。

作为教师专业发展基地——北京教育学院朝阳分院一直致力于教师教学能力的全面发展。特别是在"十二五"期间，针对朝阳区教师教学能力现状，结合教师专业发展阶段的规律和特点，基于《北京市朝阳区教师教学基本能力检核标准》（以下简称《标准》）和《标准》解读，北京教育学院朝阳分院遴选了最为重要的 10 个能力要点，研发了针对中（职高）小学教师的一整套训练内容和方法，开发了《教师教学基本能力解读与训练》（共 23 个学科分册）学科教师培训教材。依据智慧技能的形成特点，通过"测、讲、摩、练、评"五个环节开展了基于实践、基于问题的教师培训，培训教师近 2 万人次。

在培训实施过程中，针对各学科教龄 10 年以下的青年教师和 10 年以上的成熟教师，遴选其中 4～6 个能力要点，分层开展学科教师培训，在培训目标、培训内容、培训形式以及考核要求等方面都做了针对性的细化处理。在《标准》解读、案例研讨、在线交流和考核测试的基础上，开展了基于能力要点的课堂教学实践与改进。不同类型的培训实践不仅检验了基于教师教学能力标准的培训课程的培训效果，同时也促进了教师教学能力的精进与提升。

基于《标准》的教师培训，突出了"培训课程标准化"的培训资源建设观。通过率先在全国研制、实践并推广系列《标准》，满足并引领了培训课程建设的品质需求，改进和完善了教师发展支持体系，推进了培训工作制度化、规范化，基本破解了分层、分类、分岗开展培训的难题，增强了教师参训的针对性、实效性和获得感，切实提升了教师培训的专业性，受到了区内外使用该培训教材的教师的一致好评。

为了进一步发挥《标准》的指导作用，推进教师教学能力的持续提升，基于原有教材的开发和实施经验，每个学科结合现阶段本学科特点和教师专业发展需求，另外遴选了8～10个能力要点，开发了"十三五"中小学教师培训教材《教师教学基本能力解读与训练》（共24个学科分册）。在教材编写过程中，我们努力将《标准》揭示的一般规律、共性问题迁移融通于各学科，且通过案例凸显各学科教学能力的基本特征，还将关键的结果指标与各学科教学实践中的实际问题进行对接，以期深化教师对《标准》的理解，明确教学实践改进的方向和路径，提升自身的实践智慧。

当前，我国基础教育正处在深化综合改革的关键时期，各学科核心素养的提出，进一步明确了学科的育人价值，为学科育人提供了指南。为此，在教材开发过程中，各位编委对本学科的学科核心素养也给予了充分关注，在《标准》的解读、案例的分析、训练的任务中，对此都有不同程度的涉及与体现，为实现学科育人理念、发展学生的学科素养探索了具体的路径。

每一册教材的编写团队都聚集了一批一线的骨干教师，他们边学习《标准》，边践行《标准》，并结合学科教学实践进行反思、形成了鲜活的案例。可以说，他们是《标准》的首批实践者，也是培训资源的开发者，正是由于他们的深度参与，才使这套教材真正落实了"基于实践""基于问题"的价值追求，大大提高了教材的实践价值。

在教材开发的过程中，北京教育学院李晶教授等专家给予了我们一如既往的悉心指导。来自高校、教学一线的教授、特级教师作为学科专家指导团队，以他们的智慧为本套教材把关增色。借此机会，我们对他们付出的智慧和心力表示衷心的感谢。

由于"教师专业标准"还是一个尚待完善改进的领域，同时我们自身的水平和经验也有限，尤其是有效地践行《标准》还需要进一步加强，教材中必然存在着不甚妥当或值得深入探讨之处，诚挚期望得到专家和同行们的指正。

我们期待本套教材能在广大中小学教师教学能力的提升中发挥重要的作用，并在应用中不断完善。我们更期待广大教师立足课堂教学实践，不断深入学习反思，持续提升教学能力，做学生锤炼品格、学习知识、创新思维和奉献祖国的引路人。

丛书编委：白雪峰

前　言

　　教师教学能力是影响教学质量的主要因素之一，有好的教师才有好的教育，教师的发展与培养是一项长期持续的工程。目前，对于初高中音乐教师的学科能力还没有形成系统的教学培养体系，教师快速提升业务能力的通道尚待开发。基于以上原因，为落实十九大关于立德树人是教育的根本任务这一核心要求，修养道德情操，应对新形势下的教育改革，使音乐教师更好地承担艺术教育的重任，成为合格的美育工作者，我们开发、制定了《北京市朝阳区中学音乐教师教学能力标准》，并编写了这本培训指导教材。

　　本教材的编写聚集了朝阳区的一批骨干教师，借鉴《北京市朝阳区教学基本能力检核标准》《中小学教师专业发展标准》及"十二五"培训教材《中学音乐教师教学基本能力解读与训练》，针对中学音乐的学科特色及朝阳区中学音乐教师的现状，对照"标准"，以大量真实、鲜活的案例进行解读说明，增强了教材的可读性和实用价值。

　　本教材的编写遵循以下几个原则：

一、创新性原则

　　首先，围绕中学音乐的五大教学领域，课题组开发、制定了朝阳区中学音乐教师的《学科专业能力标准》和《学科教学能力标准》。该标准描述全面，要求精准，可执行性强，是通过对我区的音乐教师的业务素养、教学能力进行全方位摸底把脉之后制定出的较专业、较权威的教育教学标准。制定这样的学科能力标准，在北京市乃至全国中学音乐教师学科培训教材中是具有创新性的。

　　其次，编写组制定了详尽的能力提升策略。教师的学科专业能力到学科教学能力，二者各自独立又紧密联系，教师可以对照其中的一种能力进行针对性训练，又可以结合某一个课题对这两大能力进行综合性的检测。基于音乐学科的特点，在力求教学规范的同时，我们最大限度地保护了教师的专业个性化发展，可以让老师们在操作的时候，扬长避短，有更多自我思考的空间，因此具有独创性。

二、实用性原则

本教材全部由课题组的一线骨干教师撰写,实用性强。教材中既有教师专业指导,例如:如何提升边弹边唱能力,如何加强教师教学语言训练等环节,又有针对当下教育教学改革的大趋势,在教学设计指导、提升音乐教师教学素养等方面为老师们设计的实践与思考环节。当然,紧紧围绕课堂实践,为老师们提供大量优秀实践课例的展示与评析、相关资料链接等可借鉴的素材、资料,更是期望能举一反三,博取他人之所长,内化成自己的能力。

三、操作性原则

本教材中所有指标的设计与制定细致、条理分明,力求可检测、可量化。教师可以通过阅读教材、艺术实践、教学实施借鉴、撰写教学反思、思考课后习题等系统的训练获得职业能力的提升。

四、可持续发展原则

教师作为教育的实施者应该坚持终身学习的理念。教师可结合本教材中的音乐教师学科能力检核标准,参考自身专业及教学水平,明确定位并制定中长期职业发展目标,通过三年、五年目标甚至十年目标实现从普通教师到优秀教师的职业发展提升。

CONTENTS

🎵 **第一部分　《北京市朝阳区中学音乐教师教学能力标准》**

🎵 **第二部分　训练实施指导**

第一章　学科教学基本规范 / 16

第二章　学科专业能力训练 / 28

第三章　学科教学能力训练 / 51

第三部分 教学实施与评析

第一部分

《北京市朝阳区中学音乐教师教学能力标准》

《北京市朝阳区中学音乐教师教学能力标准》解读

能力是完成一个目标或任务所体现出来的综合素质。1973 年，美国的麦可利兰博士提出了能力素质模型。通常我们从能力素质适用范围的角度，将其分为核心能力素质和专业能力素质。标准即衡量事物的准则。

编写《北京市朝阳区中学音乐教师教学能力标准》，是希望在朝阳区的音乐教学活动中形成一个客观有效的学科评价体系，使朝阳区中学音乐教师通过对标学习、对标执行、对标反思，不断提升专业能力，提高学科教学质量。

本标准将音乐学科的感受与欣赏、表现、创造、音乐与相关文化四大领域拆分细化为可执行、可操作的细则，如感受与欣赏领域包括音乐表现要素、音乐情绪与情感、音乐体裁与形式、音乐风格与流派；表现领域包括演唱、演奏、识读乐谱；创造领域包括即兴编创、创作实践等。为此，本标准从学科专业能力和学科教学能力两个维度进行解构：学科专业能力分为学科专业技能和学科文化素养；学科教学能力分解为教学设计能力、教学实施能力和教学评价能力。老师们可对照合格、良好、优秀三个层级标准自我检测。

为了便于老师们将理论与实践结合，快速提升业务能力，编写组对照"标准"，搜集、整理、点评了优秀案例放在本书的第三部分"教学实施与评析"中，老师们可以根据自身特点，学习、模仿、提炼、总结、应用。

《北京市朝阳区中学音乐教师教学能力标准》框架图

学科领域	内容	学科专业能力标准		
		合格标准	良好标准	优秀标准
感受与欣赏	音乐表现要素	学科专业技能 学科文化素养	学科专业技能 学科文化素养	学科专业技能 学科文化素养
	音乐情绪与情感	学科专业技能 学科文化素养	学科专业技能 学科文化素养	学科专业技能 学科文化素养
	音乐体裁与形式	学科专业技能 学科文化素养	学科专业技能 学科文化素养	学科专业技能 学科文化素养
	音乐风格与流派	学科专业技能 学科文化素养	学科专业技能 学科文化素养	学科专业技能 学科文化素养
表现	演唱	学科专业技能 学科文化素养	学科专业技能 学科文化素养	学科专业技能 学科文化素养
	演奏	学科专业技能 学科文化素养	学科专业技能 学科文化素养	学科专业技能 学科文化素养
	识读乐谱	学科专业技能 学科文化素养	学科专业技能 学科文化素养	学科专业技能 学科文化素养

学科领域	内容	学科专业能力标准		
		合格标准	良好标准	优秀标准
创造	即兴创编 创作实践	学科专业技能 学科文化素养	学科专业技能 学科文化素养	学科专业技能 学科文化素养
音乐与相关 文化	—	学科专业技能 学科文化素养	学科专业技能 学科文化素养	学科专业技能 学科文化素养

学科领域	内容	学科教学能力标准		
		合格标准	良好标准	优秀标准
感受与欣赏	音乐表现要素	教学设计能力 教学实施能力 教学评价能力	教学设计能力 教学实施能力 教学评价能力	教学设计能力 教学实施能力 教学评价能力
	音乐情绪与情感	教学设计能力 教学实施能力 教学评价能力	教学设计能力 教学实施能力 教学评价能力	教学设计能力 教学实施能力 教学评价能力
	音乐体裁与形式	教学设计能力 教学实施能力 教学评价能力	教学设计能力 教学实施能力 教学评价能力	教学设计能力 教学实施能力 教学评价能力
	音乐风格与流派	教学设计能力 教学实施能力 教学评价能力	教学设计能力 教学实施能力 教学评价能力	教学设计能力 教学实施能力 教学评价能力
表现	演唱	教学设计能力 教学实施能力 教学评价能力	教学设计能力 教学实施能力 教学评价能力	教学设计能力 教学实施能力 教学评价能力
	演奏	教学设计能力 教学实施能力 教学评价能力	教学设计能力 教学实施能力 教学评价能力	教学设计能力 教学实施能力 教学评价能力
	识读乐谱	教学设计能力 教学实施能力 教学评价能力	教学设计能力 教学实施能力 教学评价能力	教学设计能力 教学实施能力 教学评价能力
创造	即兴创编 创作实践	教学设计能力 教学实施能力 教学评价能力	教学设计能力 教学实施能力 教学评价能力	教学设计能力 教学实施能力 教学评价能力
音乐与 相关文化	—	教学设计能力 教学实施能力 教学评价能力	教学设计能力 教学实施能力 教学评价能力	教学设计能力 教学实施能力 教学评价能力

北京市朝阳区中学音乐教师教学能力标准

学科领域	内容	学科专业能力标准		
		合格标准	良好标准	优秀标准
感受与欣赏	音乐表现要素	**学科专业技能** 1. 对音乐的音响有基本的感知能力，能够听辨音色、音高、节奏、力度、速度等基本要素的音乐表现 2. 具有音乐记忆能力，能够分辨同一音乐素材的重复、变化或多种形式的对比 **学科文化素养** 3. 能够识读乐谱中的表情记号，结合音响理解音乐情绪的发展变化；能够分辨音乐的结构，写出曲式结构图	**学科专业技能** 1. 具有良好的音响感知能力，能够准确听辨音色、音高、节奏、力度、速度、调性等要素的音乐表现 2. 具有较好的音乐记忆能力，能够准确分辨同一音乐素材的重复、变化或多种形式的对比，并能说出音乐表现特点 **学科文化素养** 3. 能够关注乐谱中的表情记号，分析其在音乐情绪变化中的作用；能够准确听辨音乐主题，准确模仿并记写音乐主题的节奏、旋律，用曲式图说明音乐的材料与结构	**学科专业技能** 1. 具有优秀的音响感知能力，能够准确听辨音色、音高、节奏、力度、速度、调性、和弦、音程等要素的音乐表现 2. 具有优秀的音乐记忆能力，能够清晰地分辨音乐主题的重复、对比、变化，运用精准的语言阐明音乐情绪的发展变化 **学科文化素养** 3. 能够熟练结合音乐表情术语深入理解作品的内涵；能够准确听辨音乐主题，准确模仿并记写音乐主题的节奏旋律，用曲式图说明音乐的材料与结构，并找到相似音乐结构的作品
	音乐情绪与情感	**学科专业技能** 1. 能够体会音乐作品所表现的情感，并用音乐术语描述 2. 能够在模唱中表现音乐的情绪情感 3. 能够在聆听音乐作品时产生联想，具有音乐想象力 **学科文化素养** 4. 能够体验音乐情感的发展变化，并能简要描述或通过多种形式表现出来	**学科专业技能** 1. 能够准确领会音乐作品所表现的情感，能够用音乐术语较为准确地描述 2. 能够富有情感地模唱音乐主题，准确地传递音乐情绪情感 3. 能够在聆听音乐时产生丰富的联想，具有丰富的音乐想象能力 **学科文化素养** 4. 能够准确听辨音乐情感的发展变化，并用音乐语言描绘出这些变化，用符号标记出来	**学科专业技能** 1. 能够准确感受到音乐的情绪情感，能够用音乐语言准确而有艺术感染力地描述音乐表现内涵 2. 能够富有情感地模唱音乐主题，准确传递音乐情绪情感并能用语言描述对音乐的理解 3. 有丰富的音乐想象能力、音乐认知能力和评价交流能力。 **学科文化素养** 4. 能够深入理解音乐作品的内涵，并能用准确的音乐术语和符号记标进行描述和评价
	音乐体裁与形式	**学科专业技能** 1. 能够准确分辨不同音乐体裁，能够哼唱多首中外名曲的音乐主题，能够说出经典音乐作品的作者 **学科文化素养** 2. 能够分析作品的曲式结构、把握作品的风格流派及创作背景 3. 能够识读总谱	**学科专业技能** 1. 能够准确分辨不同的音乐体裁，能够背唱多首中外名曲的音乐主题，并能说出曲作者和相关音乐背景知识 **学科文化素养** 2. 能够熟练分析作品的曲式结构，熟悉作品的风格流派及创作背景 3. 能够熟练识读总谱	**学科专业技能** 1. 能够熟练分辨不同的音乐体裁，能够熟练背唱多首中外名曲的音乐主题，并熟知曲作者和相关音乐背景知识 **学科文化素养** 2. 能够精准地分析作品的曲式结构、准确把握音乐作品的风格流派，熟悉音乐作品的创作背景 3. 能够熟练识读总谱，并能清晰认识到重点乐段、乐句的表现特点及作用

学科领域	内容	学科专业能力标准		
感受与欣赏	音乐风格与流派	**学科专业技能** 1. 通过听辨或观看演出视频，能够判断中国主要戏曲、曲艺曲种和不同地区的民间音乐 2. 能够说出西方音乐不同时期、不同流派、不同地域的音乐作品及代表人物，了解其主要的风格特点 **学科文化素养** 3. 了解不同时期、不同流派、不同地域的相关音乐背景知识	**学科专业技能** 1. 通过听辨或观看演出视频，能够准确判断中国主要戏曲曲艺曲种和不同地区的民间音乐，能够说出不同音乐作品的主要风格特点 2. 能够准确分辨西方音乐不同时期、不同流派、不同地域的音乐作品及代表人物，熟知其主要风格特点 **学科文化素养** 3. 熟练掌握不同时期、不同流派、不同地域的相关音乐背景知识	**学科专业技能** 1. 熟知中国主要戏曲、曲艺曲种和不同地区民间音乐的主要风格特点，能够准确分辨其类别，能够用通俗易懂的方式表述其主要特征 2. 熟知西方音乐不同时期、不同流派、不同地域的音乐作品及代表人物，熟知不同作品的主要风格特点 **学科文化素养** 3. 能够在丰富的学科实践经历中，形成动态发展的学科知识结构及解决实际问题的能力
表现	演唱	**学科专业技能** 1. 了解歌唱基本知识，能开口歌唱 2. 会演唱教材中的歌曲，能基本按照教材要求进行范唱 3. 能够完整熟练地歌唱教材中所有曲目，能背唱歌唱教学中的重点曲目 4. 对相关风格的作品有一定数量的涉猎，对作品的体裁风格有所了解 5. 能为歌曲做两升两降之内调式简单的即兴配弹 6. 能在歌唱教学中自觉运用指挥动作带动歌唱 7. 具备基本的识谱能力，能阅读多声部合唱作品 8. 对音准音色有准确的辨识能力 9. 对合唱知识有基本的了解，知道合唱的基本分类原则	**学科专业技能** 1. 能够掌握演唱的基本知识、技巧和方法 2. 能够准确地范唱所教歌曲，特别是能根据作品需要，正确使用方言或外国语言进行范唱 3. 能够准确背唱教材中要求学生完整背唱的所有曲目 4. 能够有一定数量的作品积累，包括中外民歌、艺术歌曲与优秀创作歌曲、经典声乐与合唱作品、歌剧与音乐剧经典唱段及影视作品主题歌等 5. 能够较为熟练地边弹边唱，做到声音与弹奏配合较为和谐，伴奏调性、和声、织体基本正确 6. 具备一定的指挥技能，做到拍点清晰、动作准确流畅 7. 能够较为快速准确地阅读多声部合唱谱并准确范唱 8. 能够较为敏锐地听辨基本的和声音准，对音色具备一定辨识能力 9. 能够了解合唱的基本知识，了解不同时期、不同风格合唱的表现方法，了解混声合唱、同声合唱的正确含义	**学科专业技能** 1. 具备较高的声乐技巧，对歌唱教学有一定的经验及艺术实践 2. 熟练使用方言或外国语言对所教歌曲进行准确范唱，表演风格正确，情感到位 3. 对教材中的所有演唱曲目了解透彻，伴奏技能突出，能按照正谱完成歌曲的伴奏 4. 有大量的作品积累，对歌曲的作品、体裁、流派、风格等了解深刻并有自己的认知 5. 在歌唱教学中能熟练使用指挥技能帮助学生提高演唱技巧，动作准确流畅优美，情感抒发到位 6. 具备快速准确阅读多声部合唱作品的能力，能够边弹伴奏边范唱其中的某一声部或者弹奏一个声部范唱另一个声部 7. 具备较强的练耳能力，能对较复杂的音程和弦及转调进行准确听辨，能根据作品的要求选择合适的音色进行歌唱 8. 对中外合唱史有深入研究，能在合唱排练实践中融入先进的理念并形成自己的排练风格

续表

学科领域	内容	学科专业能力标准		
表现	演唱	**学科文化素养** 10. 具备基本的音乐文化素养，能结合相关姊妹艺术文化对音乐现象进行合理描述与分析 11. 具备基本的音乐欣赏与鉴赏能力，能准确分析作品并采取相应的教学方法 12. 研究学生心理，有相应的对策顺利进行教学活动 13. 能有效指导学生科学用嗓	**学科文化素养** 10. 能够对中外音乐史、音乐学、音乐美学等音乐文化知识有一定研究，并对相关姊妹艺术文化知识，如美术、文学、戏剧、曲艺等有一定程度的了解 11. 能够了解与作品相关的文化背景，较为准确地分析、理解作品，把握作品内涵 12. 能够主动了解学生的生理特点、心理特点，结合学生特点做到因材施教 13. 了解基本的发声器官的生理常识、发声器官的作用，了解嗓音保护知识	**学科文化素养** 9. 具有较强的相关学科知识储备能力，对学科知识具有较强的整合能力 10. 艺术素养扎实，逻辑清晰，对作品的调式调性、曲式结构、风格体裁等分析到位，有自己的独到见解 11. 以学生为主体，研究教育学、心理学知识，能关注学生心理特点，主动灵活地设计课堂教学环节，注重有效的课堂实施，教学得法，效果明显 12. 了解发声器官的生理常识，能结合学生声音条件对学生的歌唱学习提供指导性建议
表现	演奏	**学科专业技能** 1. 了解所教乐器的基本知识、演奏技巧和演奏方法 2. 能够正确演奏竖笛、口琴、口风琴或其他课堂打击乐器，准确示范作品 3. 能够按作品标识正确演奏作品，并能够背谱演奏两至三首器乐作品 **学科文化素养** 4. 了解器乐作品的文化背景，了解器乐作品的发展史，并对相关文化有简单的了解，能有意识地在教学中渗透 5. 能够主动了解学生身心发展的特点和器乐学习规律	**学科专业技能** 1. 了解几种旋律乐器（口琴、口风琴等）的基本知识、演奏技巧和演奏方法 2. 能够熟练演奏竖笛、口琴、口风琴或其他课堂打击乐器，准确表达作品情感 3. 能够按作品标识正确演奏作品，并能够背谱演奏几首器乐作品 **学科文化素养** 4. 熟悉器乐作品的文化背景，熟悉器乐作品的发展史，理解作品内涵，并能够将这些知识恰当地运用于教学中 5. 熟悉学生身心发展特点和学习规律，了解学习策略、技巧以及器乐学习习惯指导的相关知识	**学科专业技能** 1. 掌握简单的旋律乐器和打击乐器的基本知识、演奏技巧和演奏方法 2. 能够熟练演奏竖笛、口琴、口风琴或其他课堂打击乐器，能够根据所选乐器特点，运用适当的演奏方法表现乐曲的情绪 3. 有丰富的作品积累，能够背谱演奏多首器乐作品 **学科文化素养** 4. 熟悉器乐作品的文化背景，熟悉器乐作品的发展史，了解器乐作品与相关文化的联系，并能很好地融通 5. 掌握学生身心发展知识，具有较丰富的符合学生认知能力发展规律的策略性知识
表现	识读乐谱	**学科专业技能** 1. 了解乐谱识读的方法，熟悉音符时值、拍号及含义、强弱关系等相关知识 2. 能够正确书写乐谱，根据主题节奏，填充缺失的节奏型	**学科专业技能** 1. 按照音乐要素（力度、速度等）正确识读乐谱，通过识读乐谱判断音乐作品曲名 2. 能够正确书写乐谱及各种音乐记号，根据主题旋律填充缺失小节	**学科专业技能** 1. 按照乐谱标识（各种记号）准确、自然、自信地识读乐谱，快速且准确 2. 能够进行多声部乐谱的书写，根据主题填充缺失的乐句 3. 能够准确听辨和弦及二声部旋律，能够准确听辨器乐作品主题并能够正确模唱、准确记写

续表

学科领域	内容	学科专业能力标准		
表现	识读乐谱	3. 能够听辨12种音程（纯一、四、五、八度和大小二、三、六、七度）及二声部旋律　4. 能够通过识读乐谱正确判断和选择旋律发展的终止小节 5. 能够识读总谱 **学科文化素养** 6. 能够吸引学生注意力，激发学生识读乐谱的兴趣	3. 能够准确听辨12种音程（纯一、四、五、八度和大小二、三、六、七度）及二声部旋律，能够模唱、简单记写 4. 能够通过识读乐谱判断器乐曲的调式（包括中国五声调式等） 5. 能够分析总谱 **学科文化素养** 6. 能够运用多种教学手段，吸引学生注意力，有效激发学生识读乐谱的兴趣	4. 能够通过识读乐谱判断调式并能够创编简单的同调式旋律 5. 能够指挥总谱演奏 **学科文化素养** 6. 课堂教学富有激情，能够运用多种教学手段吸引学生注意力，有效激发学生识读乐谱的兴趣，形成持久的学习动力
创造	即兴创编 创作实践	**学科专业技能** 1. 能够重新编配教材作品的歌词、旋律、节奏等 2. 能够即兴创编节奏短句（节拍为二拍、三拍、四拍）并能为旋律短句创作下句 3. 了解音乐软件编创知识，尝试用音乐软件编创音乐 **学科文化素养** 4. 能够在教学中渗透学习方法，培养创作习惯	**学科专业技能** 1. 能够运用一定的理论知识重新编配教材作品的歌词、旋律、节奏等，并能简单谱曲 2. 能够即兴创编二声部节奏并能为旋律短句按照创作方法（模仿、重复等）创作二声部 3. 能够熟悉音乐软件编创知识，能够用音乐软件编创音乐 **学科文化素养** 4. 能够根据教学内容指导学生的创作方法和思维方法	**学科专业技能** 1. 能够运用正确的作曲手法进行简单谱曲、编配和声等 2. 能够即兴创编多声部节奏，并能为旋律短句按照创作方法（模仿、重复等）创作三声部 3. 熟悉音乐软件编创知识，熟练运用音乐软件编创音乐 **学科文化素养** 4. 能够根据学科特点有效指导学生的创作方法和思维方法，提高学科素养
音乐与相关文化		**学科专业技能** 1. 有一定的音乐相关文化知识储备；对音乐作品及相关文化有一定认识与了解 2. 了解中外音乐发展简史，了解主要时期的代表曲家和代表作品，初步把握音乐风格 3. 了解教材中涉及的不同时代、不同流派、不同民族的音乐及其特点，对相关文化背景有一定了解 4. 初步了解音乐与舞蹈、美术、戏曲、曲艺、戏剧等姊妹艺术间的联系与区别 5. 初步了解教材中民族民间歌舞的风格与特点，并可依据服饰、典型动作、音乐元素等进行分辨	**学科专业技能** 1. 有足够的音乐相关文化知识储备；对音乐作品及相关文化有一定解读能力 2. 熟悉中外音乐发展史，了解各个时期代表性的音乐家、作品及相关背景知识，深入把握音乐风格 3. 熟悉教材内外不同时代、不同流派、不同民族的音乐及其特点，对相关文化背景有深入了解 4. 了解教材内外音乐与舞蹈、美术、戏曲、曲艺、戏剧等姊妹艺术间的联系与区别，了解不同艺术的主要特征 5. 了解主要的民族民间歌舞的风格与特点，对主要民族民间舞蹈的风格特点有深入的认知，能够依据服饰、典型动作、音乐元素等进行分辨	**学科专业技能** 1. 有丰富的音乐相关文化知识储备；对音乐作品及相关文化有自己的独到解读 2. 掌握中外音乐发展史，熟知各个时期代表性的音乐家、作品及相关背景知识，并能进行较为全面的分析与解读，准确把握音乐风格 3. 掌握不同时代、不同流派、不同民族的音乐及其特点，对相关文化背景有深入解读，并可运用个人的专长演绎部分音乐作品 4. 熟悉教材内外音乐与舞蹈、美术、戏曲、曲艺、戏剧等姊妹艺术间的联系与区别，准确把握不同艺术的主要特征 5. 熟悉主要的民族民间歌舞的风格与特点，对典型的民族民间舞蹈的风格特点有深入研究，并且能够依据其风格与特点进行准确分辨

续表

学科领域	内容	学科专业能力标准		
音乐与相关文化		6. 基本掌握教材中民族民间舞蹈的简单动作，可在教学中进行简单示范 7. 初步了解教材中涉及的中国戏曲、曲艺的历史、种类、流派、代表人物及代表作，能够分辨典型曲种 8. 了解教材中涉及的戏曲、曲艺的风格特点；能够范唱教材选取的作品片段 9. 初步了解音乐与其他学科之间的横向关联，对其他学科的学习有初步认知 10. 尝试运用综合艺术的表现手段，指导学生进行简单的艺术实践活动 **学科文化素养** 11. 了解相关姊妹艺术的知识与技能；能够将音乐与相关姊妹艺术有机联系 12. 能够发现音乐与其他学科产生联系的知识点，初步建立知识体系 13. 初步了解音乐与社会生活的联系，搜集典型的材料及案例 14. 初步接触与音乐有关的前沿科技相关的信息及教学成果	6. 基本掌握主要民族民间舞蹈的典型动作，可在教学中进行示范，并进行简单的舞蹈编创 7. 了解主要的中国戏曲、曲艺的历史、种类、流派、代表人物及代表作，能准确分辨典型曲种，并对其中曲种有深入学习 8. 初步掌握典型的戏曲、曲艺的风格特点；能够范唱主要曲种代表作中的主要段落 9. 了解音乐与其他学科之间的横向关联，对其他学科的学习有整体认识；尝试对部分教学内容进行综合实践活动 10. 能够运用综合艺术表现手段，指导学生进行较为丰富的艺术实践活动 **学科文化素养** 11. 了解、收集相关姊妹艺术的知识与技能；在以音乐为主体的基础上与相关姊妹艺术有效联系 12. 能够关注音乐与其他学科间产生关联，建立知识体系 13. 能够关注音乐与社会生活的紧密联系，搜集丰富的材料及案例并进行梳理及运用 14. 能够关注与音乐有关的前沿科技的相关信息及教学成果，思考与教学相结合的可能，并进行初步尝试和实验	6. 掌握主要民族民间舞蹈的典型动作，可在教学中进行示范，并进行舞蹈成品的编创 7. 熟悉主要的中国戏曲、曲艺的历史、种类、流派、代表人物及代表作，能够准确分辨曲种，并对其中典型曲种可简单演绎 8. 掌握典型戏曲、曲艺的风格特点；能够有韵味地范唱主要曲种代表作中的重点段落 9. 掌握音乐与其他学科之间的横向关联，对其他学科的学习有较强的整合能力；能够有效结合其他学科内容进行综合实践活动 10. 能够熟练运用综合艺术表现手段，指导学生进行有创意的艺术实践活动 **学科文化素养** 11. 主动收集、涉猎相关姊妹艺术的知识与技能；在以音乐为主体的条件下对相关姊妹艺术有独到的见解 12. 能够主动探寻音乐与其他学科间的密切联系点，形成独特的综合知识体系 13. 能够主动探寻音乐与社会生活的紧密联系，搜集丰富、有创意的材料及案例进行整理和运用 14. 能够掌握与音乐有关的前沿科技的相关信息，以科研带教研并取有一定的教学成果，将成果在教学实践中广泛推广

学科领域	内容	学科教学能力标准		
		合格标准	良好标准	优秀标准
感受与欣赏	音乐表现要素	**教学设计能力** 1. 能够依据教材和学生情况，选择恰当的教学内容 2. 能够制定合理的教学目标，结合学情分析设计合理的教学环节 **教学实施能力** 3. 能够引导学生学习听辨歌曲演唱的类别，乐器的音色、音乐的旋律、节奏、调式、和声等各要素的音乐表现，培养学生良好的音乐欣赏习惯 4. 能够引导学生分析音乐表现的突出特征，如音乐的调性、力度、速度的变化等 **教学评价能力** 5. 能够对学生的表现做出准确评价	**教学设计能力** 1. 能够根据课标要求和学生实际学习状况，合理地整合教学内容 2. 能够有针对性对结合学情，制定明确的教学目标，教学重点突出，有效解决难点，教学环节逻辑性强 **教学实施能力** 3. 能够结合学情，引导学生学习听辨歌曲演唱的类别、乐器的音色、音乐的旋律、节奏、调式、和声等各要素的音乐表现，有效培养学生良好的音乐欣赏习惯，不断提升学生音乐欣赏素养和能力 4. 能够采用有效策略，引导学生学习分析音乐表现的突出特征，如音乐的调性、力度、速度的变化等 **教学评价能力** 5. 能够关注学生学习过程中的情况，及时调整教学策略，提升教学实效；能够对学生的表现做出正确评价，引导学生自评和互评	**教学设计能力** 1. 能够根据课标要求和学生实际学习状况，选择恰当难易程度和音乐风格的作品，科学地整合教学内容 2. 能够结合调研资料和数据，理性分析学生的认知及情感上的困难，科学整合三维目标，高效设计教学策略及音乐实践活动，可操作性强 **教学实施能力** 3. 能够准确分析学情，循序渐进地引导学生学习听辨歌曲演唱的类别、乐器的音色、音乐的旋律、节奏、调式、和声等各要素的音乐表现，高效培养学生主动学习和欣赏音乐的意识，不断提升学生音乐欣赏素养和能力。 4. 能够采用有效策略引导学生学习分析音乐表现的突出特征，如音乐的调性、力度、速度的变化等，并用语言描述或用其他方式交流对音乐的理解 **教学评价能力** 5. 能够敏锐发现学生学习过程中的反馈信息，灵活调整教学策略，高效达成教学目标；能够运用恰当方式准确地对学生做出评价，并引导学生自评和互评，进一步掌握知识与技能
	音乐情绪与情感	**教学设计能力** 1. 能够设计恰当的音乐情境导入，激发学生学习音乐的兴趣 **教学实施能力** 2. 能够指导学生识读乐谱中的表情术语，引导学生感受和体会这些记号带来的实际音响的变化，指导学生有感情地演奏、演唱音乐作品 **教学评价能力** 3. 能够对学生表现出来的参与音乐的兴趣及情感反应做出比较准确的定性评价	**教学设计能力** 1. 能够创设良好的音乐情境，引导学生建立对音乐的感性认知，产生进一步探知的愿望 **教学实施能力** 2. 能够指导学生准确识读乐谱中的表情术语，感受和体会这些记号带来的音响变化 3. 能够运用多种方式指导学生丰富音乐的表现，有感情地演奏、演唱音乐作品 **教学评价能力** 4. 能够准确地对学生表现出来的情感反应、合作交流等情况做出定性评价，并结合定量测评准确掌握学生学习的情况	**教学设计能力** 1. 能够创设浓郁的音乐情境，高效地引导学生进入音乐学习氛围，并且始终沉浸其中，为音乐教学起到良好的承上启下的作用 **教学实施能力** 2. 能够运用灵活多样的方式有效指导学生准确识读、记写音乐表情术语，准确运用恰当的方式引导学生体验音乐情绪情感，深入理解音乐内涵，并能指导学生运用自己的方式表达对音乐的理解 **教学评价能力** 3. 能够准确地对学生表现出来的情感反应、合作交流等情况做出定性评价，并结合定量测评，根据学生学习的情况，有针对性地提出有效的学习建议

学科领域	内容	学科教学能力标准		
感受与欣赏	音乐体裁与形式	**教学设计能力** 1. 能够根据学情，选择合适的作品帮助学生模仿、体验音乐风格特征 **教学实施能力** 2. 能够引导学生区分不同的音乐体裁及表演形式 **教学评价能力** 3. 能够对学生掌握音乐体裁与形式的情况做出定量测评	**教学设计能力** 1. 能够根据学生实际情况，结合教材内容，选取中外名曲，帮助学生模仿音乐风格特征或演奏特点，完整、准确、形象地哼唱音乐主题 **教学实施能力** 2. 能够引导学生结合不同体裁的表演形式，通过多看表演的方法，区分不同音乐体裁和表演形式 **教学评价能力** 3. 能够制定合理的评价量规，对学生掌握音乐体裁与形式的情况做出准确的测评	**教学设计能力** 1. 熟知学生实际学情，能够结合教材内容，精准地选择相关经典名曲，有效地引导学生深入体验音乐风格及演奏特点；能够指导学生完整、准确地哼唱音乐主题，表现作品结构特点 **教学实施能力** 2. 能够采用有效的教学策略，指导学生深入体验不同音乐表演形式的特点；引导学生深入理解不同音乐体裁和表演形式的差异 **教学评价能力** 3. 能够制定科学的评价量规，结合学生学习过程中的实际情况对学生做出综合性的准确评价
	音乐风格与流派	**教学设计能力** 1. 能够根据教学内容选择相应版本的音响作品辅助教学 **教学实施能力** 2. 能够指导学生结合相关音乐知识和文化知识，对不同曲艺和戏曲品种的主要代表作品进行赏析 **教学评价能力** 3. 能够分辨不同的风格流派，并引导学生相互评价知识掌握的情况	**教学设计能力** 1. 能够根据教学内容和学生实际情况，选择恰当版本的音响作品辅助教学 **教学实施能力** 2. 能够在充分的音乐听赏基础上，有效地引导学生结合相关的音乐常识和文化知识，关注唱腔和音乐风格的独特韵味和典型特点，对其进行模仿、区分和判断，对不同曲艺和戏曲品种的主要代表作品进行深入赏析 **教学评价能力** 3. 能够准确分辨不同作品的风格流派，有效引导学生掌握自我测评与互评的方法，促进学习效果的提升	**教学设计能力** 1. 能够精准地选择不同版本的音响作品辅助教学，拓展学生的音乐视野，教学效果好 **教学实施能力** 2. 能够在充分的音乐听赏基础上，高效地引导学生结合相关的音乐常识和文化知识，关注唱腔和音乐风格的独特韵味和典型特点，对其进行模仿、区分和判断，对不同曲艺和戏曲品种的主要代表作品进行深入赏析；能够指导学生对不同风格作品的音乐特征和代表人物进行记忆 **教学评价能力** 3. 能够准确分辨不同作品的风格流派，制定系统而科学的评价方式，引导学生进行自我测评与相互评价，有效促进教学效果的提升
表现	演唱	**教学设计能力** 1. 能对本课内容进行基本完整的教学设计 2. 知道歌曲在教材中的地位及训练目的，对课标要求有一定了解 3. 具备基本的挑选适合学生演唱的歌曲的能力 4. 能够分析歌曲的技术难点并在课上体现出解决难点的过程与方法	**教学设计能力** 1. 能够根据歌曲内容、学段学情特点进行教学设计 2. 能够明确课标的相应要求，明确歌曲在教材中所处的地位，了解作品的训练目的，深入发掘对学生发展的价值 3. 能够根据学生的实际水平循序渐进选择相应的演唱（合唱）曲目	**教学设计能力** 1. 能够精准解读课标要求，结合教材分析学情，科学制定教学目标及重难点 2. 具备通读教材的能力，能从初中三年甚至是初高中六年的学段教材规划入手，整合初高中歌唱教学资源，合理分析歌曲在教材中的地位及作用，对歌曲的教学定位准确，能以学生发展的眼光对音乐教学有长远的设计规划

续表

学科领域	内容	学科教学能力标准		
表现	演唱	5. 知道世界先进的歌唱教学方法，但是在教学环节设计及熟练运用上有难度 **教学实施能力** 6. 能够基本完成歌曲完整教学与演唱 7. 能使用基本的歌唱教学方法，如范唱、模唱、旋律跟唱等进行歌唱教学 8. 在歌唱教学中能注意到发声练习训练的重要性并能在歌曲演唱之前坚持进行发声训练 9. 能够正确指导学生歌唱呼吸及真假声运用，能对歌曲的咬字归韵等提出要求 10. 能够使用恰当的方法排练一般难度的合唱作品，具备基本的合唱指挥能力 11. 意识到识谱教学的重要性，但教学方法及手段单一，教学效果一般 12. 基本能完成一节课的教学内容，教学目标基本实现 **教学评价能力** 13. 课堂教学中能体现激励、评价，有团队合作意识 14. 针对学生演唱能给予简单评价 15. 能够正面引导、积极鼓励学生的歌唱兴趣	4. 能够准确找出歌曲的技术难点并制定出相应的教学对策，并能够针对所学歌曲设计有针对性的准备练习和练声曲 5. 能够借鉴世界先进的教学方法，如柯达伊、奥尔夫、达尔克罗兹等教学法进行歌唱的有效训练 **教学实施能力** 6. 能够准确把握歌曲内涵，并准确传达给学生 7. 能够运用恰当的方法教授不同类型的歌曲，特别是运用口传心授的方法指导学生演唱中国民歌和戏曲、曲艺唱段 8. 能够针对学生的生理发声特点选择正确的发声训练方法，并指导学生用正确的姿势、正确的呼吸和发声方法以及自然的声音演唱，指导学生科学使用及保护嗓子 9. 能够指导学生掌握乐句与呼吸、咬字吐字与归韵、一字多音与拖腔、真假声统一、弱声高位等歌唱基本方法、规律，并能够针对学生在歌唱学习中的问题进行正确的示范 10. 能够掌握合唱训练的基本方法、手段，恰当运用指挥手势带动歌唱教学，有效指导学生在合唱时相互倾听，建立音准概念，以及音色的统一、声部间的和谐与均衡 11. 能够在合唱训练中有意识地进行乐谱识读能力的训练，有效指导学生识谱能力的提升 12. 能够充分发挥教学主导地位，合理调控教学节奏，控制课堂教学的走向 13. 能够在歌唱教学实践中对学生未来的情感体验及审美养成提供一定帮助及指导 **教学评价能力** 14. 能够适当运用激励及评价策略，使学生树立歌唱表演自信，在自评、互评、他评环节中，建立起团队合作意识，培养学生的审美情趣	3. 注重因材施教，遵循教育规律，根据学生的实际水平选择合适的演唱曲目，能注意到选曲的多样性与实用性原则 4. 在歌唱教学上有较好的经验，能很快捕捉到歌曲的技术难点并制定相应对策，教学方法多样，教学效果突出 5. 熟练借鉴世界先进的教育教学方法并恰当运用在教学过程中 **教学实施能力** 6. 对歌曲的技术难点定位准确，能采用恰当方法教授不同风格的歌曲；了解中国曲艺戏曲表演特点，在运用口传心授教习中国民歌或戏曲唱段上传神到位、韵律十足 7. 能够根据演唱的歌曲难点及学生的生理发育特点选择合适的发声训练方法，发声练习曲选择得当，训练效果突出 8. 敏锐察觉学生在歌唱练习中出现的问题并及时纠正；注重科学用嗓，不疲劳用嗓 9. 对歌曲处理中的技术性问题，如乐句的顺法与呼吸支持、真假声统一、共鸣腔体的运用、咬字吐字、依字行腔等有相应的教学对策并能做出正确的示范 10. 熟练使用合唱训练方法进行音准、音程及和弦连接等技术训练，能使用规范的指挥手势带动歌唱，注重培养学生在合唱团队中倾听与合作的能力，对合唱团队的音色及声部平衡有较高的艺术表现要求 11. 坚持视唱练耳的学习，能从柯达伊及达尔克罗兹等教育方法中找到解决识谱、节奏、音准、音乐表现等技术难点的方法，训练高效 12. 能在歌唱（合唱）教学过程中注重音乐情感与审美价值观的渗透，在未来歌唱实践中学生能将歌唱用作调节情绪的心理工具，有根据自我需要选用合适的歌曲来疏解、调节、平衡情绪的能力，获得自我心理和谐，激励积极、乐观向上的人生态度。

学科领域	内容	学科教学能力标准		
表现	演唱	16. 在课堂上能以主导地位把握课堂节奏，顺利完成教学内容	15. 能够准确辨别、判断正确的发声，并能针对问题予以正确指导 16. 能够了解、包容多种演唱方法和个性化声音，实现评价主体的多元化和评价方式的多样性 17. 能够根据学生的情绪、情感、思维状态及时调整演唱曲目教学进度与教学策略	**教学评价能力** 13. 能够恰当运用激励与评价策略，激发学生的艺术表现自信，逐渐积累音乐合作与交流的经验，提升协作能力和团队意识，培养集体主义精神 14. 能够互相欣赏，利用自评、互评、他评环节使学生在音乐合作活动中保持较高的参与意愿和合作意识，掌握音乐合作规则与方法 15. 能够了解、包容多种演唱方法，尊重个性化演唱风格，提倡评价主体的多元化和评价方式的多样性 16. 能够对学生未来艺术兴趣发展提供现阶段专业而有效的建议或帮助
	演奏	**教学设计能力** 1. 能够基于音乐学科的课程标准、器乐作品的学习内容、初步学情分析，确定教学目标并进行正确表述 2. 能够了解教材中器乐作品内容，初步学会分析教材，并从学生已有的器乐作品演奏知识出发确定教学重点难点 3. 能够根据重点难点进行器乐教学设计与指导，并能够选择适宜的作品版本 **教学实施能力** 4. 能够合理安排教学时间，运用教学策略，把握器乐曲内涵，完成预定的教学任务 5. 能够根据学情选择一种适宜的乐器齐奏，并能够指导学生在演奏中按照乐谱标识演奏器乐作品（音准、节奏等） **教学评价能力** 6. 能够准确判断正确的演奏方法，实现评价主体的多元化 7. 能够根据教学目标设计器乐教学评价方式	**教学设计能力** 1. 能够基于音乐学科的课程标准、器乐作品的学习内容、较为深入的学情分析，确定教学目标并进行正确表述 2. 能够了解教材中器乐作品内容，深入分析教材，根据学情准确把握教学重点难点 3. 能够根据重点难点进行器乐教学设计与指导，并选择适宜的作品版本，创设良好的音乐教学情境与教学氛围引导学生参与演奏 **教学实施能力** 4. 能够合理安排教学时间，运用恰当的教学策略，合理选择教学资源和设备，准确把握器乐曲内涵，并传达给学生，较好地完成预定的教学任务 5. 能够根据学情选择多种适宜的乐器合奏，并能够指导学生在演奏中按照乐谱标识演奏器乐作品（音准、节奏等） **教学评价能力** 6. 能够准确判断正确的演奏方法，并能予以指导，实现评价方式的多样性 7. 能够根据教学目标设计合理的器乐教学评价方式与教学策略	**教学设计能力** 1. 能够基于音乐学科课程标准、器乐作品的难易程度、深入的学情分析，确定教学目标并进行正确表述 2. 能够熟悉教材中器乐作品内容，深入分析教材，精准把握教学重点难点 3. 能够根据重点难点进行器乐教学设计与指导，并能够创设良好的音乐教学情境与教学氛围引导学生参与演奏，充分调动学生演奏热情，良好地解决重点难点问题 **教学实施能力** 4. 能够合理安排教学时间，根据学生情况运用恰当的教学策略，合理选择教学资源和设备，准确引导学生表达乐曲内涵，非常好地完成预定的教学任务 5. 能够根据学情选择多种适宜的乐器合奏，在准确演奏的基础上根据乐器特点准确表现作品的情感 **教学评价能力** 6. 能够准确判断正确的演奏方法，并能针对出现的问题予以正确指导，实现评价主体的多元化和评价方式的多样性 7. 能够根据教学目标和学情设计符合学生特点的器乐教学评价方式

续表

学科领域	内容	学科教学能力标准		
表现	识读乐谱	**教学设计能力** 1. 能够指导学生进行乐谱识读与方法的运用，正确识读乐谱，并通过识读乐谱了解音符时值、拍号及含义，强弱关系等相关知识 **教学实施能力** 2. 能够指导学生听辨旋律并模唱，填充缺失的节奏、音符、二声部旋律 3. 能够指导学生正确书写乐谱 4. 能够根据学生情况逐步提出学习要求 **教学评价能力** 5. 能够适当运用奖励、表扬等评价手段对学生识读乐谱的准确性给予肯定，树立学生的自信心	**教学设计能力** 1. 能够指导学生进行乐谱识读与方法的运用，按照音乐要素（力度、速度等）正确识读乐谱，掌握各种节奏型（切分、附点等），判断器乐作品曲名 **教学实施能力** 2. 能够指导学生准确听辨旋律并模唱，填充缺失的小节 3. 能够指导学生正确书写乐谱及各种音乐记号 4. 能够根据学生的实际情况，逐步提出学习要求，指导学生获得自主、合作、探究的学习方式 **教学评价能力** 5. 能够适当运用自评、互评、他评等评价手段对学生识读乐谱的准确性给予肯定，建立团队合作意识	**教学设计能力** 1. 能够指导学生按照乐谱标识（各种记号）准确、自然、自信地识读乐谱，并通过识读乐谱了解音符时值、拍号及含义，强弱关系等相关知识，判断器乐作品曲名 **教学实施能力** 2. 能够指导学生准确听辨旋律并正确模唱，填充缺失的乐句 3. 能够指导学生进行二声部乐谱（大谱表）的书写 4. 能够根据学生的实际情况，逐步提出学习要求，熟悉多种学习策略，有计划地进行策略性知识的教学 **教学评价能力** 5. 能够运用激励及评价策略对学生识读乐谱的准确性给予肯定，培养学生的审美情趣
创造	即兴创编 创作实践	**教学设计能力** 1. 能够利用教材提供的材料、方法进行创编，并按照旋律走向创编结束句，并能够用乐谱记录 2. 能够根据学情指导学生重新编配教材作品的歌词、旋律、节奏等 **教学实施能力** 3. 能够运用适宜的教学手段进行创作实践的有效训练，适当采取互动形式组织学习 4. 能够发现创作过程中课堂生成性问题 **教学评价能力** 5. 能够培养学生良好的创编习惯，引导学生参与教学评价，能够对自己和他人的创作作品作简单评价	**教学设计能力** 1. 能够利用教材提供的材料、方法进行创编，能够根据拍号创编四小节短句，并能够用乐谱记录 2. 能够指导学生运用一定的理论知识重新编配教材中的节奏 **教学实施能力** 3. 能够借鉴世界先进的教学方法，运用多种互动形式组织学生进行创作实践的教学 4. 能够基本解决创作过程中课堂生成性问题 **教学评价能力** 5. 能够培养学生良好的创编习惯，引导学生参与教学（学习过程中出现的问题）评价	**教学设计能力** 1. 能够利用教材提供的材料、方法进行创编，能够根据要求创编二声部节奏或旋律，并能够进行简单的变奏（节奏、节拍、调式等），并能够用乐谱记录 2. 能够指导学生运用作曲手法编配和声、旋律 **教学实施能力** 3. 能够将多种适宜的教学方法融会贯通地运用到课堂教学中，能够运用多种互动形式组织学习，高度关注学生的学习表现，敏锐捕捉教学中出现的问题并能够灵活处理 4. 能够运用教学方法巧妙解决创作过程中课堂生成性问题 **教学评价能力** 5. 能够培养学生良好的创编习惯，引导学生参与教学评价，能够分层级有深度地评价自己及他人的创作作品，并运用评价结果，给学生的学习提出合理建议

续表

学科领域	内容	学科教学能力标准		
音乐与相关文化		**教学设计能力** 1. 关注学生的音乐相关文化的学习，能够通过音乐实践活动进行相关文化的教学 2. 能够有意识地在欣赏、表现、创作等教学活动中融入相关文化知识的教学 3. 尝试对教学内容与其他学科进行关联，在以音乐为主体的情况下加入学科综合知识 **教学实施能力** 4. 能够结合音乐材料的教学对相关姊妹艺术的特征、不同艺术间的联系与区别进行初步讲解 5. 对于歌剧、音乐剧等多种艺术相结合的作品能够进行简单的多角度分析，学生可初步了解和认识这样的艺术作品 6. 能够通过相关文化的教学使学生对于中国传统戏曲、曲艺以及中国民族民间歌舞等艺术形式产生兴趣，进而产生进一步了解的愿望 7. 了解学生的兴趣点，尝试将社会生活中出现的音乐内容与课堂教学相结合，丰富课堂内容 **教学评价能力** 8. 能够选取教学重点知识与技能及学生感兴趣的音乐材料，通过听、唱、写等方式检验学生的学习程度 9. 初步了解教学评价的基本方向性原则、全面性原则、鼓励性原则、过程性评价、情感性原则	**教学设计能力** 1. 深入关注学生的音乐相关文化的学习，能够通过音乐作品或音乐实践活动进行相关文化的有效教学 2. 能够有意识地在欣赏、表现、创作等教学活动中融入相关文化知识的教学，体现出教学的层次与价值 3. 能够对教学内容与其他学科进行关联拓展，在以音乐为主体的情况下进行学科综合教学的实践活动 **教学实施能力** 4. 能够结合音乐材料的教学对相关姊妹艺术的特征进行讲解；通过归纳、对比等教学体验活动，提升学生的审美的能力 5. 能够通过相关文化的教学使学生对于中国传统戏曲、曲艺以及中国民族民间歌舞等艺术形式产生较大兴趣以及进一步学习的愿望，进而生成民族自豪感 6. 能够把握学生的兴趣点，将社会生活中出现的音乐内容与课堂教学进行合理结合，增强音乐的实践性 **教学评价能力** 7. 能够选取教学重点知识与技能及学生兴趣的音乐材料，通过听、唱、写、说等方式检验学生的学习效果 8. 尝试在教学评价中合理运用教学评价原则；准确了解教学的实际效果	**教学设计能力** 1. 密切关注学生的音乐相关文化的学习，能够通过高品质的音乐作品或高水平的音乐实践活动进行相关文化的高效教学 2. 能够通过巧妙的设计在欣赏、表现、创作等教学活动中融入相关文化知识的教学，体现出教学的深度与广度 3. 能够巧妙地对教学内容与其他学科进行关联拓展，在以音乐为主体的情况下进行生动有趣的学科综合教学实践活动，并探究学科的整合 **教学实施能力** 4. 能够巧妙结合音乐材料的教学对相关姊妹艺术的特征进行深入的讲解；通过归纳、对比等丰富的教学体验活动，有效地进行分析和实践活动 5. 对于歌剧、音乐剧等多种艺术相结合的作品能够进行多角度的整体分析，学生可多方位深入感受这样艺术作品的魅力，全面提升审美能力 6. 能够通过相关文化的教学使学生对于中国传统戏曲、曲艺以及中国民族民间歌舞等艺术形式产生浓厚兴趣以及深入学习的愿望，进而生成强烈的民族自豪感 7. 能够准确把握学生的兴趣点，巧妙地将社会生活中出现的音乐内容与课堂教学进行有效结合，增强音乐的实践性，拓展学生的音乐视野 **教学评价能力** 8. 能够选取教学重点知识与技能及学生兴趣的音乐材料，通过听、唱、写、说、演等方式检验学生的学习成果 9. 在教学评价中灵活运用教学评价原则，通过教学评价激发学生学习的热情和探索新知识的兴趣

第二部分

训练实施指导

第一章 学科教学基本规范

指导语

规范，顾名思义，即明文规定或约定俗成的标准，是指按照既定标准、规范的要求进行操作，使某一行为或活动达到或超越规定的标准，如道德规范、技术规范等。音乐学科的教学规范不仅是每一位音乐教师应该遵守的基本准则，同时也是指导教师从事音乐教学活动的行为标准。

北京市出台的"音乐学科教学常规七条"已被大家所熟知，并一直以此作为我们教学规范的基本依据。朝阳区学科教学基本规范是在此基础上，根据朝阳区音乐教学基本情况，结合《北京市朝阳区中学音乐教师教学能力标准》，针对每一类课型需要达到的标准而制定的具体规范。本规范实操性强，符合音乐教师教学要求，力求对每一位教师的教学起到规范、指导作用。

一、北京市音乐学科教学常规

（1）学生聆听音乐的过程中，教师避免过多讲述；

（2）学生演唱之前，教师要通过自身示范或借助其他方式使学生多听歌曲的起始音和稳定拍；

（3）教师范唱要准确、有美感、适合学生模仿；

（4）教师范唱同一作品时要保持调性统一（特殊安排除外）；

（5）教师指挥手势要准确清晰地反映音乐的预备、起拍、终止；

（6）播放音乐的音量要适中；

（7）整堂课不能持续一个坐姿（姿态）。

二、朝阳区音乐教师教学基本规范

（一）教师仪表规范

（1）教师着装应整洁、文雅、大方、美观，服装样式不宜暴露、夸张或过于彰显个性，服装色彩不宜过于艳丽，饰品佩戴不宜过多，避免穿产生过大声响的鞋，可以选择符合音乐审美特点、适宜教学内容的服装和服饰。

（2）教师发型要大方得体，不留较夸张的发型，不染过分夸张的发色，不留长指甲，不过分美甲。女性教师上课时长发尽量梳起来，不要随意拨弄。男性教师头发要干净、清爽，长短适宜。

（3）教师上课需站立，仪态举止优雅，教态亲切自然。请学生回答问题时，须用敬语

"请"字和正确的手势，避免使用不适宜的语言和动作。

（二）歌唱教学规范

（1）教师在上课前要认真研读教材，深入了解教唱歌曲的相关背景、重点和难点。根据学情从教材的实际出发，选用适宜的教学方法与教学形式。

（2）教师上课时能够声情并茂地范唱，演唱同一作品时要保持调性统一。（课例1）

（3）教唱歌曲前，教师要带领学生进行与教材内容相结合的发声练习。（课例2－1、课例2－2）

（4）教唱歌曲时，教师须要求学生挥拍演唱，随时关注、提示学生的歌唱姿势以及看谱、拿谱的姿势，辨别学生演唱过程中的音准、节奏等问题，及时调整练习方法、调整歌唱状态，给予学生学法指导。

（5）学生演唱前教师要弹前奏，提示学生起始音和预备拍，起拍要标准、稳定，速度准确统一，前奏要能够体现作品风格，把学生带入演唱情境中。（课例3）

（6）教师伴奏时应注意演奏姿态，能够根据学生情况调整合适的伴奏力度及调式。

（7）教师要关注变声期的学生。

课例1

《京腔京韵自多情》教学片段（导入部分）

北京八中 赵峰

1. 教师演唱四川盘子《我家有个小弟弟》

师：同学们，我第一次来到重庆，在这几天里感受到了浓郁的川渝文化。其中，重庆的地方曲艺也引起了我的兴趣，为此我还特意学唱了几段，献丑给同学们表演一下。

（教师演唱）

师：你们知道刚才我表演的这种曲艺形式叫什么吗？这是川渝地区一种有特色的艺术形式，叫四川盘子。它运用多种演奏手法，通过敲击盘子的不同部位来配合演唱。中国从南至北，每个地区都有自己的曲艺文化，我来自北京，今天也为大家带来了一首北京的曲艺唱段作为礼物，请欣赏。

2. 教师演唱《丑末寅初》片段

师：大家知道我表演的这个曲种叫什么吗？这是京津地区的曲艺形式——京韵大鼓，今天老师就与大家共同走进京韵大鼓，共同感受这京味儿文化的韵味。

分析：

教师是音乐作品情感的传达者和载体，通过生动的范唱，用自己的情感直接感染与打动学生，使学生在情感上与教师、作品产生共鸣，达到对作品情感上的认同。

本课是获得2011年第六届全国中小学音乐课评比活动一等奖第一名的课例。

在导入环节，教师声情并茂地演唱了四川盘子和京韵大鼓片段。其中，四川盘子是教师为参加这次在重庆举办的评比活动而特地学唱的，一下子拉近了与学生的距离。京韵大鼓则是本课要重点讲授的内容。教师在课前经过认真的准备，字正腔圆的演唱一下子赢得满堂喝彩。

可见，教师优秀的范唱既能开发学生的创造性思维能力，又能帮助学生准确地感受歌曲的艺术形象，同时激发学生进一步了解音乐的兴趣和欲望。相比名家的录音、录像，教师的演唱在技巧和能力上可能会略逊一筹，但教师可以通过夸张、反复等多种方式，突出强调重点、难点，以帮助学生在整体把握音乐形态的同时，抓住体现作品韵味的独特艺术表现特征。

课例 2－1

高中合唱教学——《感谢诗》教学片段（发声练习部分）
北京市陈经纶中学　王帅

1. 气息与节奏练习

（1）吹气球的练习：练习学生歌唱时小腹的支持。

（2）fu、ci、si 的常用节奏呼吸练习。

2. 气息的练习（du ~ ~ ~ ~）

【练习目的】

锻炼小腹肌肉的弹跳能力，锻炼歌唱时气息与腔体的配合能力，培养用气息歌唱的习惯。

3. 学温顺的小猫叫

【练习目的】

练习上口盖抬举，培养发声时肌肉做准备的习惯，练习高位置的 U 母音发声。

4. 音色的统一练习（声音接龙）

（1）训练指挥能力；

（2）练习起拍的预示；

（3）练习声音的想象。

【练习目的】

统一歌唱的音色，调整音准，练习对标准音音高的想象，培养对歌唱起拍的呼吸准备、音高想象、肢体表现等能力，还可以在这个环节，请个别学生来练习指挥，培养指挥能力及看指挥歌唱的习惯。

5. U 母音的练习

6. U 母音二声部练习

7. U 母音三声部练习

8. 逻辑重音的练习

9. 三拍子卡侬练习

【练习目的】

这一部分的发声练习，均为五度之内的音域，练习音型的变化对歌唱能力的培养。重音位置的改变其实是音乐语言逻辑重音的变化，全面的发声练习可以很好地解决歌唱时的咬字、吐字、行腔、归韵等诸多问题。

课例 2－2

高中合唱教学——《感谢诗》教学片段（导入部分）

北京市陈经纶中学　王帅

歌唱前协调性的放松律动练习

阿西里西

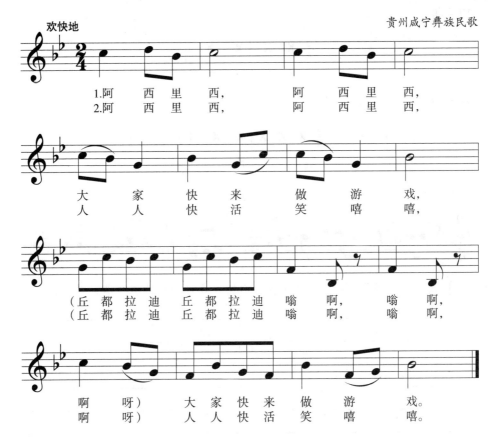

贵州咸宁彝族民歌

欢快地

1.阿 西 里 西， 阿 西 里 西，
2.阿 西 里 西， 阿 西 里 西，

大 家 快 来 做 游 戏，
人 人 快 活 笑 嘻 嘻，

（丘 都 拉 迪 丘 都 拉 迪 嗡 啊， 嗡 啊，
（丘 都 拉 迪 丘 都 拉 迪 嗡 啊， 嗡 啊，

啊 呀） 大 家 快 来 做 游 戏。
啊 呀） 人 人 快 活 笑 嘻 嘻。

分析：

发声练习、热身训练是歌唱前的重要准备活动。通过发声练习可以对口、咽、喉、鼻等发声器官以及笑肌、腹肌等进行充分训练，建立正确的歌唱状态；通过热身活动可以调动学生歌唱的情绪、活动学生歌唱需要的相关身体部位，放松肌肉，协调学生身体，吸引学生的学习注意力，为后面的演唱做好充分准备。

本课授课教师根据演唱的歌曲难点及学生的生理特点设计了合适的发声练习曲和热身训练活动，每一项练习的目的清晰、针对性强，训练效果突出。

由此可见，准备练习绝不是"走过场"，教师不仅要精心设计，还需在演唱过程中敏锐察觉学生随时出现的问题并及时纠正，这也是教师必须具备的能力。

课例 3

正确起拍提示

1. 四二拍

$\frac{2}{4}$ X　X ｜ X　X ‖

预　备　开　始

2. 四三拍

$\frac{3}{4}$ X　X　X ｜ X　X　X ‖

一　二　三　预　备　起

3. 弱起小节

一 二 三 一起（宝岛）

【练习】请为歌唱教学《摇篮曲》（勃拉姆斯）设计合适的练声曲，并阐述设计意图。

_____

_____

_____

_____

_____

_____

_____

（三）演奏教学规范

（1）教师至少掌握一门乐器并具备较好的范奏能力。

（2）教师能够根据学生年龄特点及学校条件，选择正规品牌、质量过关的乐器。（课例4）

（3）教师应具备甄别、挑选器乐教学内容的能力。

（4）教师应具备科学的训练方法，培养学生的演奏能力及合奏能力。（课例5）

（5）教师能够根据学生情况，编创简单的练习曲。（课例6）

课例 4

《春游》（第二课时）器乐教学片段

教学过程简述

（1）教师带领全体学生用竖笛演奏《春游》。

（2）教师请班里有器乐特长的同学用自己的乐器演奏《春游》，包括钢琴、小提琴、竹笛、三弦等，还有两位同学是学架子鼓的，没能进行展示。

（3）请同学分析，这些乐器能否一起演奏？哪几种乐器适合合奏？

（4）请钢琴、小提琴共同演奏《春游》。

要求：一个演奏钢琴的学生坐在琴凳上，两个演奏小提琴的同学站在前边，大家齐奏，共同演奏 C 大调《春游》。

分析：

本课共采用三种乐器演奏，可以看出教师在课前根据学生演奏水平及乐器特点进行了精心的设计，事先安排演奏钢琴和小提琴的学生提前进行了练习。虽然没有严格按乐器音色分类演奏，但教师选择的乐器音色相对融合，对演奏钢琴和小提琴的学生也起到了器乐练习的目的，培养了大家的演奏能力。当然，乐器音色的统一是必要的，教师在选择上要有合理的安排，应尽量保证音色的统一，避免多种乐器齐奏或随意"混搭"。

应选择什么样的乐器"进课堂"？首先要考虑到班级学生整体接受能力、学生有限的练习时间等因素，结合现阶段初中学生的综合因素，选择的乐器宜轻便、便宜、易学，比如竖笛、口风琴、口琴等都是比较适合的乐器。另外，所教班级不要为了方便教学而千篇一律选用同一种乐器，这样时间久了，学生、老师都会产生视听疲劳。再者，班上若有其他乐器特长的同学，可选择与本班所选乐器音色统一、调性一致的乐器参与到班级演奏中。

课例 5

《口风琴演奏》教学片段

环节二

请学生边看乐谱标记边进行演奏

（1）根据乐谱标记弹奏出不同的力度变化。

（2）自己编配，运用适当的演奏方法表现乐曲的不同力度。

分析：

这一环节设计的问题是：在学生合奏中，若想表现不同力度，教师必须指挥，学生才能根据教师指挥力度提示表现乐曲情感。在开展班级器乐演奏的活动中，音乐教师不仅是一名组织者、指挥者，同时还应该是一名普通的演奏者，参与学生的演奏，分享他们的快乐。

课例 6

《惊愕交响曲》器乐教学片段

【学生活动】

（1）学生分析作品情绪、演奏乐器及选择现有的乐器进行演奏。

（2）变奏一：完全保持了主题结构，小提琴用快速的十六分音符衬托。主题可以用竖笛演奏，人数可以减半（反复时换另一半），可用弦乐器演奏十六分音符，可选择小提琴或二胡。学生分析作品的情绪，"惊愕"之后的愉悦。

（3）变奏二：弹钢琴的同学为我们演奏 a 部分。（b 部分略）

（4）变奏三：开始的十六分音符，可以用竖笛演奏。接下来的复调部分，主旋律可以用二胡，副旋律可以用竖笛。

（5）变奏四：第一部分，所有乐器一起强奏。老师钢琴演奏六连音，学生全体合奏主题；第二部分，一组学生演奏口风琴，一组学生打节奏；第三部分，强奏时所有竖笛一起演奏。

（6）尾声：情绪有些压抑、暗淡，因为"惊愕"过后一切都不会改变。竖笛演奏人数减半，弱收。全体学生完整演奏作品。（学生总结变奏曲式。）

分析：

在班级器乐的教学与训练中，要求教师以高度的敬业精神和良好的专业素质为学生的成功演奏提供保障。音乐教师不仅要努力做到吹、拉、弹、唱样样能"拿得起"，还要懂得简单作曲、和声和乐队配器等方面的专业知识。本节课，音乐教师成功地把《惊愕交响曲》改编成学生能够接受并且能够演奏的形式，再一次复习了《惊愕交响曲》的各个主题，通过各种演奏形式深入了解了变奏曲，锻炼了学生的演奏能力和合奏能力，使枯燥的理论变得通俗易懂，在实践中培养了学生对音乐的兴趣。

【练习】请以歌曲《鳟鱼》为教学内容设计一节器乐课。

_____

_____

_____

_____

_____

_____

_____

_____

_____

（四）欣赏教学规范

（1）教师课前至少完整聆听作品 5 遍，熟悉作品；要精心对比作品多个版本，选择最佳版本；需认真查阅相关资料，准确分析作品重难点及作品所表达的情感，不随意诠释作品。（课例7）

（2）在聆听过程中，教师播放的音量要适中，应避免过多讲述，不要打断聆听，不要随意走动，不要有双手抱在胸前等不规范动作。（课例8）

（3）欣赏时应关注音乐基本要素、演唱形式、乐器音色、作品结构等相关内容。

（4）关注作品主题，并通过演唱等方式实践体验。（课例9）

（5）尽量多地选择音频作品，适当补充视频，通过演唱、实践、体验、聆听达到教学目标。

（6）尽可能做到完整聆听，若课上没有完整聆听作品，可以用完成作业的方式进行课堂教学内容的拓展延伸。

课例 7

<h1 style="text-align:center">《打字机》教学片段</h1>

成都市龙江路小学　伍娜
（第二届音乐教育名师大讲堂示范课例）

聆听全曲

教师：接下来，让我们安静、完整地聆听这首管弦乐小品《打字机》，边听边想象音乐所表现的情景。

（第二次听全曲，展开想象。）

教师："音乐使你想到了什么？"

学生："在打字机的世界里，人们在忙碌地打字。"

教师："你觉得这首乐曲的速度怎么样？"

学生："很快。"

教师："为什么作曲家要用这么快的速度来表现这首乐曲，他想表达什么？"

学生："他想表达打字员打字的速度很快。"

教师："这么快的速度，说明他们的打字技术怎么样？"

学生："高超、娴熟。"

教师："从音乐中你感觉到打字员的心情怎么样？"

学生："很愉快！"

教师："孩子们，这首乐曲一共分为三个部分，请大家再一次仔细聆听这首欢快而又诙谐的乐曲，注意听辨出其中哪两个部分基本相同。在听的过程中，你可以用轻微的动作帮助自己感受音乐。"

（第三次听全曲，区分结构。）

教师："音乐中哪两个部分基本相同？"

学生："第一和第三部分基本相同。"

教师："对！听得真好！第一部分和第三部分基本相同。因此，我们就用 ABA' 来表示乐曲的结构。"（教师板书：ABA'）

分析：

本课教师精心设计了聆听的教学环节，并通过连续提问的方式，使学生的思考层层递进：你听到了什么？——→速度如何？——→为什么用这种速度？——→打字员的心情怎样？这样的提问既有针对性又符合学生的认知特点，说明教师在课前做了充分的准备，反复聆听作品、查阅资料、熟悉难点主题及相关文化。只有这样，教师在讲解时才能够准确讲述及分析音乐作品,才能够引导学生围绕音乐要素展开恰当的联想。

课例 8

《青少年管乐队指南》教学片段

教师播放音乐会视频,带领学生第三次欣赏。

师:(指着屏幕)看,这是什么乐器?

生:小提琴。

师:它在管弦乐队里是哪个组别?

生:木管乐器组。

师:(指着屏幕)这又是什么乐器?

生:……

分析:

(1)学生在聆听过程中,教师应避免过多讲述,要让学生在安静的环境下完整聆听音乐,才会对欣赏的音乐片段有一个整体感觉和认识,并且在学生聆听过程中教师要随时关注学生的反应,以便在讲述时准确抓住学生疑惑的问题。

(2)课堂提问的质量待提高。课堂提问是引起学生反应,增强师生之间相互交流、相互作用的主要手段。巴尔扎克曾说过:"打开一切科学的钥匙都毫无疑义地是问号。"学生可从老师的提问中,得到教师的启发引导等信息,了解上课内容的重点难点。教师则可从学生的回答中获得教学效果的反馈信息,从而不断调整自己的教学方式。可见,教师如何从提问入手,设计有价值的、学生有兴趣的问题,变老师的独自讲解为师生共同讨论,以调动学生参与的积极性,培养学生的创新思维,让学生思而后得,尤为重要。

课例 9

欣赏《沃尔塔瓦河》片段

分段聆听《沃尔塔瓦河》,分析前三个主题。

1. 聆听第一主题

提问:这是哪两种乐器在对话?它们表现的是什么样的场景?

学生回答。

2. 聆听第二主题

出示总谱,分析各乐器主旋律,感受和谐统一的特点。

学生边看总谱边欣赏。

3. 聆听第三主题

聆听主题旋律,对比音色变化。

分析:

本教学片段的主要问题是:教师认为欣赏课只是聆听和分析。的确,音乐是听觉艺术,欣赏课是以听为目的的课程类型,然而欣赏课的教学不能只停留在听上,必须强化音乐体验的主动性和参与性。

《义务教育音乐课程标准》指出："音乐音响不具有语义的确定性和实物形态的具象性。音乐课程各领域的教学只有通过聆听、演唱、综合性艺术表演等多种实践形式才能得以实施。学生在亲身参与这些实践活动的过程中，获得对音乐的直接经验和丰富的情感体验，为掌握音乐相关知识和技能、领悟音乐内涵打下良好的基础。"这段文字彰显了音乐教学是音乐艺术的实践过程，音乐教学应强调学生的艺术实践，注重学生的参与体验。

【练习】请认真查阅相关资料，准确分析《沃尔塔瓦河》的重点难点，设计前三个主题的教学片段。

_____

_____

_____

_____

_____

_____

_____

_____

_____

_____

（本章执笔：付晓敏、李红霞、李磊）

第二章 学科专业能力训练

指导语

作为一名合格的音乐教师，不仅要具备一定的教育学、心理学和音乐专业的知识，更要具备视唱、演唱、演奏、弹唱、指挥、创编、作品分析以及动作示范等全面的专业技能。这样，有了专业理论和技能的支撑，才能使教学内容更有深度与品位。

第一节 弹 唱

弹唱技能即自弹自唱的能力，是弹琴与唱歌协调同步进行的能力，是音乐教师的基本素质，是中小学音乐教师的必备技能，会直接影响音乐教学的效果。教师在平时要加强练习，进一步提高自身的边弹边唱能力。

一、弹唱中常见的问题及解决办法

学习者先天和后天都有个体差异，分配注意的能力和活动熟练程度方面的差异尤其大，同时从事两项以上的活动时，注意分配不同会产生不同的弹唱结合。譬如：有些人善于分配注意，能轻快地同时做两件事情，所以，容易掌握弹唱结合。有些人不善于分配注意，顾得了口就顾不了手，弹唱结合就很困难。心理学研究结果表示："人在同时进行两项活动时必须有一项是很熟练的，这样，他才能把大部分注意集中到比较生疏的活动上去，把小部分注意分配到熟练的活动上去"。在实际的音乐活动中，有些人善于演唱，有些人善于弹奏，活动的熟练方面不同，学习的结果也不同。学习中遇到的问题不同，解决问题的办法也应该不同。进行弹唱技能训练时应具体问题具体对待，使弹唱结合训练收到实效。

（一）解决"能弹不能唱"的办法

"能弹不能唱"者，训练时应把大部分注意分配在"唱"上，可采用以下方法分步骤进行练习：

（1）手弹长音，心里想着该音的唱名及音高，口按节奏诵读。

（2）读节奏。主要包括三种方式：长音、短音和随曲调读节奏。按节奏读出"一二一"或"一二三四"，曲调难度逐步加大。

（3）用同音反复弹唱。用歌曲中有同音反复的片段、乐句、小节或自编曲词进行练习，如《祖国颂》，每两小节的音高相同，歌词不同，与呼拍练习正相反。唱歌词时心里想着唱名及音高，词随音高走。同音反复，弹和唱都不难，故易结合。

经过练习，能做到"一心二用"，对那些在弹唱时只能唱曲调不能唱歌词的人尤其有成效。

（二）解决"能唱不能弹"的办法

"能唱不能弹"者，只具备一种技能，训练时应把大部分注意分配在"弹"上，可采用以下办法进行练习：

（1）哼唱。手弹曲调时哼唱歌词。哼唱时音高应随着曲调走，只注意歌词随曲走向的印象，把大部分注意放在弹奏上，注意手形、指法及力度的变化。

（2）默唱。手弹曲调心里想着歌词。该练习看似很简单，但做起来不容易。初学者可把奏唱分开练熟后，放慢速度，边唱边想歌词，反复练习。把注意的重点分配在"弹"上，心里明白每一句、每一音该怎样弹奏，做到胸有成竹。

（3）模糊唱词。这是一种过渡练习，手弹曲调，口里含糊地唱歌词，不要求把歌词唱清楚，但歌唱的声音要连贯，音准、节奏要正确，弹奏要流畅，唱与奏要协调，重点放在结合上。如果练习者的旁边有人配合唱歌词，效果会更好。

（4）移调弹唱。范唱时，唱原调有困难，效果不理想，可选择一个合适的调弹唱，以获得满意的效果。练习时一般在原调上升高或移低半音、全音练习，因为作曲家在定调时一般都比较恰当，升高或移低半音、全音会有更好的练习效果。移调弹唱的歌词、旋律相同，对唱的影响不大，便于把大部分注意分配在变调弹奏上，使练习者容易估计键盘位置及指法的变化。

（5）编曲弹唱。编曲弹唱是为了破除作曲的神秘感，培养学习者的创新精神。可以自己作曲作词，也可用别人的词作曲，可以作一句、两句或者一首短小的歌曲，不宜作长大的歌曲，以免偏离主要目标。由于是练习者自己作的曲，音高、节奏的变化容易掌握，弹奏也不会很难，减轻了"能唱不能弹"者的弹奏压力，使同时进行的两种活动变为熟练的和较熟练的，这样唱（熟练的）、弹（较熟练的）容易结合。

（三）训练"弹唱控制力"

训练"弹唱控制力"是弹唱结合训练的熟练、提高阶段的任务，掌握"弹唱控制力"可以完美地掌握钢琴的弹唱结合，以适应课堂教学的实战需要。可用以下办法进行：

（1）轻声唱词。这种练习要在熟悉唱词的基础上进行，主要目的是使歌声与伴奏（含复杂的音型织体）紧密结合，用轻声唱可以训练气息的控制、节省精力、保护嗓音、练习表情，便于自控（自己能听清自己的唱声和琴声，以便调整、控制）和领会歌曲情感。

（2）变化强弱快慢练习弹唱。这种练习对于处理歌曲、表现歌曲非常重要，根据歌曲的内容、情感及要求变化力度、速度，这是表现歌曲的基本要求。练习时首先要进行设计，明确速度、力度变化的地方，再练习。要处理好歌声与琴声的音量关系，歌声与琴声不能互相掩盖，要突出歌声。要控制好踏板、手指的力度和歌声的音量，歌声强，琴声亦强，歌声弱，琴声亦弱，要在听者能听清歌词的情况下做到"声琴并茂"。

二、弹唱技能的应用

（一）科学分配注意

熟练运用弹唱技能的关键在于分配注意。所谓注意的分配，就是在同一时间内将注意分配到两种或两种以上不同的动作上。运用弹唱技能时是要把注意同时放在弹奏和歌唱上，如果是识谱弹唱，那就更是眼、手和嘴同时协调运用了。注意分配恰当，弹唱才能进行得流畅而富于表现力。训练弹唱技能应有意识地加强注意分配训练，循序渐进，从易到难，达到熟练、快速、准确地分配注意，在同一时间内熟练地进行唱（唱歌词）、奏（弹琴）、看（看乐谱、看学生）。

（二）合理运用伴奏形式

对于没有配备钢琴伴奏谱的歌曲，运用弹唱技能之前要分析歌曲，根据曲调的特点选用合适的伴奏形式。假如歌曲的旋律和音型变化不大，可以采取"带旋律"的伴奏和范唱协同进行；假如歌曲或视唱曲的节奏和曲调变化较大，而且速度要求较快，可以采取音型化伴奏处理，即不带旋律的伴奏。合理的伴奏形式能使歌曲与伴奏完美结合，充分表达歌曲的情感与内容。

（三）明确目的，适时适度

运用弹唱技能时先要明确弹唱的目的与要求，运用弹唱技能也要适时适度，过多的、漫无目的地运用弹唱技能只能喧宾夺主，无益于实现教学目标。

【练习】

（1）用哼唱的方式练习弹唱《乡村花园》。

（2）用轻声唱词的方式练习弹唱《青年友谊圆舞曲》。

（3）用移调弹唱的方式练习弹唱《中学时代》。

第二节　视　　唱

良好的视唱能力是中学音乐教师应该具备的专业素养。教师在面对学生示范时，无论他具有多么美妙的嗓音和优秀的发声方法，如果节奏不稳、音准摇晃，都会使演唱黯然失色。葛飞在《谈高师音乐专业视唱练耳课的节奏训练》一书中介绍了提高视唱能力的一些方法，视唱练耳可从读谱训练、音准训练和节奏训练等几个方面进行。

一、读谱训练

可以由浅入深、循序渐进地进行练习。

（一）读唱名练习

在高音谱表上，写出一系列单纯音符，不要节奏、乐句等任何其他元素，也不需要唱出音高，只要求准确流畅地读出谱表上不断变化的唱名。

（二）分句读谱练习

这个练习是在旋律片段中进行。在视唱作品中，视觉对象不是一个点而是一句，一个乐句一次呼吸，句子内的每个音都要求读得清晰连贯，为视唱做好气息方面的前期准备。如下图谱例，根据乐句来呼吸，在视唱时体会旋律流畅进行的感觉。

（选自《法国视唱》1B 第 30 条）

（三）带节奏读谱练习

按旋律的节奏、分句的呼吸、准确的唱名流畅地读谱，把节奏通过唱名转化成旋律。练习时同样遵循渐进的原则，在进入正确的轨道之后，再逐渐提速。

下图谱例的练习看起来比较简单，音程和节奏都不难，但视唱的时候却很难做到连贯流畅，主要障碍是节奏。乐曲的开头 1~8 小节是行进走步的律动，两拍休止以后改变了前面已经形成了的向前走步的二八节奏形态，第 9 小节的休止和长音很容易按照前面的惯性唱成，后面一系列的节奏错误随之而来，从第 17 小节第二拍后半拍开始又恢复了乐曲开始的律动。练习时可先浏览默读一遍节奏，然后完整读谱。

（选自《法国视唱》1B 第 92 条）

（四）综合读谱练习

有侧重点的分项训练达到一定的量，要对读谱提出更进一步、更细致的要求，包括乐谱中所有的音乐符号、乐曲所传递的音乐语言，都要尽力表达出来。包括乐曲的风格、调式、速度、强弱、句法、呼吸、表情术语；也包括乐曲随音高的走势，顺势而上、顺流而下的句式处理方式；还包括挖掘不同的节奏型在音乐中的特殊表现力等。

（选自《法国视唱》2B 第 12 条）

　　如上图谱例，读谱时要注意乐句分配、音高组合、时值组合和段落标记，还要兼顾速度、力度和表情记号的音乐表现。在读谱的时候应该尽量把以上所有标注的音乐语言看在眼里，并用心表达出来，为视唱做好多方面有质量的基本积累。

这条视唱曲按照细致读谱的要求包括

乐句分配	音高组合	时值组合	段落标记
第一句： 	第一组： 	第一组： 	
第二句： 	第二组： 	第二组： 	
第三句： 	第三组： 	第三组： 	1.　　2.
第四句： 	第四组： 	第四组： 	

速度	表情	力度
Andantino 小行板 Riten 突慢 Ritardando 延缓、渐慢的 a Tempo 恢复原速 Rallent 渐慢	semplice 单纯、淳朴的	p f pp poco piu f 稍强 pp subito 突然、立即减弱

二、音准训练

　　音准是视唱训练中的关键。一般情况下，唱不准音，大多是由于听觉上的误差造成的。大部分学员可以通过听觉和歌唱的训练，达到对音准的理解和掌握。

（一）音级练习

　　在钢琴上弹奏单音或短小旋律，模唱音高，边唱边听，音高不准确时，反复聆听，模仿练唱。

d d d　d r m　r r s s　m m　s s s s　s m d　r r m m　d d

（选自柯达伊《333 首读谱练习》第 224 首（字母谱））

（二）音程练习

　　音程是旋律中较小的、有内容的组成单位，可视为旋律的"词汇"。掌握各类音程的音准，对于获得良好的音准具有重大意义。按着音程的结构和听觉所产生的印象，自然音程可分为两大类十三种音响协和音程纯一、纯四、纯五、纯八度，大小三度，大小六度；不协和音程大小二度、大小七度、三全音。音程的训练可按照不同类别和演唱的难易程度进行。

　　还可结合实际音乐作品中的音程，结合适当的节奏训练。只有这样才能领会音程的调式意义，理解对调式主音的关系和音级间的相互关系。由于有了调性，使音程具有调式的意义，用唱名演唱时，每一种音程本身所存在着的不同状态和紧张度才能充分展现出来，音程固有的表现特征，才能被牢固地捕捉住，这样不但能促进练习者对各种音程音准的掌握达到娴熟的程度，还能促进其对调式结构达到深刻的理解程度。

（选自柯达伊《333 首读谱练习》第 297 首（五线谱））

（三）二声部弹唱练习

　　采用唱一个声部，同时用钢琴弹奏另一个声部的形式，完成二声部（演唱和弹奏声部自选）。这一方法可以训练和声听觉。

（选自柯达伊《匈牙利风格二声部视唱》第一册第 7 首）

三、节奏训练

节奏感，顾名思义，即人体对节奏的掌握精准度，是人捕捉到、感受到、表现出的对乐曲节奏的韵律、韵味、情趣等节奏美的一种直觉。具体来说可表现为以下几个方面：一是能在弹唱中体现出明确而又自然的节拍强弱感；二是能在弹唱中依据风格、表情的需要，保持稳定、持续的均分律感，即速度、拍感的稳定统一；三是能够令人信服、合乎逻辑地弹唱各种非均分律节奏，如渐快、渐慢、突快、突慢、散漫、延长音等等；四是能够准确弹唱出非正常节拍的特殊强弱关系。

在节奏训练过程中，可以通过眼看、口唱、耳听、肢体动作等调动身体的各种积极因素参与，来了解节奏的特点和属性，把握它们的关系。通过大量的节奏训练与积累，来达到能准确把握各种基本节奏、进一步发展内心的节奏感的目的。

（一）单声部节奏练习

可以通过稳定节奏训练、节奏模仿、节奏接龙等多种形式，建立稳定拍的概念。

（二）节奏卡农练习

（1）采用口读和手拍节奏的形式，形成正向相隔一小节的节奏卡农。先手拍或先口读自选。（建议采用柯达伊节奏读法）

（选自柯达伊《333 首读谱练习》第 117 首）

（三）二声部节奏练习

按照乐谱要求，采用唱一个声部旋律，同时手拍另一个声部节奏的形式，完成二声部。

（选自柯达伊《77 首二声部视唱》第 4 首）

【练习】

（1）识读乐谱，有表现力地视唱旋律。

（选自《法国视唱》1B 第 30 条）

（2）练唱下列音程，体会不同音程表现出来的调性色彩感觉：

大小三度；大小七度；增四减五度；大小六度；大小二度。

（3）采用唱一个声部，同时用钢琴弹奏另一个声部的形式，完成二声部（演唱和弹奏声部自选）。

（选自柯达伊《匈牙利风格二声部视唱》第一册第 5 首）

（4）采用口读和手拍节奏的形式，形成正向相隔一小节的节奏卡农。

（选自柯达伊《333 首读谱练习》第 195 首）

（5）按照乐谱要求，采用唱一个声部旋律，同时手拍另一声部节奏的形式，完成二声部。

（选自柯达伊《77 首二声部视唱》第 14 首）

资源链接：

北京音乐家协会柯达伊音乐教育专业委员会"音乐教师柯达伊教学法能力水平测评预备级"测评相关内容。

第三节　作品分析

在进行欣赏教学时，要引导学生感受到作品的音乐风格、引导学生进一步挖掘音乐内涵，都需要教师具有深厚的音乐作品分析能力。黄伟平在《中小学音乐教师专业发展新策略》一书中，对于如何提高教师音乐分析能力有详细的介绍：

音乐分析涉及了诸多方面的因素，如作曲技术理论、音乐历史、音乐美学以及社会学、阐释学、现象学以及符号学等。要先从文本入手，进行材料、结构上的分析（部分分析者到此为止），再将作品放到社会与历史的语境中进行观照，以期望获得作品所反映的与社会历史有着千丝万缕联系的人文关怀与精神诉求。

一、从音乐作品的文本解读入手

所有的音乐作品，都是人类精神世界利用声音的特质而进行的一种特殊表达。它与人类其他文化息息相关，并与其他文化类型一同构筑了整个人类文明。

（一）熟悉了解音乐发展中各个时期、各个民族不同风格流派特征

周广仁教授曾经说过："如果想更好地理解音乐作品，就必须对作品的音乐风格有深入、正确的把握。"可以通过各类书籍或资料获得这些知识。在阅读文字的同时，打开音响，在音乐中去感受文字的表达，于不同风格流派作品的聆听中，学会辨别那些活生生的思想与对话。

（二）读懂作曲家的创作手法和"独有语气"

作曲家手里有一个"调色板"，那就是和声、复调、曲式等作品分析与配器法。和声，是按一定规律发展的和弦进行，就像画家的调色，有时候最能体现一个作曲家直观的审美与个性；复调，在一定程度上丰富了旋律，就像是各类线条的运用，互相照应，互相关联，互相倾诉；曲式，是音乐进行中的组织机构，能将作曲家的思想通过这些结构表现出

来；配器，则是各种乐器及声部的组合，那些乐器与人声变得富于个性，犹如戏剧中的对白，将这些个性不同、音色不同的任务组合在一个作品中，最终将这些乐思完美呈现。分析音乐作品，要对声乐及不同乐器的音色、性能、演奏演唱技巧等有一定了解，积累丰厚的音乐常识。

二、从聆听音乐作品入手

聆听音乐，获得对作品的诸如主题动机、主导音色与音响、特性节奏、对位方法、作品结构方式等显性要素，以及音乐织体中的特性音型、富有意义的经过与连接、音色与力度的转换方式等更为隐性的要素的整体姿态，在形成感性体验的同时，通过对各种素材的整合，在脑海中形成这部作品的轮廓。

（一）首先要抓住音响的主题（动机）

一部作品从呈示到发展再到结尾，总有一个或几个主要的主题（动机），这种主题或是旋律性的，或是织体式的，甚至是以音色线条呈现，代表着作品的思想内涵与整体性格。这些主题（或动机）总会以各种方式在乐曲的不同部位出现，即运用诸如倒影、逆行、模仿、分裂等多种手法将主题进行变化，使其既有对比又体现内在的统一。

（二）把握作品的结构

作品的结构方式体现作曲家的整体构思，分析作品时要分清楚各种材料的呈现与组织方式。聆听到的长音之后的气口、形似收句的渐慢、节奏因素的变化、新的素材的加入、音高关系的变化、音色的变换等都将有可能带来乐句及短小结构的变化。而速度的变化、固定音型的出现、织体的变化、旋律走向的明显对比以及大面积的演奏法的改变，将预示着较大的结构的转换。

（三）对比多个不同版本的音响

许多教师在聆听音响时，对于版本的选择十分随意，或者很少进行版本比较，这其实是对音乐表现的忽视，不利于学生了解音乐的本质差别。

【例】

斯美塔那的交响诗套曲中第二乐章《沃尔塔瓦河》（人音版教材（八年级上册）第六单元，可以选择一些比较经典的演奏版本对比欣赏，如：1971 年由 Deutsche Grammophon 公司发行、捷克指挥大师拉斐尔·库贝利克指挥、波士顿交响乐团演奏的版本；由库贝利克在 1990 年"布拉格之春"开幕式上指挥捷克爱乐乐团的现场录音版本；由 DG 公司在 1993 年为庆祝指挥大师卡拉扬 100 周年诞辰推出的大师 1985 年录音版本，维也纳爱乐乐团演奏。

通过几个版本的比较发现，在 1971 年的这个版本中，沃尔塔瓦河清丽而秀美，乐器音色明亮，弦乐清澈突出。此时的指挥家回到阔别 42 年的家乡，虽然 76 岁的他已经重病缠身，但他与乐队的和谐达到了融会贯通的境地，乐句处理充满自信，流畅的旋律中深沉的爱意喷涌而出，格外夺目。第三个版本，卡拉扬的指挥，有着完全不同的圆浑、华丽与厚实，沃尔塔瓦河显得更加宽阔而澎湃，一开场音流就汹涌而来，却仿佛少了一些隐隐的哀婉与神秘。

【练习】

阅读下列材料，结合学情，自选一首教材中的乐曲，写出音乐作品分析。

《凯皮拉的小火车》创作特色
——节选自"探究《凯皮拉的小火车》音乐创作特色"①

维拉·罗伯斯常常把那些具有巴西音乐特点的要素运用到创作中，如切分音、丰富的和弦、抒情的旋律以及节奏和力度的鲜明对比，他把这些和民歌特点结合起来，融入艺术音乐中。同时，他在作品中力求创新不同的表达形式。他的九首《巴西的巴赫风格曲》组曲就是把巴西民歌与巴赫的创作技巧巧妙地结合起来。他认为具有即兴特点和丰富音响效果的巴西音乐，在很大程度上与巴赫的音乐相似。本文探究的是其中的第二首第四乐章，它因形象地描写了小火车的音乐画面而得名。《巴西的巴赫风格曲》组曲中一些乐章和片段都有巴赫式的标题和巴西式的副标题。这一乐章的巴赫式名称是《凯皮拉的小火车》(*O Tremzinho do Caipira*)，英文为 "*The Little Train of the Caipira*"。"Caipira" 是 "农场工人"或"乡下人"之意，在巴西指的是黑人、高加索人、美洲原住印第安人以及这三种人的混血儿。它的体裁名称为"托卡塔"，这种体裁原是巴洛克时期流行的一种节奏紧凑、快速触键的键盘器乐曲，之后发展成为一种无穷动式的乐曲，后由巴赫等人继承传统，处理成自由发挥的段落和复调段落相交替的多段结构。以后又有舒曼、德彪西、普罗科菲耶夫等作曲家写过无穷动式的托卡塔，也有些作曲家写过自由奔放的狂想曲式的托卡塔。维拉·罗伯斯的《凯皮拉的小火车》就是以自由狂想的托卡塔形式把巴西音乐特色贯穿其中。《凯皮拉的小火车》是作曲家乘坐火车途中有感而作。乐曲中作曲家设计了一个表现农场工人乘车上班由火车启动——中途停靠——到达终点的场景，好似带领听众做了一次巴西乡间旅游。乐曲除以逼真的音响模仿、描绘出火车动态的车站场景（如汽笛声、车轮转动声等）外，还有车轮快节奏的背景下奏出的悠扬的旋律。作曲家作为其中的一名乘客，既用音乐生动描写了小火车在开启过程中典型的音响，同时又抒发了作曲家在途中对巴西大自然的内心感受。（下面是音乐简明分析表）

时间	0′00″—0′44″	0′45″—1′45″	1′46″—2′14″	2′15″—2′49″	2′50″—3′26″	3′24″—4′50″
结构	引子	主题	结束	连接	主题变化	结束
音乐内容	火车起动	火车有节奏地进行	火车临时停靠	火车再次起动	火车有节奏地行进	火车进入终点站
主旋律	—	第一次陈述	—	—	第二次高八度陈述	—
主奏乐器	巴西体鸣乐器	小提琴组	管弦乐、巴西体鸣乐器	巴西体鸣乐器	长笛	管乐、巴西体鸣乐器
典型节奏	—	复节奏	—	—	赫米奥拉节奏	—

《凯皮拉的小火车》有着典型的巴西民间音乐特色，主要表现在以下三个方面：

---

① 李凤凤. 探究《凯皮拉的小火车》音乐创作特色［J］. 人民音乐，2009.

1. 多元音乐文化的配器

这一乐章对小火车的整个运行过程做了精彩的描述，维拉·罗伯斯对它十分形象的配器让人叹为观止。火车行进时车轮在轨道上发出的有节奏的哐哐声、飞驰的火车与风的摩擦声、蒸汽机发出的特有的嘶嘶声，都被作曲家使用巴西体鸣乐器非常贴切地模仿出来。随着铜管乐慢节奏的重低音，巴西的乔卡里奥（Chocalho，一种金属或木制的响铃）和马拉卡（Matraca，葫芦里面装干籽）、甘萨（Ganza，通常用挖空的竹筒制成）、潘戴罗（Pandeiro，巴西的一种铃鼓），还有来自印第安的雷科—雷科（Reco－reco，一根刻有凹槽的圆木，用木棒锉擦发声的刮器）。作曲家还使用了西方抒情乐器小提琴组和长笛分别演奏了主旋律，音乐温柔、深情、扣人心弦。此外，铜管乐也有着独特的作用，它们经常发出很强的下行的滑音响声，使小火车显得既"威武"又有几分"淘气"。木管乐衬托小火车速度上的变化，对整个音乐起到了很好的配合作用。这些来自不同种族和地区的乐器都十分恰当地表现出自身的音色特点，它们成为维拉·罗伯斯笔下丰富的色调，描绘出了一列生动的小火车形象。

2. 欧洲化的主旋律

当小火车从启动到加速至最快的速度时，音乐加进了深情的主旋律，让听众仿佛感受到飞驰的火车中作曲家面对大自然激动的心情。这段主旋律是建立在 a 小调上的一段动人旋律，它共重复了两次，第一次由小提琴组演奏（见谱例1），第二次由长笛高八度演奏。

谱例1

第一个 8 小节的语汇是主旋律的音乐主题，它为整个旋律提供了基础材料。整个主旋律对这一乐段进行了三次移位模进。第一次采用了高二度移位模进，接着又升高了五度移位模进，把音乐情绪层层推进，然后音乐又降五度移位变化，使音乐从高潮走向舒缓，再通过几小节补充过渡结束。如果按照西方古典曲式分析来看，这一部分应该称平行四乐句乐段，但这种形式在西方曲式中极为罕见。因为一般西方作曲家很少会用同一种音乐材料直接移位重复，这样容易使音乐停止，听众产生审美疲劳。然而在这一部分主题中维拉·罗伯斯只用了邻近的三个音，通过附点节奏推动音乐前进，在经过三次反复后居然把音乐步步推向顶点，不仅没有丝毫的啰唆感，反而能激起听众内心的共鸣。从调性布局和音乐

情绪来看，第二乐段的模进是建立在主题 a 小调的下属小调上，音乐带有很深的伤感色彩，并具有慢板舞曲的性质，这些特征与巴西的一种莫丁尼亚舞曲的特点十分相似。巴西著名的音乐学家马里奥·德·安德拉德在前文的那段话中提到了这种莫丁尼亚舞曲，在巴西的歌舞中，莫丁尼亚代表了最纯粹的欧洲世系。莫丁尼亚是莫达的小称，直接得自同名的葡萄牙歌曲。今天的莫丁尼亚都是伤感的，大多数用小调，饰以大量的装饰音和倚音。莫丁尼亚的和声布局以其典型特征（即转入下属小调）加深了其伤感情绪。显然，不管从调性、音乐情绪还是和声布局这些典型特点上来看，《凯皮拉的小火车》都与当今巴西的莫丁尼亚舞曲相一致。因此，可以看出，虽然维拉·罗伯斯采用了巴西欧洲化（主要指葡萄牙）的音乐旋律，但他又突破了传统的欧洲曲式，别具一格的创作方式生动地描写出作曲家在旅途中的内心感受。

3. 非洲化的节奏风格

在《凯皮拉的小火车》中，非洲化的节奏构成了整个乐章的节奏核心。节奏是非洲黑人传统音乐的灵魂，巴西非洲节奏也成为很多巴西民间音乐的节奏基础。例如非洲的复节奏（Polyrhythm）、赫米奥拉（Hemio - la）节奏。

（1）复节奏的运用。

在两次主旋律出现时，为了描述火车行进时发出的有规律的"轧轧"声，作曲家采用了两种非洲节奏。主题第一次出现时作曲家运用了复节奏的手法。复节奏是非洲一种常用的多声部节奏组合方式，它强调的是多个独立的声部在进行过程中纵向结合的节奏效果。复节奏既可以由一个人来演奏，也可以由多个演奏者同时演奏。在《凯皮拉的小火车》中复节奏如下（见谱例2）：

谱例2

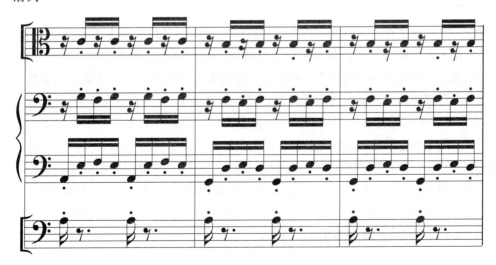

响器和西方管弦乐的音乐形成复节奏，最后合成的节奏效果是快速的十六分音符，强劲而平均的节奏律动，用这个节奏非常形象地模拟出火车在行驶过程中车轮发出的"轧轧"声。它与高声部抒情的主旋律形成鲜明的对比，同时衬托出主旋律，表达了作曲家内心不平静的情感。

（2）"赫米奥拉"的运用。

"赫米奥拉"是黑人节奏文化的基础，它通常被解释为一种 2∶3 的特殊数量关系。在音乐进行中可以用这样一种时值关系按顺序表达出来。在声部的纵向关系上同样也可以有类似的交替，纵向发展的"赫米奥拉"是指上下声部之间在一个相同的时间范围内一方二等分，一方三等分，或其倍数上的类型。

在《凯皮拉的小火车》中主旋律第二次出现时，伴奏音响就采用了"赫米奥拉"节奏（见谱例 3），中音萨克斯（Altos）采用了三连音，即三等分，而下面声部的大提琴（Cello）和贝司（C.B.）都是规整的二拍子，即二等分，它们纵向结合在一起的音响效果正是 2∶3 节奏关系。与前面复节奏的作用一样，这种"赫米奥拉"节奏形式也是用来塑造小火车在行进过程中发出的有节奏的声响。

谱例 3

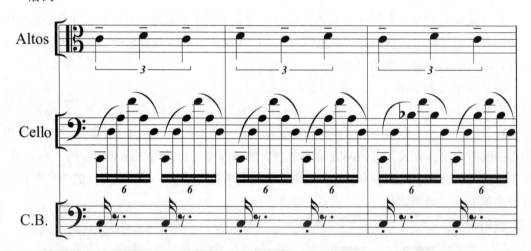

维拉·罗伯斯这种鲜明的创作特点具有他所处时代的风格。作为 20 世纪上半叶的作曲家，维拉·罗伯斯处于多种音乐风格并驾齐驱、百花齐放的创作环境，他长期旅居欧洲，音乐也无法脱离欧洲学院派音乐的影响。就《凯皮拉的小火车》这首作品来说，这种影响主要来自三个方面：其一是大行其道的"新古典主义"，维拉·罗伯斯强调的巴赫式"托卡塔"手法的运用可以把它纳入"新古典主义"风格之类；其二是印象主义，他大量采用了乐器的色彩化手法，尤其是使用巴西的各种打击乐器来表现小火车的形象，这种风格与 19 世纪下半叶出现的印象主义音乐颇为相似；其三是 20 世纪民族主义音乐风格，他的音乐不是用民间音乐直接创作，而是利用民间乐汇创作出新的风格，如乐曲中出现两次的主旋律，这些特征又可以把维拉·罗伯斯看成像贝拉·巴托克（Bela Bartok，1881—1945）一样的 20 世纪民族主义音乐作曲家。

第四节　教学语言

语言是人类重要的交流工具，人们借助语言保存和传递人类文明的成果，用语言来彼此交流思想。教学语言是教学信息的载体，是教师完成教学工作的主要工具，也是师生交往、交流、互动的主要纽带。教师的语言修养在很大程度上决定着学生课堂上的智力劳动效率。教师在教学中不仅通过语言传递知识、授业解惑，同时也通过语言唤醒情感、激发兴趣、启迪思维、建构精神等。而教师高质量的教学语言除了平时积累、课堂即兴发挥以外，也需要课前围绕教学目标及教学内容做精心的预设。

一、教学语言的基本要求

（一）注重积累，准确简练

所为准确，就是用最确切、恰当的词语和句子表述概念和判断，使之准确无误地反映客观事物本身的意义（即反映所讲授的内容）。俗话说："道得人人意中语，千回百转费寻思。"教师语言表达能力的形成并非一时之效，一朝之功。平时，教师要注意积累丰富的语言词汇、成语典故，以便上课时根据需要信手拈来。特别是一些容易混淆的概念，如"节拍"与"节奏"，生活中的"快节奏"与音乐中的"节奏紧凑"等，教师一定要字斟句酌，不能相差一个字。

（二）观点明确，论据充分

教师的语言表达要有鲜明的观点、明显的侧重，这样才能使学生抓住要领，掌握重点，不致在学习中本末倒置、主次不分。同时，教师应运用充分的论据来把自己的观点讲清讲准，以便学生在大脑中形成一个清晰的知识轮廓。

（三）幽默风趣，生动形象

要发展学生的逻辑思维，离不开形象思维的支持，而幽默又往往以形象思维为特征。由此可见，幽默风趣的教学语言也是发展学生思维能力的重要凭借。当然，幽默不同于庸俗的说笑，它来自敏捷的思维和丰富的学识，因此，表现幽默和风趣更需要教师具有很高的语言修养。

教学语言还应具有生动性、直观性、形象性。生动形象的教学语言，便于在学生大脑里形成表象，有利于学生把音乐形象同自己对现实生活的感知进行联系和想象，去深刻地理解音乐。要做到生动形象，教师在语言表达过程中应力求深入浅出，通俗易懂，流畅自然，跌宕起伏，抑扬顿挫。

（四）抑扬顿挫，情深意切

教师在语言表达中，声调要有高有低、错落有致，高时慷慨激昂，低时和风细雨。音乐课堂教学不仅是师生间知识的交流，同时也是一种情感交流。教师的每一句话语、每一个表情，都会让善解人意的学生心领神会，要善于捕捉适当的教育时机表达自己的感情，要"未成曲调先有情"。只有注入情深意切的教学语言，才能想磁铁一样具有吸引力，触动学生的心弦，引起他们心灵的颤动和共鸣，拨动他们微妙的音乐审美情思，使他们对音乐产生浓厚的兴趣。

（五）加强修养，扬长避短

在教学中，由于教师的个性特征不同，语言表达也有各自的个性和风格。有的引经据典，滔滔不绝，长于雄辩；有的泼辣幽默，言简意赅，长于风趣；有的慢条斯理，语调平稳，长于解说。不同个性和风格各有优缺点，因此，教师应加强自己的语言个性修养，扬长避短，使自己的语言表达能力不断提高。

二、音乐课堂教学语言训练

（一）导入

导入语，是教师在开始讲授新课之前围绕教学目标而精心设计的一段简练的教学语言，是对学生思维的一种启发和引导，是带领学生由非学习状态转入本堂课学习的准备阶段。

【案例】

《桑塔·露琪亚》导入环节的教学语言：

"ciao！"（教师直接跟学生打招呼）

"浪漫的意大利人见面会说'ciao'——你好！也许你对他们的语言不是很熟悉，但是有一首歌曲你一定耳熟能详。"——《我的太阳》音乐响起。

"这首著名的歌曲来自意大利一个有'水都'之称的海港城市——拿波里。在拿波里流传着这样一首优美的意大利船歌《桑塔．露琪亚》，你仔细听一听，哪些地方带给你船歌的感受。"……

（二）提问

课堂提问是引起学生反应，增强师生之间相互交流、相互作用的主要手段。音乐课堂中，教师如何从提问入手，设计有价值的、学生有兴趣的问题，变老师的独自讲解为师生共同讨论，以调动学生参与的积极性，培养学生创新思维，让学生思而后得，尤为重要。设计提问语时，要关注以下几点：

（1）抓住兴趣，循循善诱；

（2）由浅入深，注意适度；

（3）目的明确，突出重点；

（4）语言简明，正确引导。

【案例1】

欣赏课上，教师把音乐作品的相关介绍出示在大屏幕上，播放音乐后，提出问题："同学们喜欢这段音乐吗？"

学生无精打采地迎合："喜欢。"

教师继续提问："你有什么感想啊？"

学生面面相觑，个别学生说："好听。"

……

【案例2】

歌唱课上，教师提出问题："同学们，我们在歌唱时应该怎样保持积极的歌唱状态呢？"没给学生任何思考和回答的时间，自己继续说："我们要坐姿端正、保持呼吸对不对啊？……"

以上两个案例表明课堂教学中经常出现老师提出的问题流于形式，没有任何实际意义，如"你喜欢吗？"等，或者老师提问后，直接告诉学生答案，然后说"对不对""好不好"，这种提问就是无效提问，没有起到任何启发思维的作用，不如不问。

（三）讲解

讲解是指教师利用语言及各种教学媒体引导学生理解重要事实，形成概念、原理、规律、法则等行为方式。在课堂教学中进行巧妙的点拨，就学习内容向学生提供清晰、明了的讲解等，对于帮助学生掌握学习内容有重要的影响。

【案例】

《第九十四交响曲》（人音版（七年级下册）第五单元）讲解语言：

（1）"同学们，我们对《九十四交响曲》的主题已经熟悉，现在请欣赏乐队演奏版。"

（2）"同学们已经熟悉了这个主题，就让我们把它当成一个已经熟悉了的好朋友吧！我们一起来欣赏一次乐队的演奏，看看它是不是变得更有魅力了。请闭上你的双眼，用你的耳朵和专注的心灵感受它的到来。"（闭上眼睛更能体验到惊愕的效果）。

以上两种讲解的方式，就会使教学出现两种不同的效果，第一种讲解一语带过，平淡的语气无法激发学生进一步思考的意识；第二种讲解语言亲切、充满感情，有利于引起学生共鸣，并且内容具体，可帮助学生在欣赏时深入思考、进一步感受音乐之美。

（四）应变

教学中，大部分语言可以预设，但是由于我们的教学对象具有特殊性，是有生命、会思考的学生，所以在课堂上尽管你做好了充足的准备，还是会发生你意想不到的事件。

【案例】

音乐课上，同学们在学唱歌曲，教师弹奏间奏的时候，一串口哨声随音乐响起，同学们哄堂大笑。很多人以为老师会找出"捣乱者"进行批评，可这位老师却说："这口哨的音色真美，能不能请你用口哨把这首歌曲的旋律再吹一遍？"吹口哨的同学有些意外，还有些惊喜，不仅没被批评，还得到表现的机会，他打开音乐书，看着歌曲旋律，轻轻地吹起来。在优美的口哨声中，同学们被带到美好的意境之中……

案例中的老师善于因势利导，把可能引发"乱堂"的一个教学事件巧妙地转化成了有良好作用的教学活动，可以看出教师丰富的教学经验和优秀的课堂掌控能力。由此可见，面对课堂中的意外情节，机智巧妙的语言可以化解教学矛盾、偶发事件、自身失误等，并达到天衣无缝的妙境；甚至在"山穷水尽"的关头，也可急中生智，顺水推舟，化险为夷。

（五）小结

课堂小结是课堂教学的一个重要环节，在教学中起着不可忽视的作用，适当的课堂小结可以帮助学生理清知识结构，掌握内在联系，对促进学生构建自己的知识体系，有很大的帮助，也使教学环节更加完整。音乐教学的课堂小结要注意语言的精练和生动，确保小结的实效性。

【练习】

1. 请简要描述下列词语所表达意义的不同

（1）"节奏"与"节拍"；

（2）"合唱"与"大合唱"；

（3）"戏曲"与"曲艺"。

2. 阅读案例，思考问题

案例一：音乐课开始，大屏幕播放出 50 周年国庆时天安门广场隆重、威武的阅兵仪式，奇怪的是没有音乐（引发问题），学生很快发现了问题，并向老师提出疑问，教师反问："根据你们的观察，什么样的音乐在此时播放最合适？"此时，如梦方醒的学生各抒己见，却不约而同都选择了进行曲，教师板书"进行曲"。（资料来源：金亚文著《高中音乐课程教学论》，高等教育出版社）

案例二：在《行进中的歌》教学中，教师引导学生学习了两首同一体裁、不同题材、不同风格的中外进行曲：《中国人民解放军军歌》《拉德茨基进行曲》。为了解学生对本节课"双基"知识的掌握情况，教师在教学检测环节中设计了"作品分析活动"：教师播放音乐，鼓励学生以小组为单位，结合音乐要素讨论、协作完成两首作品在节拍、节奏、速度、音乐情绪等方面的对比分析，进一步巩固本课的教学重点与教学难点。

案例三：上课铃声响了，教师走向钢琴：

"今天我给大家带来一节非常有意思的课（激起学习兴趣），

用你们的耳朵和眼睛（提出活动要求），

把你们的观察告诉我（学生更加精力集中，猜测即将发生的事情）。"

琴声响了，数名听课教师搬着椅子，随着音乐的速度与节奏，出其不意、精神抖擞、步伐整齐、动作划一地走入教室。学生被震撼了、惊呆了，数秒钟之后，掌声雷动，跺脚声砰砰，仿佛整个教室都处于"行进模式"中。

这时，教师提出了问题："你们看到了什么？听到了什么？观察到了什么？每个问题后面再多问一个为什么。"

教室内顿时气氛热烈，学生们争相举手发言，前后左右交换意见，会心地相互微笑，积极主动地思考。热烈讨论之后，教师归纳大家的意见，板书"行进中的歌"。

请思考：以上三种不同的讲解方式，会产生怎样不同的效果？为什么？

第五节 信息技术应用

信息技术的涵盖面很广，包括网络技术、多媒体、电子技术、遥感技术等。在课堂教学中，除了普遍运用的多媒体以外，网络技术也越来越被大家所认可。随着网络的普及，音乐不再是一种难以获取的资源，而变成了一种人人可以随时获取的大众消费品。利用好各种信息资源，可以发挥其听视结合、声像一体、形象性强、信息量大的优势来为教学服务，有效辅助课堂教学的实施，促进教学目标的达成。

一、音乐教学设计素材收集与整合

一堂高效的音乐教学课，既不是单一资源的聆听学唱，也不是众多资源的盲目堆砌，平时要善于从网络等多种渠道发现音乐教学的素材，大量聆听音乐作品，提高自我辨识优质音乐的能力。由于课时有限，一节课除了展示优质音乐资源，更需要促进学生音乐知识的积累与音乐技能的提升，因此，面对众多资源，需要精心挑选、酌情取舍，让资源在教学中起到画龙点睛而不是喧宾夺主的作用。

贝多芬《命运交响曲》

Kelly Valleau吉他独奏 贝多芬《命运交响曲》第一乐章

贝多芬《命运交响曲》卡拉扬指挥

德国莱比锡布商大厦管弦乐团演奏贝多芬《命运交响曲》

贝多芬《命运交响曲》老克莱伯指挥

One Korea管弦乐团演奏贝多芬《命运交响曲》

例如，在网络上搜索，可以找到很多《命运交响曲》（人音版八年级下册第五单元）的音频、视频资源，可以逐一下载进行筛选。首先去掉模糊不清的视频和音质较差的音频，然后找到视频或音频录制的相关背景，了解演奏的乐队及指挥的情况，有的视频突出的是指挥，有的视频镜头跟着音乐的发展追拍乐器或乐队演奏的场面，这时候就需要根据教学实情来进行选择。

二、音乐教学内容分享

可以将解决重点难点的教学片段录制成微课发布到公共平台上，既能与同行相互学习、共同提高，也有利于学生预习、复习和深入探究。还可利用微信、QQ 等多种沟通交流的媒体与学生在课余时间继续学习和交流，比如建立班级群，不定期地分享好的音乐作品，探讨音乐话题，语音交流歌唱表现的技巧，等等。

三、音乐软件的运用

在课堂中多处会用到分段聆听的手法，这时候就需要对完整的音乐进行分割和整合，简单的视频剪辑可以用"绘声绘影"软件完成，切换文件格式可以用"格式工厂"等，音频剪辑可以用 Goldwave。前面提到的微课录制，除了用摄像机、手机等外，也可以利用电脑软件来完成，比如 Camtasia studio，可以十分方便地将 PPT 播放的过程录制下来。这些软件的下载和使用方法都可以从网络获得，只要勤于钻研和学习，课件制作水平会越来越高，相应的教学实效也会不断提升。

还可建立资源包、资源库，提供好的网络资源，如：

库克：http：//www. kuke. com/

国家图书馆：http：//www. nlc. cn/

国家大剧院古典音乐频道：http：//www. ncpa－classic. com

捌零音乐论坛：http：//www. pt80. net/

……

时代在不断进步，我们音乐课堂教学的模式也日新月异，教师"一言堂"的教学已不复存在。现代的中学生接触的新鲜事物多，接受能力较强，现代信息技术使用得比较熟练，音乐教师要不断更新知识与理念，与时俱进，利用好丰富的信息资源，让音乐课堂的教与学变得更加丰富多彩。

参考文献

［1］葛飞. 谈高师音乐专业视唱练耳课的节奏训练［J］. 音乐时空（理论版），2012（09）.

［2］王丽萍. 固定唱名中的音程和调性感觉的训练［J］王丽萍. 湖州师范学院学报，2003（5）.

［3］马薇. 音乐专科学生视唱能力的培养［J］. 大庆高等专科学校艺术系教学研究，2004（2）.

［4］黄伟平. 中小学音乐教师专业发展新策略［M］. 宁波：宁波出版社，2013.

（本章执笔：袁衍明、杨再辉）

第三章　学科教学能力训练

第一节　教学设计

指导语

思维导图是英国"记忆之父"托尼·巴赞于 1970 年提出的一种发散性思考可视化工具。它让人的左半脑和右半脑在思维过程中协同运作，以树形分支延伸出去，形成一种树状思维。

思维导图以直观形象的图示建立起各个概念之间的联系，是模拟思维网络系统进行的记忆归纳和创造的工具，它具有让思维可视化、提升注意力与记忆力、启发联想与创造力等特点，被誉为 21 世纪全球性的思维工具。

传统教学设计的困惑：教学设计是复杂的问题解决过程，教师认知结构中的知识储备、教学理论支持，教师与学生之间的教与学手段等相关知识在大脑中是零散记忆或者是弱联系的，这是教师在教学设计时容易碰到思维障碍的一个最主要原因。思维导图的树状层级结构恰好与大脑知识结构组织一致，所以学会用思维导图对教学知识进行整理，形成外在可视化的知识树状层级结构图，有利于整合看似零散的知识结构，使其完整而合理，从而为教学设计提供更坚实的理论指导。

教师在教学设计能力训练中使用思维导图有以下实用性：首先思维导图所具有的层次性、联想性和开放性的结构特点使教师对教材进行更深入的理解，思维处于一种被激发和完全开放的状态，有利于找到与学生沟通的切入点，使教学设计充满创造性与机智性。其次，教师在使用思维导图进行教学设计过程中，头脑中不断形成的教学内容、教学逻辑和新的教学手段及感悟可以通过可视化的图形表达出来，这就相当于进行了一次模拟演练过程，众多教学元素在不断的布局中随着教师教学思路的调整而调整，这样最终得到的教学效果势必是最佳的。

（一）案例分析（教学设计思维导图）

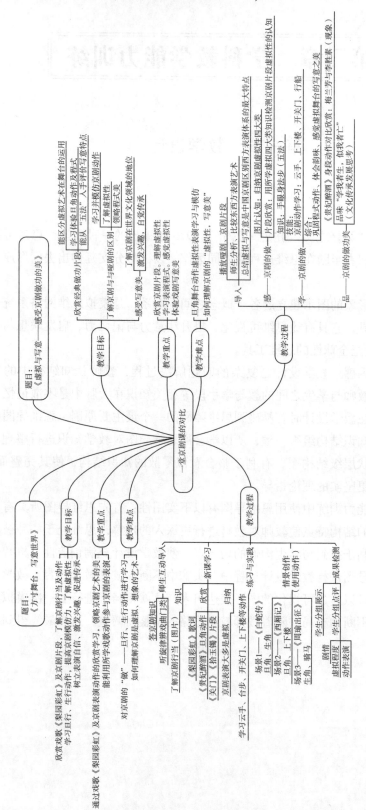

思考：
1.从标题的修改评价两节课的目标明确程度。
2.从教学内容及教学时间上推理两节课的完成度及教学效果。
3.从课程标准上分析两节课的深度。
4.从导入环节看课的特点有哪些。
5.你认为设计好一节好课的鉴赏高中生认知的一点是什么？

一堂京剧鉴赏课的前世今生

——以《虚拟与写意——感受京剧做功的美》为例

北京市和平街一中 朱莉

这是 2015 年北京市高中音乐模块教学现场课的一节京剧教学课例。教师用思维导图完整呈现了第一版教学设计与第八版教学设计（成稿）对比，可以清晰地感受到音乐教师对一节课的主题定位，围绕教学内容的深度、广度、逻辑推进，包括音乐教学最核心的审美素养及中国传统文化价值观等方面的不断思考与修正。教师最大的收获是把课的定位提升了一个高度，跳出了就知识点上课，只讲京剧知识的小圈子，而从文化角度入手，结合高中音乐鉴赏课的特点，把京剧课重点定位在世界三大表演体系中的作用与贡献上。通过比较西方的表演风格，理解中国京剧独有的虚拟性与写意性，认识到写意是中国美学独有的一种表达方法，继而引发学生对中华传统文化的传承与思考。

首先，从题目的推敲上：第一版的课题叫《方寸舞台写意世界》，对仗押韵点题，突出了京剧舞台的特点。但是写意是一个抽象的美学概念，这样的课题不能让人一目了然，虚的东西太多。一节课的精彩程度，往往和课题有很大的关系。第八版的题目《虚拟与写意——感受京剧做功的美》就直截了当地把这节课学习的主要内容、艺术审美落实的核心、学习的途径清楚地表达出来，这样直击主题简明有效，课的目标明确，执行有效，预期可测。

其次，从教学目标的设立上：一版的目标不是很明确，教学内容多但是描述不详细："树立表演自信，激发兴趣，促进传承"还是流于表面的话，放在任何课中都适用。第八版中，教师将三维目标精心拆分，力求知识点明晰，描述准确。目标定位清楚，对接下来的教学过程执行、教学内容实施会有事半功倍的效果。知识与技能目标要求中，学生需要掌握京剧艺术虚拟性的舞台运用，能学习京剧旦角的做功，在舞台上实践感受做功动作过程中如何表现京剧艺术的虚拟性，能从五法入手评价写意特点。这些知识点是层次分明、丝丝入扣的，如果不运用思维导图的树状分支层次分明地描述，动作、流程之间的逻辑性教师是很难梳理清晰的。同时，过程与方法目标、情感态度及价值观目标也是前后逻辑联系紧密，每个环节可以独立操作，同时又是有机的整体。

最后，从教学流程上看：一版是严格按照课堂教学的老套路往下进行，忽略了学生的参与感受，教师控制课堂的一切，新课学习——练习与实践——情境创作——成果检测，只是常规课堂的完整呈现，远远达不到一节市级观摩课的要求。修改后的教学实施过程，教师用思维导图将感受——学习——品鉴三个层次的逻辑递进关系梳理出来，紧紧围绕一个主题"京剧的做功"来进行教学活动的开展：从对京剧做功艺术的认知，到知识的学习，到技能的习得，到能力的综合运用，到最后对京剧做功虚拟性及写意性的个人审美及文化价值观的形成，步骤紧凑紧扣本节课的主题，更加突出高中音乐鉴赏教学中"鉴赏"二字的内涵。

修改后的教学过程最后一个环节，没有教学内容的检测，没有成果展示与评价，教师通过同一个京剧片段做功的对比欣赏（梅兰芳与李胜素），品味梅大师曾说过的一句话："学我者生，似我者亡。"开放式的问题，引导大家与上课开始环节（京剧、默剧）片段中同一个视频做呼应，通过一节课的习得感悟，学生对梅兰芳大师的戏剧表演功底，对中国京剧的舞台虚拟性与写意性的美已经有了更深的了解，再细品梅大师的话，对京剧艺术的魅力与内涵，相信学生已经有了答案。

（二）应用训练

1. 教学设计思维导图填空训练——以同课异构《流浪者之歌》为例

案例学习是快速提升教师教学设计能力和自我修养的一个重要方法。传统的案例学习，教师只能从中看到设计者做了什么，导致了什么样的教学结果，而未能深入理解设计者这样设计的原因，结果导致学习者依赖对案例的模仿，而不能通过分析别人优秀的案例对自己的教学设计品质进行内化性的提升。这是教师专业成长中的一个巨大障碍。本书编写的初衷就是加快促进青年教师的专业发展，力求使工作3～5年的青年教师在学习本书以后能在教学能力上有很大的提升，渐渐形成自己的教学风格。

案例学习的目的是研究案例设计的深层依据并迁移到自己的教学设计中来，学习者需要全面深入了解设计者的思维过程。思维导图可以作为完成这项任务的优质工具。教师可以运用思维导图再构案例设计者的思维框架，以多级了解节点的方式再现案例设计者的教学行为、目的依据、教学效果等。这样的案例再构是青年教师自我修炼的一个好方法。

下面，我们就以本书中出现的一节初高中同课异构的课《流浪者之歌》为例，利用思维导图对初高中两位教师的教学设计进行对比分析训练。

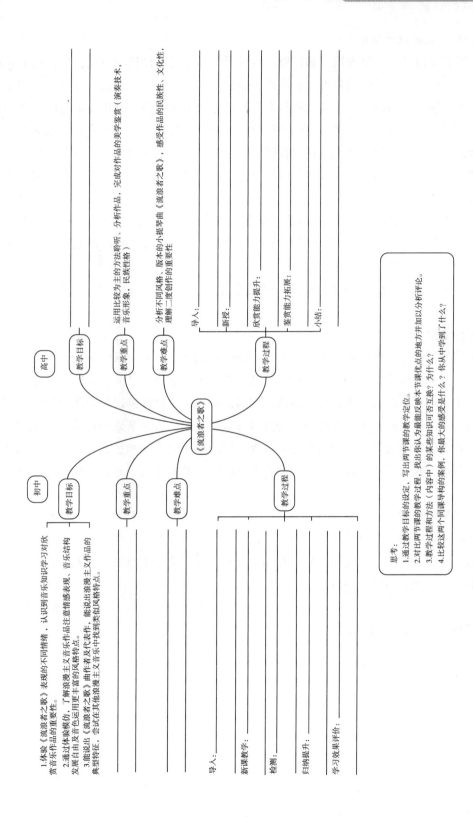

初中

教学目标：
1.体验《流浪者之歌》表现的不同情绪，认识到音乐知识学习对欣赏音乐作品的重要性。
2.通过体验模仿，了解浪漫主义音乐的风格特点。发展自由及音色运用更丰富的情感表现。
3.能说出《流浪者之歌》曲作者及代表作，能说出浪漫主义作品的典型特征，尝试在其他浪漫主义音乐中找到类似风格特点。

教学重点：

教学难点：

教学过程：
导入：

新课教学：

检测：

归纳提升：

学习效果评价：

《流浪者之歌》

高中

教学目标：
1.体验《流浪者之歌》表现的不同情绪，认识到音乐知识学习对欣赏音乐作品的重要性。
2.运用比较为主的方法聆听，分析作品，完成对作品的美学鉴赏（演奏技术，音乐形象，民族性格）
3.分析不同风格、版本的小提琴曲《流浪者之歌》，感受作品的民族性，文化性，理解二度创作的重要性

教学重点：
运用比较为主的方法聆听，分析作品，完成对作品的美学鉴赏（演奏技术，音乐形象，民族性格）

教学难点：
分析不同风格、版本的小提琴曲《流浪者之歌》，感受作品的民族性，文化性，理解二度创作的重要性

教学过程：
导入：

新授：

欣赏能力提升：

鉴赏能力拓展：

小结：

思考：
1.通过教学目标的设定，写出两节课的教学定位。
2.对比两节课的教学过程，找出你认为最能反映本节课优点的地方并加以分析评论。
3.教学过程和方法（内容中）的某些知识可否互换？为什么？
4.比较这两个同课导构的案例，你最大的感受是什么？你从中学到了什么？

2. 自定主题设计思维导图

传统教学设计，教师先用大脑构思，然后用纸和笔写出设计的过程，当在纸上完成教学设计时，很多灵感已经随着时间的流逝而遗忘了。设计内容也可能存在凌乱、逻辑不合理等因素。思维导图的树状层级结构与大脑知识组织结构一致，利用发散思维和联想，用思维导图对教学设计进行梳理，可以加强教师对知识点的整合，形成外在可视化的知识树状层级结构图，把零散的知识点都列在图上，在头脑中形成大概念的全景图，再全面整合知识体系。这样的图示有利于教师对教学设计理论的理解，进一步完善内在知识结构的合理性和完整性。

练习1. 请你将自己撰写过的一篇教学设计用思维导图呈现出来。

练习2. 请你思考并用思维导图修改上一篇教学设计，修改的过程要有痕迹，可以使用不同的颜色或字体体现思考的过程。

练习3. 请你对比修改前后的两幅同课题思维导图，撰写修改反思。（这个练习可以放在第三节反思环节）

资源链接

常用的思维导图软件有两种：一种叫 MindManager，一种叫 XMind。这两种软件都具有强大的图形处理功能，使用者能根据自己的需求挑选适合自己的模板进行设计。

除了利用现有的软件进行思维导图的创编，我们还建议教师们学习手绘思维导图，从教师的备课习惯来看，手绘树状层级的过程就是在大脑中将一节课的内容、知识点、教学行为、预期的教学效果进行逻辑梳理的过程，同时，使用不同颜色、粗细不一的彩色笔对教学过程进行描述推进，也有助于教师在设计过程中准确把握重难点，做到对整节课心中有数。

思维导图的使用，还有助于教师对知识点的归纳、记忆及提炼。在有效规划工作内容、提高工作效率、及时总结反思教学方面，思维导图也能起到很好的辅助作用。以下是音乐教师袁衍明在学习思维导图后，利用思维导图对专业知识点的梳理及个人教学日常的时间管理——条理清晰，一目了然。

（本节执笔：朱莉）

知识点：西洋管弦乐队。

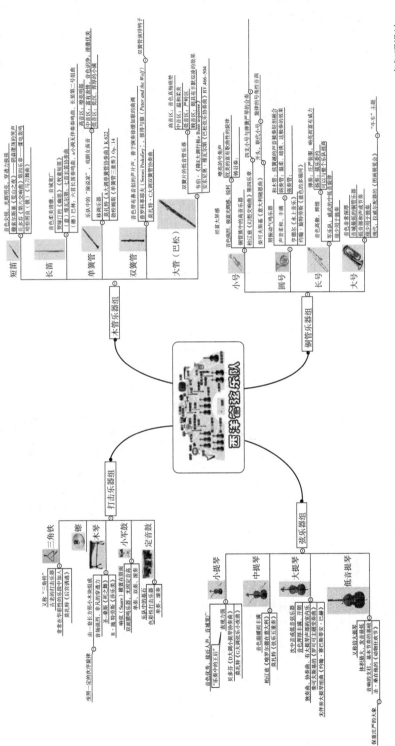

西洋管弦乐队

袁衍明设计

木管乐器组
- 短笛
- 长笛
- 单簧管
- 双簧管
- 大管（巴松）

铜管乐器组
- 小号
- 圆号
- 长号
- 大号

打击乐器组
- 三角铁
- 镲
- 木琴
- 小军鼓
- 定音鼓

弦乐器组
- 小提琴
- 中提琴
- 大提琴
- 低音提琴

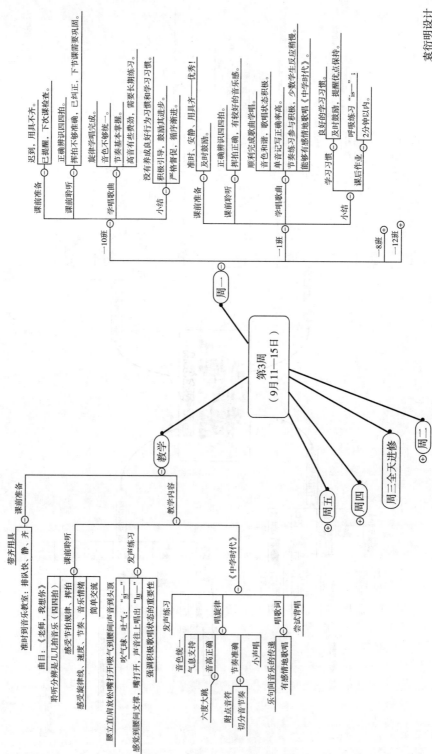

袁衍明设计

第二节　教学实施

指导语

教学实施能力是指教师为顺利完成教学任务，实现教学目标，而在课堂教学中选择正确教学方法、全面驾驭课堂的能力。在日常教学中，教学实施能力常常被定位为教师的教学基本能力，因为教学设计能力再强，教学设想再好，如果实施能力弱，教学设计也只能是"纸上谈兵"。教师作为课堂教学的主导者，尤其需要加强教学实施能力的培养。

根据《朝阳区教师教学基本能力检核标准》，可将教学实施能力划分为七大关键表现领域，即：激发动机能力、信息传递能力、提问追问能力、多向互动能力、及时强化能力、课堂调控能力、学习指导能力。

教学实施能力的强化与提高，可以采取多种方法与途径来实现，为了使目的性更明确、可操作性更强，本节将借助微格教学来训练。

微格课，顾名思义，就是在时间、内容上都给予了高度压缩的新形式的课堂教学。微格教学是对教师教学基本功的综合考查，是教师教学设计、实施、研究、评价等能力的反映。

微格教学可以展示按自然流程实施的一节课，有明确的教学目标和完整的教学程序，以及恰当的教学手段、方法等，还包括充分的学生活动，只不过对以上内容都进行了压缩；还可以是一个完整教学片段，展示教师对学生技能训练有针对性和多样性的教学方法及要求，或是对某一重点内容的深入讲解。总之，能够充分展示教师的综合能力。

微格教学中的课堂教学技能以单一的形式逐一出现，使培训目标更明确，容易控制。课堂教学过程是各项教学技能的综合运用，只有对每项细分的技能都反复培训、熟练掌握，才能形成完美的综合艺术。[①]

微格教学带来了教师培训方法的改革。微格教学是一种在教育学和心理学理论指导下，以现代科技设备为手段的可控制的教学实践系统；是受到"打格放大"这一绘画方法的启发，把教学这个复杂的过程，按照教学过程的基本阶段以及人们认识事物的规律，划分成多个"微小"部分，以求得"格物致知"，并采用多媒体手段，使整个教学过程具有可控性和可操作性。这种可控性和可操作性表现为教学的导入技能、提问技能、讲解技能、教学语言技能、演示技能、板书技能、变化技能、结束技能等形式，无疑对教师培训方法的改革具有重要意义。[②]

通过微格教学实践，能够更快更好地促进教师能力的提高，特别是信息处理能力、教学分析与设计能力、课堂教学组织实施能力、人际交往能力、教学监控与评价能力、教学

---

① 马达. 音乐微格教学［M］. 厦门：厦门大学出版社，2007.
② 马达. 音乐微格教学［M］. 厦门：厦门大学出版社，2007.

反思及教育科研能力、教育创新能力等的发展和提高，促进教师从"生手"型变成"熟手"型，并向专家型发展。①

教学语言技能：教学语言技能是教师用正确的语音、语义，合乎语法逻辑的口头语言，对教材内容、问题等进行叙述、说明的行为方式。② 音乐教学语言是音乐课堂上用来讲授知识、组织技能训练、激发学生学习情绪、完成教学任务运用的语言。苏霍姆林斯基说："教师的语言修养在极大程度上决定着学生在课堂上的脑力劳动的效率。我们深信，高度的语言修养是合理利用时间的重要条件。"教学语言的主要作用是传递知识信息、组织课堂教学、启发学生学习、发挥示范作用、实现情感交流。教学语言技能的应用需凸显教育性、学科性、科学性、简明性、启发性、可接受性，运用音乐教学语言技能时还要注意富有感染性。

讲解技能：讲解技能是教师根据教学内容特点和学生的认知规律，利用口头语言及配合手势、板书和各种教学媒体，阐释事实，揭示事物本质，引导学生思维发展，指导学生学习的一类教学行为。③ 讲解技能教学有两个特点，行为方式上是"以语言讲述为主"；教学功能是传授知识、启发思维、表达情感。需要注意的是微格教学中的讲解技能并不等于讲授式教学法——这是两个不同的概念。讲解技能的主要作用是突破教学难点及突出教学重点，提高课堂效率，激发学生学习兴趣，培养学生学习能力等。无论是描述、叙述性讲解，还是说明、解释性讲解，都要注意讲解精练，且与其他教学技能有效结合。

导入技能："导入"原有"引导""进入"之意，在教学的专有语境中，可解释为"教师引导学生进入教学情境"。导入技能是教师在一个新的教学内容或教学活动开始时，运用建立问题情景的教学方式，引起学生注意，激发学生兴趣，明确学习目标，形成学习动机的一类教学行为。④ 导入技能是音乐课堂教学的重要组成部分，是教师进行课堂教学必备的基本技能。导入的主要作用是明确学习目标任务，形成学习期待；激发学习兴趣，点燃求知欲望；创设教学氛围，形成学习积极心态。常用的导入方式有情境导入法、故事导入法、设疑导入法、经验导入法等。导入在设计与实施中应注意目的性和针对性要强，要具有启发性与关联性，要兼顾艺术性、多样性与趣味性，时间不宜过长。

提问技能：课堂提问技能，即教师通过提出问题以及对学生回答的反应的方式，了解学生的学习状态，启发思维，使学生理解和掌握知识，发展能力的一类教学行为⑤，是通过师生的相互作用，检查学习，促进思维，巩固知识，运用知识，实现教学目标的教学行为方式，是课堂教学中进行师生相互交流的重要教学技能。⑥ 它是课堂教学的重点，既渗透于各项教学基本技能的运用之中，又统领各项教学基本技能共同实现教学目标。课堂提问的主要作用是激发学习兴趣，吸引学生注意，发展学生思维，促进新旧知识联系，增强

① 马达．音乐微格教学［M］．厦门：厦门大学出版社，2007.
② 李涛．教师常用教学技能训练［M］．北京：中国轻工业出版社，2014.
③ 李涛．教师常用教学技能训练［M］．北京：中国轻工业出版社，2014.
④ 李涛．教师常用教学技能训练［M］．北京：中国轻工业出版社，2014.
⑤ 李涛．教师常用教学技能训练［M］．北京：中国轻工业出版社，2014.
⑥ 孟宪凯：微格教学基础课程［M］．北京：北京师范大学出版社，1992.

师生互动，提供教学反馈信息等。提问的主要类型有回忆性提问、理解性提问、分析性提问、评价性提问、综合性提问。应用提问技能需注意提问内容有价值，提问顺序有设计，提问时机要恰当，提问方式多元化，提问语言要精准，提问评价要准确。

反馈与强化技能：反馈技能指"在教学中，教师以学生的实际成绩为依据，经过观察、分析、判断，对学生完成的动作、技能进行诊断或强化的方式，帮助改变或巩固学生完成正确的动作、技能的方法或模式，促进和强化掌握动作、技能的一类教学行为"①。"强化"一词原是心理学概念，"使有机体在学习过程中增强某种反应重复可能性的力量称为强化"②。强化技能是教师依据"操作性条件反射"的心理学原理，对学生的反应采用各种肯定或奖励的方式，使学习材料的刺激与学生反应之间建立稳固的联系，帮助学生形成正确的行为，促进学生思维发展的教学行为。强化技能主要包括语言强化、动作强化、标志强化、活动强化、认知强化等。③

示范技能：示范技能是教师在教学和训练中运用操作实物、模像、影视等直观教学手段，充分调动学生的视觉、听觉，形成表象及联系，指导学生进行观察、思维和练习的一类教学行为。④ 音乐教学中的示范技能主要体现为范唱、范奏与弹唱技能。（参见第二章学科专业能力训练）

媒体应用技能：媒体应用技能是教师进行实际表演和示范操作时，运用实物、样品、标本、模型、图画、图标和多媒体设备提供感性资料，以及指导学生进行观察的行为方式。⑤ 设计和选择教学媒体要遵循最小代价原则、共同经验原则、多重刺激原则、抽象层次原则。在应用时需注意根据内容，选择媒体；把握时机，出示媒体；正确演示，提供示范；指导观察，教给方法。

观察技能：课堂观察技能是教师在课堂上感知学生的学习行为、课堂情绪和了解自身授课效果的一种知觉活动的行为方式。主要包括探询观察、随机观察、验证观察等类型。⑥

结束技能：结束技能是教师完成一项教学任务时，通过反复强调、概括总结、实践活动等，对所教知识或技能进行及时的系统化巩固和应用，使新知识稳固地纳入学生的认知结构中去的一类教学行为。⑦ 可以采用总结归纳、分析对比、前后呼应、巩固练习等认知型结束，也可采用悬念存疑、问题激趣、拓展延伸等开放型的结束方式。

（一）案例分析

案例一 （本案例获得 2015 北京市新教师微格教学比赛三等奖）

---

① 张雄安．中学体育微格教学教程［M］．北京：科学出版社，1999.
② 孙立仁．微格教学理论与实践研究［M］．北京：科学出版社，1997.
③ 李涛．教师常用教学技能训练［M］．北京：中国轻工业出版社 2014.
④ 成鹏，刘忠民．微格教学法在体育教学中的应用研究［J］．长春工业大学学报（高教研究版），2007，28（4）.
⑤ 李涛．教师常用教学技能训练［M］．北京：中国轻工业出版社 2014.
⑥ 李涛．教师常用教学技能训练［M］．北京：中国轻工业出版社 2014.
⑦ 李涛．教师常用教学技能训练［M］．北京：中国轻工业出版社 2014.

一、基本信息

学科	中学音乐	年级	八年级	教材	人音北京版教材
课题			《在中亚细亚草原上》	主要技能	演示技能 讲解技能 提问技能
任课教师	樊超	单位	人大附中朝阳学校	入职时间	2011 年
点评人	李磊	单位	北京教育学院朝阳分院	职称	中学高级

二、初次尝试（第一次试讲）

教学课题			《在中亚细亚草原上》		
学科	中学音乐	年级	八年级	教学时间	8 分钟
教学目标	1. 感受《在中亚细亚草原上》的主题材料，培养学生对民族乐派音乐的学习兴趣 2. 积极地参与歌唱、节奏练习、二声部合唱等实践活动，掌握辨别该主题材料的方法 3. 能够准确地分辨出《在中亚细亚草原上》的两个主题材料，同时提高学生在歌唱、节奏和辨识音乐材料方面的技能				

时间	教师的教学行为	学生学习行为	教学技能要素
1 分钟	1. 节奏模仿训练 节奏型包括： （节奏谱） 节奏模仿卡农： （节奏谱） 2. 请同学们选择，哪些是刚才老师拍过的节奏？	学生模仿 学生模仿 学生模仿 学生回答	教师的语言技能、音乐专业技能 教师提问技能
2 分钟	3. 下面请同学们拍出 PPT 中给出的节奏 请大家观察第二条节奏与第一条节奏有什么区别，请正确拍出节奏 4. 请根据老师所给字母谱，进行歌唱	学生回答问题并进行节奏练习 学生进行音准训练	教师的语言技能、音乐专业技能

续表

时间	教师的教学行为		
1 分钟	5. 下面我们来视唱第一条旋律,请大家注意呼吸的位置和音色的控制,变声中的男孩子可以低八度歌唱 6. 刚才我们学过的这段旋律是交响诗《在中亚细亚草原上》的第一主题,它是一首宽广悠长的俄罗斯民间曲调,在乐曲里是由单簧管演奏的,请大家注意倾听		讲解技能
1 分钟	7. 请大家一边用手挥 2/4 拍的图示,一边正确读出 PPT 中的节奏,请格外注意将三连音拍得均匀准确 请大家注意第二条节奏练习中连音线的位置,并边画拍边读出节奏	学生击拍节奏	教师的语言技能、音乐专业技能
1 分钟	8. 下面请大家正确地为老师指挥,由老师歌唱主题二的旋律,这段旋律是交响诗《在中亚细亚草原》的第二主题	学生指挥学生歌唱	讲解技能
1分 30秒	9. 请看学案,请同学们在播放第一主题的时候,大家歌唱第二主题。播放第二主题的时候,请大家歌唱第一主题,感受两个主题结合在一起的音乐效果	学生倾听、歌唱	讲解技能
30秒	10. 交响诗《在中亚细亚草原上》描绘了这样一幅画面:在中亚细亚单调的沙质草原上,传来罕见的俄罗斯歌曲的曲调,然后听到渐渐走近的马匹和骆驼的脚步声以及神秘的东方曲调,一支商队在俄罗斯士兵的护卫下从广袤的沙漠中走过,他们安然无恙地在俄罗斯军队的保护下完成漫长的旅程,商队渐行渐远。乐曲主要用了我们刚才学习歌唱过的两个材料,接下来我们用 A 表示主题一,B 表示主题二,仔细倾听乐曲,并写出音乐的基本结构	学生倾听、思考	讲解技能
核心问题	能够识别交响诗《在中亚西亚草原上》的主题音乐材料		
问题链	1. 请大家模仿老师,同时分辨老师拍的节奏中都有哪些节奏型? 2. 请同学们选择一下,哪些是刚才老师拍过的节奏? 3. 请大家观察第二条节奏与第一条节奏有什么区别? 4. 请同学们找出旋律中四度以上的音程 5. 请同学们分辨下面的旋律。请用 A 表示第一主题,请用 B 表示第二主题,按顺序写出你听到的主题		
讲解目标及方法	聆听法、对比发现法		

三、教学问题及修改建议

(一)制定教学目标过程中的问题及改进

教学目标的三个维度不够清晰,相互之间的逻辑关系必须厘清,要字斟句酌。

建议做如下修改:

(1)通过"节奏热身操"与"音程连连看"环节,巩固已有的知识,并循序渐进解决作品中的难点;

（2）通过参与"模唱""聆听""辨析"等音乐实践活动，深入体验《在中亚细亚草原上》的主题音乐；

（3）通过问题思考和延续讨论，拓展思路，掌握聆听音乐作品的重要方法：从辨别作品的主题音乐材料进入全曲的聆听。

（二）核心问题、问题链设计中的问题及改进

问题链之所以形成"链"，要有层层递进的关系，要环环相扣，一步步引导学生深入学习，不能仅停留在本课的学习内容上，而是要举一反三将知识进行拓展延伸，培养学生未来能解决类似问题的能力。

建议做如下修改：

（1）请辨别老师击打了哪些节奏型？

（2）节奏谱中空拍的位置，哪一个选项对应老师所拍击的节奏型？

（3）在这条节奏中，出现了什么新的音乐记号？它的作用是什么？

（4）对比节奏练习，观察音乐主题一与主题二的材料，有什么发现？

（5）你发现主题一与"音程连连看"之间有什么联系吗？

（6）仔细聆听主题二，并对照乐谱思考哪些节奏型是刚才练习过的？

（7）作曲家在创作这首音乐的时候，运用了怎样的创作手法？

（三）讲解目标及方法确定中的问题及改进

在讲解语言清晰、指令明确的同时要兼顾学生的学情特点，还要突出音乐学科的特色。教师应尽量避免冷冰冰的书面语言，要增加趣味性，调动学生的积极性。如：节奏练习称为"节奏热身操"、聆听与模唱音程称为"音程连连看"，通过念"电灯泡、电灯泡"解决三连音的均匀与准确等。

小结部分缺少"画龙点睛"之语，建议做以下修改：

"正是有了这些三连音、连音线和附点节奏以及具有特色的民间曲调，音乐才表现出了神秘的东方色彩（适当放慢语速）。当然这种特色还要依靠音调、乐器等共同参与表现。比如，像《自新大陆》中的引子也是用英国管演奏的，同样是为了营造这种神秘的色彩。所以，听一首音乐不仅要听节奏、音高，还要聆听乐器音色、音调等许多方面，这些元素综合在一起才能表现出音乐的魅力。这些内容我们以后会一一讲解，同学们的音乐知识也会越来越丰富。"

（四）教师教学行为、学生学习行为中的问题及改进

教学语言、肢体语言、体态语言等，都在潜移默化地对学生起到指引作用，因此，教师要进行综合的练习。建议：

（1）语速适当放慢，在要强调的地方可以加重语气。

（2）讲解语言的设计适当口语化，尽量符合学生的认知特点。

（3）将几个教学环节写出详案，每一个环节都用线条隔开（定稿后甚至可以每一个大的环节部分都裁成小纸片），有助于记忆，且条理更清晰。

（4）模拟讲解并进行录像，对照录像，逐个环节进行纠正。

（五）时间及教学技能要素中的问题及改进

对于教学技能要素的理解还不够深入，没有充分思考，太简单。

本课讲解是明线展示，而问题链是一条暗线，推动着教学内容的发展。所以，提问措辞需反复斟酌，要简洁明晰。

另外，建议增加反馈探询，对学生的回答及时给予反馈，帮助学生第一时间建立正确的概念。

总之，要明确微格教学是一个微缩的课堂教学实景，是课堂的高度浓缩。这是一出教师自编、自导、自演的独角戏。

四、再次实践

教学课题	《在中亚细亚草原上》（八年级上册）				
执教	樊超	学校	人大附中朝阳学校		
学科	音乐	年级	初二	教学时间	十分钟
教学目标	情感态度及价值观：通过深入体验《在中亚细亚草原上》的主题材料，感受其中的民族风格和多样的音乐文化 过程与方法：通过积极地参与歌唱、节奏互动、聆听辨析等音乐实践活动，掌握辨别该作品主题材料的方法 知识与技能：能够准确辨别出《在中亚细亚草原上》的两个主题材料及作曲家的特殊创作技法，培养歌唱、节奏和辨识音乐材料等方面的能力				
时间	教师的教学行为			学生的学习行为	教学技能要素
3分钟	一、导入：同学们大家好，今天我们来继续深入学习、欣赏交响诗《在中亚细亚草原上》，首先按照惯例，我们一起做节奏热身操 问题：同学们，请辨别老师都拍了哪些节奏型？ 二、新课讲解 1. 节奏热身操： a. （节奏谱） b. （节奏谱） c. （节奏谱） 2. 问题：请大家回答老师刚才提出的问题，老师都拍了哪些节奏型？ 3. 加大难度，节奏选择题 下面老师增加一点难度。选择题，请从A、B、C、D四个选项中选出老师所拍的节奏型，填入节奏谱中空拍的位置，请你认真听			通过节奏热身操，模仿教师拍出的节奏，复习已学过的节奏型，同时这些节奏型的组合又是本节课的难点，由浅入深 学生能够回答：前八后十六、三连音、小附点、两个八分、大附点节奏	演示技能：示范 提问技能：问题链 从问题链中回顾已学过的知识来引出本节课的关键节奏型

时间	教师的教学行为		
	a. （2/4）……（答案：A） b. （2/4）……（答案：C） （大家注意，下面老师出示的可是一道多选题，看谁能够选择正确。） c. （2/4）……（答案：B、D） 4. 大家看看这条节奏中，出现了什么新的音乐记号？ 下面继续考验大家，看大家能不能把下面这条八小节的长节奏连续拍出。老师相信大家一定可以做到，注意其中的延音线，加油	识读节奏谱，做出正确的选择，并且看着节奏谱再次进行节奏练习，突破《在中亚西亚草原上》主题中的节奏难点 学生观看节奏谱，发现了延音线，并回答问题 学生准确拍出节奏练习（这条节奏是作品主题的节奏组合）	停顿节奏：提出问题后需要停顿，探求回答
1分钟	5. 对比刚才的节奏练习，观察主题一与主题二的材料，看看有什么联系？ 教师讲解：我们刚练习的节奏就是今天我们将要学习的《在中亚细亚草原上》主题的节奏。那么，这一段音乐有了节奏，还需要有什么呢？对了，还需要有音高，才能形成了音乐主题的旋律，下面我们就来解决音高问题	学生回答，主题材料中的节奏就是刚才拍过的节奏练习 学生回答：还需要音高	演示技能：示范
1分钟	6. 音准训练： a. 老师示范；b. 学生歌唱；c. 学生在单簧管伴奏引领下准确歌唱，同时体验单簧管的音色	学生模唱、独立歌唱 感受、歌唱主题一	
	7. 完整歌唱主题一	学生在此模唱主题一，感受宽广悠长俄罗斯民间曲调	提问措辞：提问过程中以比较亲和的语言引导学生积极踊跃回答
2分钟	8. 聆听主题一：嗯，同学们唱得非常好，主题一在作品中主要表现宽广悠长，运用的是一首俄罗斯的民间曲调 问题：请同学们观察下面主题一的乐谱中有哪些新的记号？ 请同学们注意力度记号、连线、保持音的变化，请大家随音乐再次小声模唱一遍	学生聆听，回答三连音、附点节奏 学生聆听（拓展学生的聆听视野）	反馈探询：对学生的回答及时给予反馈，建立正确的概念
2分钟	9. 学习主题二：同学们，下面请仔细聆听主题二 问题：同时观察主题二中的节奏，哪些节奏型是我们刚才练习过的？ 教师讲授：大家发现得非常正确，正是有了这些三连音、连音线和附点节奏，音乐才表现出了神秘的东方色彩。当然还有音调、乐器因素，所以同学们在以后不仅要听节奏、音高等，还要聆听乐器、音调等，这些元素综合在一起才能表现出音乐的魅力	学生聆听、发现	

续表

时间	教师的教学行为		
1分钟	10. 作曲家独特的作曲方法： 教师讲授：接下来，再告诉大家一个秘密，作曲家在创作这首音乐的时候，用了一个非常巧妙的办法 问题：请同学们聆听下面这段旋律，是否可以发现里面作曲家运用了哪些巧妙的作曲方法 11. 发现总谱中的秘密： 问题：同学们请观察总谱，是否可以从总谱中找到主题一和主题二 教师讲授：同学们回答得非常好，大家发现作曲家把两个主题叠在一起了，确实很多作曲家都利用这个方法，把很简单的几个主题，发展成一部宏大的作品，这就是作曲的一个秘密。其实整部作品，从头到尾只用了这两个主题：主题一、主题二 作业：同学们，最后，请回去仔细聆听，并用主题一、主题二记录下整个《在中亚西亚草原上》的音乐发展的过程 当然在乐曲中还有很多有意思的设计，我们放在以后为大家讲解 同学们，下课！	学生回答：主题一与主题二结合在一起了 学生回答	
核心问题	能够准确歌唱、辨别出《在中亚西亚草原上》的主题音乐材料		
问题链	1. 我们一起做节奏热身操的同时，请大家猜猜老师都拍了那些节奏型 2.（节奏选择题）下面老师加大难度，请同学们做出正确的选择 3. 请同学们完整地拍出下面的节奏 4. 请同学们观察下面的主题材料和我们刚才学习过的节奏有哪些联系 5. 请同学们观察下面主题一的乐谱中有哪些新的记号 6. 请同学们注意聆听主题二，哪些节奏材料是我们刚才练习过的？ 7. 请同学们聆听下面这段旋律，你能发现作曲家运用了哪些巧妙的作曲方法吗？		
讲解目标及方法	讲解技能与示范相结合，努力做到流畅、清晰、明确、具有启发引导性、亲切、自然。精心设计的问题链，七个问题环环相扣，一步步引导学生深入学习，没有停留在本课的学习内容上，而是举一反三将知识进行拓展延伸		

五、课后反思

从微型课堂看真功夫

——初中音乐微格教学《在中亚细亚草原上》的课后反思

微格教学又被称为"微型教学"，是一种分阶段系统培训教学技能的活动，为集中解决某一特定的教学行为或内容而设计。在此次参加北京市初中教师教学技能展示比赛的过程中，深刻感觉到教师基本功的重要性，在接到比赛任务时，觉得10分钟的课应该比较好设计，因为时间实在太短了，在平时的教育教学中，10分钟貌似什么都干不了，随便做个练习、随便讲几句话都不止10分钟。但从开始选题、查阅资料、寻找素材，进行教学设计、制作 PPT、制作 MIDI 音频、制作乐谱、磨课、试讲、说课、比赛等过程中，发现虽然是短短 10 分钟，貌似比整节课都难讲。微格教学要求必须在规定的时间内，高效、生动地完成，要求教师的语言能力、提问能力、问题链构建能力、时间控制能力、学情分析能力等方面都有较高的水平。通过参加这次比赛活动发现，我在教学中对时间的控制、问题的设置、语言语气的运用还有很多提升空间。在准备这次展示的整个过程中，能够明显地发现自己在思想和技能方面都有不同程度的提高，收获的同时也发现自己的基本技能还需要不断提高、不断进步，把微型课堂中发现的"真功夫"运用到实际教学中。

（一）教师的基本教学技能方面

1. 教师的讲解技能

在微格教学中，对于教师的讲解技能要求非常高。在此次备课的过程中，第一次备课只是把课程的提纲搭建起来，像往常教学那样，上课时按照提纲，用自己的语言表达出来，总觉得讲清楚了就可以。但我在指导老师的悉心指导下，发现要想讲出一堂精彩的课，必须把讲解技能细化到每一句话，并且要仔细推敲每一句语言使用是否得当。这在之前的教学经历中只是想过，但从来没有实践过，这次微格展示的准备过程中，实实在在体验了一次。不仅如此，我的指导老师还把每一句话都示范阅读，并用录音笔录下来，要求我也如此，不仅推敲每一句话如何说，而且在文稿中把重点字特别圈定，并精确到每一句话中的语气如何表达。在这个过程中我感受到什么才是真正的教师基本技能，我们的每一节课都应该这样富有感染力地去讲解。因此，经过反思，我认为教师应在教学语言语气等方面不断提高，一节课不仅要设计精妙，还要在讲解方面下功夫，做到能够有吸引力、感染力地高效讲解。

2. 教师的仪态

在此之前的教学经历中，还没有特别关注到自己的仪态问题，总觉得穿着得当，挺直腰板就可以了。但在微格教学的过程中，和平时比有一个区别，就是面前可能会有摄像机。在平时教学中，我们只关注学生，忽视了学生面前的自己，一旦看到摄像机对准自己，那种紧张的情绪一下子就涌了上来，不知道该怎么讲、身体该怎么动。这也体现出了教师基本技能的不足。在这次微格教学《在中亚细亚草原上》的试讲过程中，经过录像后，自己观看比对，发现有很多小细节、小动作，如果从学生的角度来看，还是可以进一步提高的。例如在示范演唱时的手势；在讲解的过程中身体是否前倾；在提问的过程中，手势指向学生时的动作表情等，这些在实际课堂教学中都被忽略了，其实稍加设计，就会取得很好的效果。我的指导老师向我指出这些不足，并且在不断试讲的过程中，练习各个动作，在不同的环节中运用不同的仪态，让课程内容更容易被接受。

3. 教师的提问技能

提问技能在微格教学中，需要精确有效。在整个的微格教学过程中，是需要围绕一个中心解决的问题，设计一个问题链，这个问题链要环环相扣、步步深入，最终解决问题、达到目标。在刚开始备课过程中，由于音乐学科的特点，练习较多，培养学生能力的方面较多，需要学生运用逻辑思维进行积极思考的地方较少，因此发现问题链的设计非常困难，设计出来的问题链也不成"链"。在不断深入的备课中，经过专家指导和自己的仔细推敲，将问题进一步逻辑化，更有层次，提问方式也更贴近学生，不仅让本课的前后知识点有了逻辑上的联系，而且提高了学生的学习兴趣，增加了学生学习思路的有效性。

4. 多媒体使用和板书设计技能

根据音乐学科的特点，本课多媒体使用非常丰富，主要运用 PPT 展示，但在这个过程中，分别运用 Cubase5 制作音频文件，运用 Sibelius6 制作乐谱，在 PPT 中巧妙地连接，让整堂课流畅地展示。在这个方面我认为本堂课运用得当，例如在节奏练习中由单纯模仿到节奏选择题，再到完整的小节节奏练习，再到在旋律中找节奏与旋律的关系，层层铺垫，消解难度，这方面在本课中完成得很好。

在板书设计中，凸显个人在这方面的基本功不足，在板书设计、粉笔字、写字速度等方面，都需要进一步提高。在教学中分别运用板书和 PPT 可以实现不同的练习目的，达到不同的目标。例如需要听音乐、展示音符的时候，运用 PPT 就非常直观，但描写曲式结构图的时候，运用板书表达就会更有过程感，所以不能放松这方面技能的提高。

（二）音乐教师的专业技能

1. 示范技能

《在中亚细亚草原上》这一课，有很多需要教师示范的地方，例如节奏模仿、节奏选择、歌唱示范等方面都需要教师具有较高的音乐水平。在本课展示过程中，能够做到准确无误，例如在节奏模仿的过程中，教师示范严谨，能够起到示范的作用。在歌唱过程中能够准确地范唱，运用音叉、模唱单簧管演奏的旋律都做到了准确。

但在准确的过程中，经过反思，我认为还需要做到生动。教师做到准确，只是完成了任务，做到生动，才能达到示范的作用，示范是一项双重的技能，不仅个人要做好，还要考虑受众的接受度。例如在主题一的示范中，教师就必须做到把音准、节奏、连线、呼吸、强弱、保持音记号等方面进行综合示范，引导学生发现他们唱的和老师唱的区别，这样，学生才能发现真的学到东西了，才能真正激发学生的兴趣。

2. 指挥技能

指挥技能在本课中表现得比较重要，由于《在中亚细亚草原上》的两个主题中的节奏特别复杂，所以，在学生歌唱时，要求教师要准确地指挥，在学生唱第二遍时，要求学生能够做到边歌唱边指挥，在学生欣赏音乐时，也要求学生能够跟着老师的指挥一起挥拍，这就要求教师的指挥要非常标准和生动。在这方面，在教学过程中，能够准确完成，能够做到歌唱生动、指挥准确。但挥拍在音乐课教学中还是一项重要的基本功，还需要不断熟练和学习。

（三）总结

在本次微格课展示与比赛的过程中，我本人在思想和技能方面都得到很大的提升，主要是在思想方面有了更新的变化，改变了之前对于备课、磨课的态度，真正体验了一次从无到有、到精彩的过程，特别感谢我的指导老师对我的悉心指导。让我懂得了上好一节课不仅是需要教师个人能力强，更重要的是你能不能把你拥有的这些能力、知识，高效、生动的教给你的学生，让学生真正有所收获。

在微格课中反映出个人在讲课技能、心理素质等方面的不足，今后还有很长的路要走，需要不断地磨炼，才能成为一名学生喜爱的老师，我将为此不断努力。

六、发展建议

樊超老师参加工作虽只有 5 年，但教学整体表现成熟、稳健；专业基本功扎实，对教学内容的理解较深入且有自己独到的见解。从本次展示可以看出：示范明确、规范、指令清楚，讲解清晰、语言简练。

通过反思可以看到教师对自身的要求很高，对展示中存在的问题也有很清晰的认识。希望教师百尺竿头更进一步，不断强化语言技能、提问技能与板书技能，全面发展教学技能，提高课堂教学实效性。

案例二

（本案例获得 2017 北京市首届新任教师"启航杯"微格教学比赛一等奖）

一、基本信息

学科	音乐	任教年级	初中	教材	人音北京版（八年级上册）
任课教师	梁天元	单位	陈经纶中学保利分校	入职时间	2016.7
学历	大学本科	毕业院校专业	中国音乐学院 音乐教育专业	手机	
指导教师	李磊	单位	北京教育学院朝阳分院	职称	高级教师

二、设计初稿

课题	《春游》
教学背景分析	学生熟练掌握基本节奏型及三升三降内的首调唱名法，能准确演唱无临时变音记号的和声音程，有演唱二声部合唱作品的基础，认识乐谱中的音乐术语和记号。但演唱过程中学生音色偏白，真声过多，且缺少三声部合唱经验，对和声及曲式的基本知识不够了解
教学目标	1. 体会6/8拍的韵律感，并准确表现其旋律特点 2. 掌握歌曲的曲式结构并能识别同类歌曲 3. 理解《春游》中三个声部之间的相互关系，并通过演唱准确地表现出来 4. 能够运用恰当的音色和情绪表现歌曲意境
教学方式与策略	1. 通过节奏游戏帮助学生复习六拍子的拍感 2. 运用柯达伊教学法的手势帮助学生掌握歌曲中的音程 3. 通过讲解和分析作品的曲式结构和声部逻辑帮助学生加深对音乐的理解 4. 运用气声唱法和统一母音的方式演唱歌曲以增加声音的融合度

续表

课题	《春游》	
	活动内容	活动意图
教学活动设计	1. 6/8 拍二声部节奏卡农	抓住学生注意力，快速进入状态，同时复习六拍子的基本节奏感
	2. "开门见山"似的直接导入	通过节奏训练导入要学习的六拍子合唱《春游》。在学唱前先了解歌曲背景，有助于提高学习内驱力
	3. 借助柯尔文手势做音准练习	将歌曲的核心旋律用柯尔文手势表现出来，学生在构唱音高的同时已经对歌曲旋律建立了认识
	4. 根据柯尔文手势出示的音高构唱其上或下方的三、六度音程	歌曲中一、二两个声部纵向的音程关系以大小三、六度为主，因此学唱前先让学生掌握好基础的音程构唱。通过构唱练习也加强了学生的内心听觉
	5. 借助柯尔文手势针对三、六度音程进行二声部练习： （1）平行三、六度的上下行连接 （2）大小三、六度的转位练习	建立大小三、六度音程的声响概念，训练二声部之间相互倾听与协作的能力，为准确地表现歌曲多声部色彩奠定基础
	6. 借助柯尔文手势进行同音替换练习	用自然音阶中的小二度唱名替换歌曲中较难演唱的带有临时变音记号的小二度，使难以把握的音准问题更容易解决
	7. 聆听教师的范唱并思考问题： （1）歌曲的节奏有什么规律？ （2）歌曲的结构有什么特点？	聆听教师的范唱，建立对歌曲的初步认识，并通过提出的问题引发学生的独立思考
	8. 讲解歌曲的节奏特点以及曲式结构，并类比同类歌曲	掌握节奏规律、理解作品结构有助于记忆乐谱，加深对作品的印象
	9. 跟着钢琴伴奏视唱歌曲主旋律，并提示唱名的口型、咬字以及发声位置	熟悉歌曲旋律，感受歌曲风格，为多声部演唱奠定基础
	10. 观察并思考二声部与一声部在旋律上的关系，并合唱一、二两个声部	理解二声部副旋律与一声部主旋律的紧密联系，并在合唱的过程中熟悉乐谱
	11. 低声部跟着钢琴弹出的一、二声部音程演唱自己的旋律，体会并思考低声部旋律的特点	引发学生思考，体会低声部的和弦根音在三和弦当中的地位与作用，从而正确看待低声部旋律的单调和乏味
	12. 用"lu"音代替唱名来演唱： （1）"吹蜡烛"的气息练习，并仿照"吹蜡烛"的感觉用"lu"唱长音 （2）第一遍：一声部与三声部合唱 （3）第二遍：三个声部一起唱	"吹蜡烛"练习引导学生使用正确的用气状态。利用"u"母音代替唱名以统一音色。长音保持则是为了训练学生相互倾听、增强声音融合度。第一遍演唱有利于外声部的协调与稳定，对三个声部的纵向架构起到重要的支撑作用。第二遍三个声部一起合唱为学生建立三声部的音响概念
	13. 课后思考与作业： （1）独立完成歌曲的歌词学习 （2）老师在指挥时使用了两种不同的手势，一种是六拍子、一种是二拍子，体会两种指挥手势对歌唱有什么不同的作用	锻炼学生独立学习和思考的能力，激发学习的主观能动性

续表

课题	《春游》
教学特色与反思	**特色：** 1. 把歌曲中的重难点内容通过练习充分体现 2. 让学生通过轻松的节奏游戏掌握6/8拍的韵律感 3. 运用柯达伊教学法的手势练习训练学生的内心听觉和构唱能力 4. 强化歌曲结构从而加深学生对音乐作品的理解并有助于快速背谱 5. 使三个声部分别两两合唱从而感受各声部不同的作用 6. 使用气声唱法并统一母音的方式加强多声部合唱的融合度 7. 使用两种不同的指挥手势引发学生思考不同手势对歌唱的作用

三、问题分析

（一）教学背景分析缺乏逻辑性和条理性

修改建议：教学背景的分析不能只局限于学情分析，应该从指导思想和理论依据、教材分析和学情分析三个方面进行说明，且紧紧围绕教学内容进行分析。

（二）教学目标的设定不够明确

修改建议：教学目标要明确、可操作，且依据教学内容与学生实际情况，从三个维度进行设计，还要与教学重难点分开，目标是总体，细化的内容应融入教学重难点里。

（三）教学设计中没有教学重难点及其解决的策略和方法

修改建议：结合三维目标确立本课时的教学重难点。在突出重点、解决难点的内容选择上，要具体、好操作。

（四）教学设计的过程条理不够清晰，缺乏结构上的细分

修改建议：将教学过程整体分为三个部分：练习环节、歌唱环节和拓展环节，每一个环节可再分层展开、层层铺垫、循序渐进。

（五）教学活动的设计针对性应进一步加强，体现解决教学重难点的核心方法

修改建议：

1. 重新设计节奏练习，聚焦曲目内容，更好地体现六拍子韵律感；

2. 将音准的练习缩减整合，体现实效性；

3. 歌唱环节应更突出合唱教学的方法，由浅入深、循序渐进地实现教学目标，既展示教师的示范技能又体现教学特色；

4. 通过理论提升，进一步加深拓展环节的教学意义。

（六）教学特色和反思部分缺乏对整节课的提炼和总结

修改建议：结合课程标准中的重点内容，重新梳理、概括与提炼。

四、设计修改稿

课题	《春游》				
学科	音乐	年级	八年级	教师	梁天元

教学背景分析	1. 指导思想与理论依据 　　"以音乐审美为核心，以兴趣爱好为动力"是本课的指导思想。引导学生在了解歌曲背景、聆听范唱、分析作品结构、参与多声部合唱等实践活动中，感受音乐的魅力 　　《义务教育音乐课程标准》中指出："音乐基础知识和基本技能的学习，应有机地渗透在音乐艺术的审美体验中。"本节课正是以此为理论依据，培养学生良好的歌唱习惯，鼓励学生自信、有表现力地歌唱，并在师生互动、生生合作中学习基础知识，掌握基本技能，体验音乐之美 　　2. 教材分析 　　歌曲《春游》是人音北京版教材八年级上册第一单元的重点学唱曲目。歌曲为降 E 大调，采用了富有律动感的八六拍复合节奏，显得更加抒情又不乏活泼感。这首歌曲由李叔同创作，也是中国近代音乐运用西洋作曲方法写成的第一部合唱作品。作品的歌词为七言律诗，工整严谨，虽为一字一音的对词，但旋律流畅淡雅。全曲共 16 小节，曲式结构清晰方整，围绕着突出春游的主题作品采用了四句对比式的乐段结构，四个乐句之间呈现为典型的 a a'b a' 的起承转合式对比复乐段结构关系。三个声部的对位和声整齐和谐，旋律优美动听，和声音响清澈宁静，以正格进行的和声色彩贯穿全曲，准确地抒发了"游春人在画中行的"闲情逸致 　　3. 学情分析 　知识技能方面： 　　（1）能够比较熟练地挥拍念读四分、八分、十六分音符常规节奏组合，以及在 6/8 拍中的变化节奏组合 　　（2）能够比较熟练地识读ᵇE 大调五线谱 　　（3）能够比较熟练地运用柯尔文手势 　　（4）能够准确地演唱无临时变音记号的和声音程，并且有演唱二声部合唱的基础 　　（5）认识乐谱中的音乐术语和各种记号，但在演唱中缺乏对这些术语和记号的充分表现 　　（6）缺少三声部合唱经验，对和声以及曲式的基础知识不够了解 　情感态度方面： 　　有积极参与歌唱的愿望，愿意与同伴合作，能够按照歌唱的要求，在反复练习中努力提高歌唱音准及合唱能力
教学目标	（1）能够用自然、圆润的声音轻声演唱歌曲 （2）能够比较准确、有表现力地完成歌曲三声部合唱，基本做到声部均衡、音色统一
教学方式与策略	（1）节奏模仿练习帮助学生迅速掌握六拍子的强弱规律和节奏进行特点 （2）运用柯尔文手势帮助学生准确演唱歌曲中的音程 （3）运用同音高转换的音程构唱方法，解决临时变化音的音准问题 （4）通过教师范唱，创设情境，启发学生在演唱模仿中边实践、边思考 （5）讲解和分析作品的曲式结构和声部逻辑，帮助学生加深对音乐的理解 （6）运用"lu"母音带唱的方式增加各个声部声音的融合度

续表

课题		《春游》	
		活动内容	活动意图
教学活动设计	练习环节	1. 节奏训练 6/8 拍的节奏练习 	通过节奏卡农训练，激发学生兴趣，在训练节奏的同时，又训练气息，还练习模仿力和反应力。帮助学生掌握六拍子节奏进行特点，并准确表现
		2. 音准训练 （1）随手势唱出歌曲骨干音 （2）借助手势进行同音转换练习 　　　　d' – t – d' 　　　　f – m – f 　　　　s – fi – s	（1）将歌曲骨干音结合柯尔文手势视唱，学生在构唱音高的同时也对歌曲旋律建立认识 （2）同音转换练习把难以把握的变化音用自然音级中相同音程关系的唱名替换，更快捷有效地解决音准问题
		3. 双声部三度和声练习	（1）三度和声练习可以很好地提高一、二声部合唱时二声部音程稳定性 （2）提前将歌曲的和声提炼出来单独进行训练，分解难点

续表

课题		《春游》	
教学活动设计	歌唱环节	1. 聆听教师的范唱并思考 （1）歌曲的节奏有什么规律？ （2）歌曲的结构有什么特点？ 要求：随老师的演唱边听边挥拍	带着问题聆听教师的范唱，建立对歌曲的初步认识，也使聆听更加专注
		2. 分析作品节奏特点及曲式结构，体会六拍子的律动特点	掌握节奏规律、理解作品结构有助于记忆乐谱，加深对作品的印象，更是举一反三，进一步教给学生学习方法
		3. 学唱主旋律 （1）挥拍完整视唱一声部乐谱 （2）隐去 s 音的第二次视唱（内心听觉训练，同时体会调式骨干音的作用） （3）尝试背唱旋律（PPT 随唱，逐乐句隐去）	在熟悉歌曲旋律，感受歌曲风格的视唱过程中，训练学生的反应能力，培养内心的听觉能力，为多声部演唱奠定基础
		4. 一、二声部和声训练 （1）老师用"lu"母音唱出二声部，学生观察并思考二声部与一声部在旋律上的关系 （2）学生分两个声部轻声合唱	引导学生思考不同声部的作用，理解主旋律与副旋律之间的紧密联系，并在合唱过程中熟悉乐谱
		5. 三声部加入 （1）全体看谱，对应第三声部单音做柯尔文手势，低声部同学同时唱旋律 （2）教师弹一、二声部音程和声，同时演唱第三声部的旋律，学生聆听 （3）第一、二声部配合第三声部轻声合唱	体会低声部的和弦根音在三和弦当中的地位与作用，引导学生正确看待低声部旋律的单调
		6. "lu"母音带唱全曲 演唱提示： 注意保持积极的歌唱状态 注意声部之间的相互聆听	完整呈现歌曲，利用"u"母音代替唱名可以使合唱的发声位置与咬字更加统一，整体上获得更加和谐的声响效果，有利于声部间平衡音色和力度

续表

课题		《春游》	
教学活动设计	拓展环节	1. 观察教师的不同指挥手势 6/8 分拍与合拍，思考老师在指挥时运用的两种不同指挥手势对演唱有什么不同的作用 2. 布置作业 （1）尝试加入歌词演唱歌曲 （2）尝试用打合拍的方式挥拍演唱歌曲	帮助学生更好地理解合拍与分拍的作用，引导学生主动发现和思考，指挥手势的变化对歌曲的表现起着至关重要的作用
教学特色与反思		1. 本课教学特色 （1）围绕准确歌唱和自信表现进行训练，突出实践性 （2）运用柯尔文手势和声部叠加的训练，体现实效性 （3）渗透多声部合唱练习中的学法指导，强调自主性 2. 不足与反思 （1）增加学生自主学习环节，体会合唱指挥的角色特点，引导自主排练，为学生提供更多展示的空间 （2）为进一步体现能力的迁移，可以再选择其他有对比的合唱作品请学生聆听并分析表现特点	

五、收获与反思

北京市"启航杯"微格课比赛是一个促进教师自我成长以及教师间交流和提高的绝佳机会。作为一名新教师，我在进行教学设计和撰写教案方面还存在很多不足，比如教学背景缺少理论依据、教学设计整体缺乏结构性、教学环节的设置缺少条理性等问题。但在本次参加比赛的过程中，通过指导教师细致入微的引导和讲解，我对整个教学设计的流程、环节以及重点的把握有了更加深入的认识与了解，在一轮又一轮修改的过程中感受着作为一名教育工作者的严谨，体会着教师对上一节好课的无限追求，在对自己不断质疑和反思的过程中逐渐提高。

完成教学设计以后，我开始进入实战演练阶段，指导教师从心理准备、仪容仪态以及提问技巧等方面进行了详细的讲解，并给我观看了历届优秀参赛选手的比赛实录，为我在赛场的从容表现和稳定发挥奠定了良好的基础。一遍遍地说课使我的语言逐渐固定下来，说课内容变得流畅通顺，环节的衔接更加紧凑自然。同时在观看了自己演练的视频后，又对自己僵硬的表情和不必要的下意识动作着重进行了改善和反复练习，最终达到了比较理想的状态。在参加比赛的当天又有机会与北京市各学校的参赛老师进行交流和学习，取长补短，互通有无。

经历了完整的从备赛到参赛的全过程以后，我对课堂又有了更好的把握，明白如何通过不断地推敲备出一节好课，让课堂的效率最大化，用巧妙的教学方法以及合理的教学环节设置体现课堂实效性。在今后的工作中我也会把每一节课都当作展示课一样精心进行设计和准备，教学中遇到困难多与指导教师进行沟通和交流，多阅读教育教学的相关书籍并积极参加教委开设的讲座和组织的教学展示活动，争取一切学习机会，更快地提高自己。

（二）应用训练

（1）请分析案例二，思考教师在教学中运用了哪些技能要素？是否恰当？

_____

_____

_____

（2）请以《彩色的中国》为主题，设计一个教学导入片段，要体现导入技能、教学语言技能、观察技能。

_____

_____

（3）在合唱《摇篮曲》教学中，试分析从哪些方面能充分体现教师的示范技能？

_____

_____

（4）请以《无锡景》为主题，设计两种不同的导入片段并比较这两种导入方式。

_____

_____

_____

（5）请以《蓝色狂想曲》为主题，设计一个教学片段，要体现讲解技能、提问技能、媒体应用技能、反馈与强化技能。

_____

_____

_____

（6）请以《1812序曲》为课例，制定教学重难点，根据本课拟定的教学重难点找出对应的教学实施策略。

_____

_____

（7）谈谈你对音乐教师示范技能的认识；评价自己的音乐专业示范技能，说说你的技能优势及需要提升的地方。

_____

_____

_____

（8）请参考以下案例（本案例获得2013年北京市初中教师教学基本功竞赛一等奖），设计一个微格教学片段，至少包含三种教学技能要素。

参考案例

教师信息	
教师姓名：许晓	
课题信息	
课题名称：《英雄凯旋歌》	
学生课前歌唱能力和问题	学生课前歌唱的能力： 1. 能够正确读出由二、四、八分音符以及附点四分音符加八分音符组成的基本节奏型 2. 看到柯尔文手势时能较为准确地唱出相应音符的唱名 3. 能够看谱进行简单的二声部构唱 学生课前歌唱的问题： 1. 气息的支撑不能很好地保持 2. 缺乏稳定拍感，在节奏击拍和唱歌时，速度容易越来越快 3. 不能快速、准确地进行变化音的演唱。 4. 在进行二声部演唱时，缺乏相互倾听的能力。
本教学片段训练的目的	训练学生歌唱中对气息的支撑与控制 通过稳定拍的训练，解决学生歌唱中速度不统一的问题 通过音程的同音转换训练，解决本首作品中小二度音程准确歌唱难点 通过加入简单的二声部，让学生初步感受多声部音乐的和声色彩
教学材料的特点及其使用方法	教学材料的特点： 1.《英雄凯旋歌》是德国著名作曲家亨德尔创作的清唱剧《犹大·马加比》中的一首大合唱。教材中的歌曲是从这首大合唱中节选的片段。《英雄凯旋歌》原曲由三大部分组成，此课节选的是其中的第一大部分 2. 歌曲原调为G大调，但考虑到初一学生实际的歌唱能力，移调至C大调 3. 全曲为A＋B＋A'的带再现的单三部曲式结构。每个乐段由两个乐句组成，结构规整统一。纵观整个巴洛克时期的音乐，由于这一阶段是宗教盛行的时期，所以在音乐的创作上带有浓厚的宗教色彩，并常以一种宏伟壮观、热情如火的音乐旋律出现。而亨德尔的音乐风格基本上是意大利式的，他喜欢用简洁的音乐线条创造恢弘壮阔的音乐效果 A段：8小节，两个乐句组成。一开始就创作出了这种英雄性的旋律特征——主调的和声色彩，平稳而庄严 B段：同样8小节的两个乐句组成。由于旋律起伏不大，就增添了流动性的效果。第二乐句的两处变化音使得音乐色彩从A段的明朗开阔转为优美流畅。音乐风格显得亲切温暖 再现A'段：亨德尔在清唱剧的创作中，惯用歌剧中的返始咏叹调的形式进行创作，这样就形成了ABA'的形式。在这首作品中，再现A'部分，虽然在旋律上与A段旋律完全一致，但为了达到最后的高潮，音乐情绪应更饱满高涨，以最辉煌的音乐情绪结束全曲 使用方法： 用大呼吸量来发出"次（ci）"音，进行节奏的模仿，并要求每两个小节进行一次呼吸。以此来训练学生腰腹的快速支撑与控制 在进行旋律歌唱的过程中，用节拍器辅助学生进行稳定拍的训练 通过音程的同音转换的方法，来训练学生小二度音程准确演唱 进行简单的二声部歌唱，让学生初步体验巴洛克时期和声的音乐色彩

续表

教学方法说明	环节一：节奏训练 1. 节奏复习：教师出示 4 条节奏型。学生通过节奏接龙的游戏，复习已学过的节奏型 谱例：（略） 2. 用"次"音代替节奏字，读出刚才节奏接龙的 4 条节奏型。练习腰腹的气息支撑 设计意图：用游戏的形式对已学过内容进行复习，可以提升学生的学习兴趣。同时进行气息支撑与控制的训练，为演唱歌曲奠定基础 环节二：准确歌唱 1. 运用科尔文手势，学唱歌曲的 1、2 乐句，反复唱三遍 第一遍：看老师的柯尔文手势，心中默唱歌曲旋律 第二遍：学生跟随老师一起运用科尔文手势，进行 1、2 乐句的歌曲学唱 第三遍：学生自己运用科尔文手势进行 1、2 乐句旋律的歌唱，再次巩固 谱例：（略） 设计意图：通过运用科尔文手势，提高学生旋律演唱的准确性 2. 学生一边倾听节拍器的拍点，一边歌唱 1、2 乐句的旋律 设计意图：通过节拍器的辅助，训练学生节奏的稳定性 3. 加入歌词，并提出歌词演唱时需注意的内容，如强拍上着重、清晰的咬字、一字对多音时的准确性 谱例：（略） 4. 让学生根据前两个乐句的学习方法，自主学唱 3、4 乐句的旋律，并解决其中的难点——小二度音程的准确演唱 设计意图：让学生在自主的学习过程中发现问题、解决问题，提高学生音乐学习的能力。通过同音转换的方法，解决学生歌曲学习中的难点 谱例：（略） 5. 进行二声部的演唱，共三遍 第一遍：学生演唱 5、6 乐句的旋律，教师用"wu"演唱低声部旋律，让学生初步感受多声部和声色彩 第二遍：学生跟随老师一起用科尔文手势学唱低声部旋律 第三遍：学生分成两个声部演唱，进一步感受多声部的和声色彩 设计意图：学生通过歌唱简单的二声部，聆听和声色彩，为进一步学习巴洛克音乐做铺垫 谱例：（略） 6. 学生完整地展示《英雄凯旋歌》的演唱

练习：微格教学片段设计

教师信息		
教师姓名：	单位：	
课题信息		
课题名称：		
学生课前能力与问题分析		

续表

本教学片段训练的目的	
教学材料特点及其使用方法	
教学环节及设计意图说明	

本节配套音像资源链接：

（1）2013 年北京市初中教师教学基本功大赛一等奖视频，共 15 个。

（2）2017 年北京市首届新任教师"启航杯"微格教学比赛一等奖案例《春游》。

（3）2015 年北京市新教师微格教学比赛三等奖案例《在中亚细亚草原上》。

参考文献

[1] 马达. 音乐微格教学 [M]. 厦门：厦门大学出版社，2007.

[2] 李涛. 教师常用教学技能训练 [M]. 北京：中国轻工业出版社，2014.

[3] 孟宪凯. 微格教学基础课程 [M]. 北京：北京师范大学出版社，1992.

[4] 张雄安. 中学体育微格教学教程 [M]. 北京：科学出版社，1999.

[5] 孙立仁. 微格教学理论与实践研究 [M]. 北京：科学出版社，1997.

[6] 李磊. 教师教学基本能力解读与训练·中学音乐 [M]. 北京：北京理工大学出版社，2012.

（本节执笔：李磊、朱莉）

第三节 教学评价与反思

指导语

一、教学反思的内涵

教学反思是指教师立足于教学实践，以提高教学效果和教学质量为目的，以自己的教学活动过程为思考对象，对教学过程本身以及教学过程中的行为进行理性的审视和分析，反思教学中存在的问题与不足，进而采取相应的改进策略。

教师教学反思的过程是教师借助行动研究不断探讨与解决教学目的、教学重点、教学难点、教学方法、教学过程和自身方面的问题，不断提升教学实践的合理性，不断提高教学效益和教科研能力，促进教师专业化的过程，也是教师直接探究和解决教学中的实际问题、不断追求教学实践合理性、全面发展的过程。

教学反思的重要意义在于教师可以在教学反思中发现问题，从而对自己的教学策略等进行不断调整，完成教学再设计，形成良性循环。这是教师自我提升教学水平的有效方式。

教学反思表现为以下特点：

（一）实践性

教师的教学反思是立足于具体的教育教学实践，反思的起点是来源于教学实践中的问题，问题的发现需要教师有自我问题的意识和自我意识的觉醒，而自我意识的觉醒产生于在已有理念导向下的实践的困惑和迷茫。教师在实践中反思，实践是教师教学反思的"土壤"。

（二）验证性

教学反思是教师对自己教学的重新审视，这必然包含着对反思内容进行验证。教学有优有劣、有成有败，只有经过实践的检验才能断定其优劣成败。但是，一般的中小学教师的教学反思不可能有很多的接受实践检验的时间和机会，更不可能像专家、教授那样进行长年累月的研究。因此，必然只能凭借教师的业务水平、理论素养和职业敏感，在较短的时间内验证其成效，并对验证结果进行再探索。

（三）超越性

教学反思的目的是更好地总结教学的成功经验和失败的教训，一步步地从感性走向理性，从实践上升到理论，从经验上升到规律，从而达到孔子所说的"随心所欲不逾矩"的境界。而这个过程必然要伴随着对反思对象的再认识和再创造。根据认识论的原理，再认识和再创造的过程就是超越的过程，在教学反思中必然会提高教师自身的实践水平和理论水平。因此我们可以说，教学反思具有超越性。[①]

二、教学反思的途径

教师要提高教学反思的效率，必须讲究科学的反思方法。较常见的反思方法有以下几种：[②]

（一）反思日记

教师在自己的教学过程中或教学结束之后，对自己教学之得失可以进行总结性反思。这种反思可以从不同角度入手，从教学参与者看，可以反思教师的教学行为得失，主要涉及的是教学方法的反思，如针对不同类型的知识、概念、原理等是否采用了相应的方法，以及教学方法与教学目标的适合性。可以反思学生的学习行为得失，反思教学目标的达成情况。从教学进行的步骤看，可以反思教学的导入、教学各环节的衔接。从教学内容看，可以反思教学目标设置的合适性、教材内容重难点的处理、单元教学内容在学科体系中的位置等。

（二）说课

说课在教学反思方面的作用具体体现在：教师在备完课乃至讲完课之后，对自己处理教材内容的方式与理由做出说明，讲出这些过程，就是讲出自己解决问题的策略。而这种策略的说明，也正是教师对自己处理教材方式方法的反思。事实上，说课总是讲给同行听的，同行听后要提出建议与评论，这是一个很好且有效的教学反思途径。

（三）交流讨论

教师相互观摩彼此的教学，详细描述他们所看到的情景并对此进行讨论和分析。在听课过程中，教师要思考自己如何处理好同样的内容，然后将讲课者处理问题的方式与自己的预想处理方式相对照，以发现其中的出入。教师讲课时并不总是能注意到自己教学上的得失，但若课后观看自己的教学录像，特别是与同行、专家教师一起，边看边评，则更能看出自己在教学上的长短。

（四）行动研究

为弄明白课堂上遇到的问题的实质，探索用以改进教学的实际方案，教师及研究者进行调查和实验研究，它不同于研究者由外部进行的旨在探索普遍法则的研究，而是直接着眼于教学实践的改进。值得指出的是，教师在运用这些反思方法时，必须根据自己教学的实践情况加以灵活运用，不能生搬硬套。

（五）学生反馈

向学生征询对自己教学的反馈意见是教师对其教学进行反思的一个重要渠道。规范化的教学应在单元教学结束时，通过多种方式对自己的教学效果进行检查。检查的目的在于了解学生学习的效果，从而提出自己改进的建议。不论检查什么内容，都包含着对自己教

---

① 徐智. 中小学教师教学反思研究 ［D］. 桂林：广西师范大学，2005.
② 朱玉东. 反思与教师的专业发展 ［J］. 教育科学研究，2003（11）：26－28.

学的反思。这种反思包括学生完成教学目标的情况、学生学习中的得失表现、造成得失的原因、大部分学生在内容掌握上存在的一致性倾向、自己解决这些问题的方法和措施等。

三、教学反思的内容

依照课堂教学的三个阶段来看，教学反思也可以分为教学前反思、教学中反思、教学后反思三个阶段。

第一阶段：教学前反思

教学前反思的内容包含反思确定内容、阶段及具体实施方法对学生的需要和满足这些需要的具体目标，以及达到这些目标所需要的动机、教学模式和教学策略，还要在对本学科、本册教材、本单元、本课时进行教学计划时列出反思的关键项目。如：需要教给学生哪些关键概念、结论和事实；教学重难点的确定是否准确；教学内容的深度和范围对学生是否适度；所设计的活动是否有助于达到教学目标；教学内容的呈现方式是否符合学生的年龄和心理特征；哪些学生需要特别关注；哪些条件会影响课堂教学效果……

第二阶段：教学中反思

教学中反思是教师在教学过程中对发生的不可预料的情况进行的反思，以及教师在和学生互动中根据学生的学习效果反馈对教学计划进行的调整。不可预料的情况发生时，教师要善于抓住有利于教学计划实施的因素，因势利导，不可让学生牵着鼻子走。根据学生的反馈对教学计划的修改和调整要适当，不可大修大改。教学中反思要求教师全身心地投入教学活动中，调动各种感官捕捉反馈信息，灵活快速地做出调整和反应。教学中反思，教师可运用录音录像技术与观察手段一起为教学后反思提供信息。

第三阶段：教学后反思

教学后反思围绕教学内容、教学过程、教学策略进行。

教学内容方面：教学内容是否与教学目标相一致；针对教学内容是否采取合理的教学策略。

教学过程方面：回忆教学是怎样进行的（教学过程）；是否达到预期的教学效果（教学目标）；各类学生是否达到了预定目标（教学评价）；改变计划的原因（教学实施）；教学计划怎样修改会更有效（改进措施）……

教学策略方面：

感知环节——教师要意识到教学中存在问题与自己密切相关；

理解环节——教师要对自己的教学活动与倡导的理论、行为结果与期望进行比较，明确问题根源；

重组环节——教师要重审教学思想，寻求新策略；

验证环节——检验新思想、新策略、新方案是否更有效，形成新感知，发现新问题，开始新循环。[①]

---

① 李红玲. 论教学反思 [D]. 太原：山西大学，2007.

（一）案例分析

这部分我们给大家提供了三个案例，请大家从三个角度体会教学反思的撰写方法。第一个案例是一份完整的教学案例（教学设计＋教学反思），请体会教学反思在教学设计中的意义；第二个案例为大家呈现了通过教学反思对教学设计进行修改的全过程（教学设计→教学反思→教学设计），请体会通过教学反思改进教学设计的具体应用；第三个案例是一份较为完善的教学设计（教学设计＋教学反思），请仔细阅读并且对比自己的教学设计撰写教学反思。

案例一

《我和你》（见第二部分教学案例）

一、教师教学反思

1. 我的教学设计是否实现了教学目标？

本课的教学内容来自高中虚拟课堂网络学习课程原创音乐专栏，以北京奥运会主题歌《我和你》为主题，进行音乐创编活动。通过教师的引导，学生能够利用教师提供的材料、方法（展示网络平台中的教学帖）进行音乐创编的研究。

2. 我使用的教学方法是否针对性强并且效果良好？

本节课中使用了虚拟课堂，为学生搭建了展示音乐才能的新舞台，学生在现实课堂中展示虚拟课堂的学习过程。在这种虚拟课堂上，教师能够以新的学习方式转化与学生的关系。老师既是教师，又是朋友，还是网友，以此激发学生学习音乐创作的热情，促使学生从心中迸发出对音乐的向往，并在潜移默化的过程中培养学生美好的情操、健全的人格，在音乐审美体验中享受音乐的美。学生经过虚拟课堂的学习，在初步了解、掌握和运用创作的知识和方法的基础上，带着对音乐的热爱，对北京奥运会的记忆，再次体会歌曲的内涵，用自己喜爱的音乐形式展开创作活动。

3. 课堂中出现了哪些生成性问题？对于这些问题我的处理如何？

生成性教学不是随意的、纯粹自发的课堂行为，需要教师有意识地创设学生自主支配的时间与空间，鼓励学生质疑问难，有机地整合课堂上各种不同的信息，引发学生一系列行为的变化，其中，教师的课堂教学策略就成了至关重要的组成部分。在出示学生引子部分的创作谱之后，教师开始针对学生的创作进行相关的提问，了解学生创作的想法。之后，师生共同探讨编创作品的优势与可改进的地方。学生的活动全部在教师的掌控之中，教师根据教学内容以及学生的知识、认知发展信息，有目的、有意识地采用一些教学方法、技巧，促进学生有效地生成学习，从而促进学生的知识和能力的提升。

4. 本课的教学评价形式是否合理有效？

本课中教师一直引导学生参与教学评价，尤其在评论两首不同形式的改编作品环节中，在教师的引导下学生能够分层级有深度地评价自己及他人的创作作品。提示教师在教学设计的过程中务必给学生留有自主发言、主动参与、动手实践的机会。

二、案例分析及指导

本案例的教师在教学前对教学背景进行了详细分析，针对"虚拟课堂"这种比较独特的教学方式做了充分的准备，针对教材内容和学生情况制定了教学目标和重难点。在课后分析时，针对教学设计的完成情况和教学方法的制定进行了反思，并且回顾了教学过程，反思课堂生成情况以及课堂评价问题。这是一个比较全面且细致的教学反思。

案例二

欣赏教学《中国音乐家——黄自》

一、反思前教学设计

课题		中国音乐家——黄自	课型	欣赏课	课时	1
三维度四水平教学目标	水平1	通过观看视频讲座进行自主学习，初步认识黄自先生。欣赏他的部分音乐作品				
	水平2	初步了解艺术歌曲的概念、特点。以音乐为主线的综合艺术实践，直观理解音乐				
	水平3	通过《本事》合唱的训练进行识谱、视唱，完成节奏、音准、音色、力度、速度的练习				
	水平4	通过音乐艺术的集体表演形式和实践过程，培养良好的合作意识和在群体中的协调能力				
教学重点		了解音乐家黄自，进行三声部合唱实践学习				
教学难点		初步学习三声部合唱				
教学方法		讲授法、示范法、启发法、练习法				
教学用具	教具	电脑、音响、钢琴				
	学具	合唱谱				
教学过程						
知识与技能	活动与任务			反馈与评价		
	学　生		教　师			
教学导入	一、聆听音乐《西风的话》黄自作曲		播放音乐与学生共同聆听	营造课堂音乐氛围		
理论学习	二、观看视频"音乐告诉你——黄自"（主讲教师中央音乐学院教授张佳林）		播放视频资料，学生通过观看，了解中国作曲家黄自	师生通过营造出良好的音乐环境和氛围，共同体会20世纪30年代的作曲家所呈现出的音乐作品的时代感和他在音乐创作方面的地位和贡献，初步了解黄自先生在短短的34年的人生中，为中国音乐的发展做的贡献		

续表

	教学过程		
概念理解	三、概念认知：艺术歌曲 1. 对艺术歌曲的概念认知 2. 作曲家黄自的小总结，观看一段微视频，同时聆听两首黄自先生的作品《踏雪寻梅》和《玫瑰三愿》	教师演唱，学生现场感受艺术歌曲的基本表现形式及聆听黄自的作品《花非花》	在聆听音乐中回顾黄自先生的生平及创作的音乐作品的相关资料
课堂实践合唱训练	四、黄自作品《本事》 1. 对作品的标题简单解释为：《本事》是黄自为我国第一部音乐教材写的歌，原意为"原来的事情"或"那个时候的事情" 2. 合唱作品《本事》的视唱练习	师生齐读歌词	
	本节课只视唱作品的最后一个乐句 分声部视唱准备 顺序为：声部Ⅰ、声部Ⅱ、声部Ⅲ 过程中发现问题及时纠正。特别强调演唱的姿态，一手拿书一手划拍 3. 三声部合唱训练 各声部始终保持统一、兴奋的状态，中低音区不松垮，高音区不喊唱，音量、音色融合统一，相互倾听	演唱时提示学生歌唱时的状态，分声部视唱准确，分声部练习时同时练习划拍 合唱过程中保持音准准确，音色融合，力度、速度、歌唱状态统一	依据教学大纲中对本教学内容的要求，完成合唱作品《本事》的视唱或模唱教学任务，学生初步体验合唱艺术的基本要求和训练方法
	随录音完成三声部合唱《本事》	给学生以期待，在下节音乐课中，完成整首合唱作品的演唱	
板书设计	黄自合唱作品《本事》		
课后作业	3~6人练习合唱作品《本事》		

续表

教学过程	
教学反思	本节课初步完成了对中国作曲家黄自先生的背景知识及主要音乐作品的了解。课堂中出现的音乐作品较为丰富，学生通过音乐作品认识了作曲家及其作品的时代风格，对于更好地演唱起到了十分重要的作用 课堂上的展示环节由教师演唱，生动的教学形式吸引学生进入黄自先生的音乐意境中。加上已有的背景知识，再唱起离他们的时代比较远的歌曲时，会体会作者的创作思想和时代背景，用理解的心态去学习，获取了更好的学习态度 在合唱作品《本事》的训练中发现了学生在演唱中存在的问题。在识谱、音准、节奏、多声部合唱的练习过程中学生的能力还是有限的，需要在各种练习中进行学习和提高。学生在练习的过程中也会感受到哪些技能是自己没有掌握的，而主动去提高。合唱艺术特别需要相互之间的配合，会用耳朵聆听也是重要能力，听准才能唱准，才能体会出合唱的感觉。本节课只是合唱教学的开始，也是学生开始认识合唱艺术的重要一课 教学中的问题：观看视频的环节受课堂内教学时间的限制，学生不可能全面认识和了解教学内容，并且占据了大量的课堂时间。尝试结合翻转课堂，让学生在课下进行自主学习，课堂中采用提问或检测的形式，对学生自主学习的内容进行梳理和提升，达到深入学习和理解的效果

二、反思后教学设计

(一) 指导思想与理论依据

1. 指导思想

"音乐课程是以音乐艺术为载体，以审美教育为核心的基本课程。"《全日制义务教育音乐课程标准》中明确指出："音乐课的基本价值在于通过以聆听音乐和音乐创造活动为主的审美活动，使学生体验蕴含于音乐音响形式中的美和丰富的情感，为音乐所表达的真、善、美理想境界所吸引，陶醉于其中。"教学目标是利用信息技术与音乐学科整合提高学生的审美能力。本课通过大量音乐作品的聆听及演唱、丰富的教学资源，达成教学目标。

2. 理论依据

教育部制定的《全日制义务教育音乐课程标准》中提出："音乐教育以审美为核心，主要作用于人的情感世界。音乐课的基本价值在于通过以聆听音乐、表现音乐和音乐创造活动为主的审美活动，使学生充分体验蕴涵于音乐音响形式中的美和丰富的情感，为音乐所表达的真善美理想境界所吸引、所陶醉，与之产生强烈的情感共鸣，使音乐艺术净化心灵、陶冶情操、启迪智慧、情智互补的作用和功能得到有效的发挥，以利于学生养成健康、高尚的审美情趣和积极乐观的生活态度，为其终身热爱音乐、热爱艺术、热爱生活打下良好的基础。"这正是本课教学设计的理论依据。

(二) 教学背景分析

1. 教学内容分析

(1) 本课教学内容在教材体系中的地位和作用。

本课是人民音乐出版社初中《音乐》教材七年级上册第一单元"音乐欣赏《本事》"的教学内容。本单元的设计具有承上启下的作用，七年级音乐起始课要给学生留下印象，要在学生心灵中种下可以萌发的音乐种子。以"歌唱的基本要求""歌唱姿势"以及"发声练习"等规范学生歌唱能力的生成。对节拍、节奏、节奏型及演唱形式等知识的学习，在实践基础上进行梳理并概括。

教学内容《本事》是本单元的音乐欣赏内容的第二课时。本课教学引导学生在课前进行音乐背景及相关文化的学习，尝试在课上以听辨音乐片段对学生的课前学习内容进行检测，学生在聆听作品的过程中，展开相关知识的学习与讨论，延伸了教学内容。本课为初步体验三声部合唱教学。学生为初一年级的学生，在歌唱能力、习惯、方法等方面还处于刚刚起步阶段。本课教学尝试运用学生已有的知识与技能进行课堂的教学内容的深入学习，引领学生从音乐本体去认识和理解作曲家及其创作的作品，在合唱教学方面培养学生良好的歌唱习惯，初步接触合唱艺术，为学生学习音乐打下良好的基础。本课为一课时内容。

（2）教学内容分析。

黄自是 20 世纪 30 年代我国重要的作曲家、音乐教育家，是中国早期音乐教育影响最大的奠基人。

黄自是江苏川沙（今属上海市）人，生于 1904 年 3 月 23 日，1938 年 5 月 9 日卒于上海。1916 年入北京清华学校，开始接触西方音乐，参加学校乐队、合唱队，学习钢琴和声乐，1924 年赴美国学习心理学，1926 年入奥柏林音乐学院学习作曲，1928 年入耶鲁大学音乐学院学习作曲，1929 年毕业，获得音乐学士学位。毕业作品管弦乐序曲《怀旧》曾在学院演出，这是中国作曲家创作的第一部交响音乐作品。1929 年回国后任教于沪江大学。1930 年任上海国立音乐专科学校作曲理论教授兼教务主任。1931 年起创作了多首抗战歌曲，如《抗敌歌》《旗正飘飘》等。1934 年与萧友梅等人创办《音乐杂志》，1937 年辞去教职，专事编写专业教材。他倡导音乐创作走民族乐派的道路，探索音乐的民族风格。他的音乐创作以声乐为主，作品的作曲技法娴熟，表现情感细腻，具有很高的艺术性。代表作品还有清唱剧《长恨歌》歌曲《点绛唇》《南乡子》《玫瑰三愿》等，他还主持并实际参与编写了《复兴初级中学音乐教材》（共 6 册）。

他的主要作品有管弦乐《怀旧》，清唱剧《长恨歌》，合唱曲《抗敌歌》《旗正飘飘》，歌曲《热血》《九一八》，艺术歌曲《点绛唇》《思乡》《玫瑰三愿》等。《玫瑰三愿》是他著名的艺术歌曲。歌曲篇幅很小，于典雅、抒情中表露了"我愿那妒我的无情风雨莫吹打，我愿那爱我的多情游客莫攀摘，我愿那红颜常好不凋谢"的善良愿望。这首歌是两段体结构，前段像温柔的吐露，后段则带有急切的热情，当旋律通过模进和重复发展将情绪推向顶点后，旋律跌入低音区，最后的歌声"好教我留住芳华"显得十分恳切诚挚。

《本事》这是一首"表现和平、宁静、淳朴的青梅竹马"的歌曲。"本事"是指"原来的事情"或"那个时候的事情"。此歌创作于 20 世纪 30 年代抗日战争之前。其实三毛的《梦里花落知多少》可以说来源于此。词作者卢前（卢冀野）1905 年 3 月生于南京城南望鹤岗，少年时代是在秦淮河边度过的。1927 年从东南大学毕业后，在南京、上海、四川、河南等地大学任教，是我国20世纪三四十年代著名的诗人、学者和教授，一生有大量的文史作品问世，素有"江南才子"之称。卢前先生1951年病故于南京，但他和黄自共同创作的《本事》却穿过时光隧道，余音袅袅，长留人间。《本事》一曲虽是一首小歌，却是两位大师珠联璧合之作。词曲都是采用民国时期流行的通俗歌曲创作手法，易记易唱，一经演唱就风靡全国。《本事》的歌词，原是卢前先生新体诗集《春雨》中的一首小诗。黄自先生为编写中国第一本音乐教材，选用了它并为之谱曲。至今我国台湾的高级中学教材中仍选有此歌。因为广为传唱，此歌成为经典之作。少年人喜爱它，因为能够感受两小无猜的童真；老年人喜爱它，因为能够唤起童年的记忆。2002年中央电视台春节联欢晚会上，由孙道临、秦怡、张瑞芳等老一辈艺术家在黄浦江上演唱这首歌，共同怀念过去难忘的年代。二十一世纪之初，澳门举办的回归音乐会上，也曾将它作为开场节目。大陆词作家阎肃，台湾作家琼瑶、三毛等人，在有关文章及书中都曾提及这首歌，可见其影响之广。21世纪初，教育部门又将它列入"爱国主义歌曲"推荐曲目。

2. 学生情况分析

（1）根据课前了解，学生对中国作曲家黄自先生及其作品不熟悉，本课采用学生课前提前学习的方式，给学生自学的平台，利用互联网的教学资源进行课前学习，学习资源选择了由中央音乐学院教授张佳林讲授的音乐专题栏目"音乐告诉你——黄自"。为课堂学习做一定的准备，学生完成此次音乐欣赏学习的欣赏笔记。

（2）本次实录的授课对象为初一年级音乐特长班学生，他们具有一定的音乐基础，在视唱、音准、节奏等方面具有一定的能力，但在合唱及声乐演唱等能力方面还需进一步提高。在其他班级的教学中，会依据学生的实际能力，进行合理的教学推进。

（三）教学方式与手段说明

翻转课堂——学生提前在互联网上进行视频讲座学习，了解作曲家，聆听作曲家创作的音乐作品。

直观演示——教师"范唱"、学生"演奏"和采用现代化视听手段，帮助学生获得具体生动的音乐知识，提高学生学习的兴趣，引导学生积极参与音乐实践。

参与体验——学生通过亲身参与演唱，学习和体验合唱的艺术表现形式。

（四）技术准备

（1）为学生选择合适的自学内容，选定由中央音乐学院李佳林老师在中央电视台音乐频道的讲座《黄自艺术歌曲赏析》二集，作为翻转课堂学生学习的内容。

（2）制作教学课件，收集相关的作品资源。

（3）教师演唱作品《花非花》，学生演奏《牧童短笛》及《花非花》钢琴伴奏。

（五）本课教学目标设计

（1）学生在课前通过视频讲座进行学习，并写下欣赏笔记。引导学生走进音乐，在亲身参与音乐活动的过程中初步认识黄自先生和欣赏他的部分音乐作品。

（2）通过课堂检测方式，将作曲家黄自的音乐作品与背景知识有效结合，在师生及生生相互交流中，加深对作曲家黄自的认识。

（3）能辨识艺术歌曲，了解艺术歌曲的特点。以音乐为主线的综合艺术实践，可帮助学生更直观地理解音乐。

（4）通过《本事》合唱的训练，充分利用音乐艺术的集体表演形式和实践过程，培养学生良好的合作意识和在群体中的协调能力。通过识谱、视唱，节奏、音准、音色、力度、速度的调整，使之达到合唱所要达到的标准——和谐、统一与均衡。

（六）教学重点与难点

教学重点：聆听音乐作品，加深对音乐家黄自的了解和认识，用三声部合唱形式学习和表现黄自先生的音乐作品《本事》。

教学难点：三声部合唱训练，初步体验三声部合唱。

（七）教学过程

1. 导入

教学环节：

（1）学生分组进行欣赏笔记的交流。

（2）聆听音乐《西风的话》（黄自作曲）。

【设计意图】

（1）学生交流课前学习内容，相互进行交流和补充。

（2）播放音乐与学生共同聆听，营造课堂音乐氛围。

2. 音乐学习检测

教学环节：音乐听辨并回答问题。

问题一：黄自先生的哪几部作品被称为中国第一？

答案：《怀旧》是中国第一部管弦乐作品；《长恨歌》是中国第一部多乐章合唱套曲；《都市风光幻想曲》是中国第一部原创电影音乐。

问题二：黄自先生有一部歌曲集，这部歌曲集的名称是什么？其中收录了哪三首作品？

答案：1932年创作的歌曲集《春思曲》，其中收录了三首艺术歌曲《思乡》《春思曲》《玫瑰三愿》。

问题三：在黄自先生早期音乐创作中，歌词多用古体诗，他都选用过哪些诗人的作品？

答案：王灼、苏轼、辛弃疾、白居易等。

问题四：黄自先生培养了许多优秀的艺术家，你能说出其中几位作曲家？请听音乐片段回答？

答案：黄自先生的学生：贺绿汀、刘雪庵、陈田鹤、谭小麟、钱仁康等。

问题四采用聆听音乐片段的方式进行检测和音乐作品的补充。

作品一：作曲家贺绿汀的《游击队之歌》音频播放。

作品二：由学生钢琴弹奏作曲家贺绿汀的钢琴曲《牧童短笛》。

作品三：作曲家刘雪庵的《长城谣》，2022 年北京和张家口申办冬奥会的宣传片，《长城谣》为背景音乐。

【设计意图】

（1）此环节是了解学生课前学习的真实情况，对基础知识的巩固与提高，对知识细节的再认识。

（2）在此环节中，师生通过对知识的提炼和探究，对音乐作品片段的欣赏和课堂展示，营造出良好的音乐环境和氛围，共同体会 20 世纪 30 年代的作曲家所呈现出的音乐作品的时代感及他在音乐创作方面的地位和贡献。黄自先生在短短的 34 年的人生中，为中国音乐的发展做出的贡献，需要后人学习和发扬，在音乐的新发展中经典音乐作品是可以代代流传的。

3. 概念认知：艺术歌曲

教学环节：

（1）对艺术歌曲的概念认知。教师演唱，学生钢琴伴奏。学生现场感受艺术歌曲的基本表现形式及聆听黄自的作品《花非花》。

（2）对作曲家黄自的总结。观看一段微视频，同时聆听两首黄自先生的作品《踏雪寻梅》《玫瑰三愿》。

【设计意图】

（1）对艺术歌曲的认识，在掌握概念的同时，现场的演唱能更直观地让学生了解艺术歌曲的表现形式。

（2）通过视频对黄自先生的生平背景及音乐创作经历进行总结，同时聆听两首黄自先生的作品《踏雪寻梅》《玫瑰三愿》。

4. 课堂实践：合唱训练《本事》

教学环节：

（1）对作品标题的简单解释：《本事》是黄自为我国第一部音乐教材写的歌，原意为"原来的事情"或"那个时候的事情"。歌词：记得当时年纪小，我爱谈天你爱笑，有一回并肩坐在桃树下，风在林梢鸟在叫，我们不知怎样困觉了，梦里花开落多少。

（2）合唱作品《本事》最后一个乐句视唱练习。

分声部视唱准备

顺序为：声部Ⅰ、声部Ⅱ、声部Ⅲ。

演唱时提示学生歌唱时的状态，分声部视唱准确，分声部练习时同时练习划拍。

（3）三声部合唱训练，视唱全曲。各声部始终保持统一、兴奋的状态，中低音区不松垮，高音区不喊唱，音量音色融合统一，相互倾听。

【设计意图】

依据教学大纲中对本教学内容的要求，完成合唱作品《本事》的视唱或模唱教学任务，学生初步体验合唱艺术的基本要求和训练方法。分声部演唱，了解学生视唱的基本情况，对每个声部提出明确的要求。初步尝试三声部合唱。

5. 音乐欣赏：合唱《本事》

教学环节：

全体同学按声部随录音完整视唱三声部合唱《本事》，初步体验合唱中的音乐变化。演唱之后，提出问题与不足，期待下一节音乐课的解决与进步。

（八）学习效果评价设计

1. 评价方式

整节课的学习效果评价方式包括教师评价和学生自评。教师关注过程性评价：教师评价贯穿于整个学习过程，如对学生的歌唱状态、气息方法、音准、划拍的评价。学生自评：通过交流欣赏笔记、音乐作品片段听辨、分声部视唱演唱，掌握相关音乐知识技能。

2. 评价量规

（1）能够根据所了解的知识信息，在丰富的音乐体验中得到对作曲家的认知。

（2）能够初步理解音准、节奏、音乐的表现在合唱中的作用。

（九）教学设计特色说明及教学反思

本课是本学期的一节常态音乐教学，是对两个月以来歌唱教学的阶段性展现。结合实际的教学有以下的反思：

1. 教学中勇于尝试，在欣赏课中实践翻转课堂

本课初步完成了对中国作曲家黄自先生的背景知识及主要音乐作品的了解。学生通过翻转课堂的形式对黄自先生有了一定的认识，教师采用课堂提问的形式对学生在课下学习的内容进行课堂总结和提炼，师生在课堂中的学习内容相对有了一定的基础内容的保障。将可自学的内容放到了课外，而课堂中更多时间用于音乐专业技能技巧的学习，课堂中呈现大量音乐作品，使学生通过音乐作品更多地了解作曲家及其作品的时代风格，对于更好地演唱起到了十分重要的作用。

2. 创设良好的音乐环境，用各种形式表现和体验音乐

课堂上的展示环节由学生演奏、教师演唱，生动的教学形式吸引学生慢慢进入黄自先生的音乐意境中，再加上已有的背景知识，在唱起离他们的时代比较远的歌曲时，会体会作者的创作思想和时代背景，用理解的心态去学习，获取了更好的学习态度。

3. 从细节入手，加强对学生良好歌唱习惯的培养

在合唱作品《本事》的训练中，发现了学生在演唱中存在的问题，在识谱、音准、节奏、多声部合唱方面，学生的能力还是有限的，需要在各种练习中进行学习和提高。学生在练习的过程中，也会感受到哪些技能是自己没有掌握的而需要提高。合唱艺术特别需要相互之间的配合，会用耳朵聆听也是重要组成部分，听准才能唱准，才能体会出合唱的感觉。本课只是合唱教学的开始，也是学生开始认识合唱艺术的重要一课。

案例三

歌唱教学江苏民歌《无锡景》（见综合训练中的教学案例）

一、教师教学反思

（一）圈点之处

（1）听声音猜地域环节颇受欢迎。本课中的导入环节，成功地引发了学生们的学习兴趣，以至下课后，还有学生问是否下节课还能玩这个小游戏、有没有更多更难的地方音乐听辨，还有同学向老师推荐自己所了解的相关地区的歌曲。不仅如此，这个环节还有效地检测了学生对各民族各地区音乐的了解程度。因此，听声音猜地域这种形式可以在以后的教学中，在音乐形式和范围等方面继续深入发展，为学生的学习带来更多的知识和乐趣体验。

（2）从歌词入手简化旋律难点。在以往的歌唱教学中，一般都是按照先讲授节奏、音高，再到旋律，最后加入歌词的流程。但在本次教学中，我吸收了第一年讲授本课时的失败教训，因为这首作品节奏较为密集、旋律婉曲，以我校学生的音乐程度实现准确演唱有一定难度，所以尝试先从学生们有点畏惧的方言入手，通过类似民歌采风的形式，从一个"无锡老师傅"出发，生动而形象地拉近了学生们和方言民歌间的距离，大大地激发了他们的学习兴趣。同时，在歌词学习中，将节奏学习蕴含其中。在旋律学唱时，根据学生的现实能力，将旋律进行简化，待学生掌握好骨干旋律后，再过渡到原曲。这既有利于旋律的准确演唱，又有助于更深入地分析民歌韵味的体现手段。

通过这节课学生特别喜欢用方言读歌词，下课后还能意犹未尽地反复有节奏地读，能够无意间就哼出曲调，虽然最后一句的音准还欠佳。再次复习这首作品时（包括本单元的《龙船调》），学生觉得用方言唱民歌不再是遥不可及的事情，而是特别好玩儿的一种享受。

（3）编创环节结合学生实际展开。本节课的编创环节，一是从歌曲中的苏州评弹元素出发而设计的节奏拓展练习，在演唱的基础上丰富了对歌曲的理解与表现，同时锻炼了学生不同声部和角色的配合能力。二是结合学生的生活学习环境，根据歌曲的流传特点，进行了歌词创写的创编练习，不仅让学生能够学以致用，还能潜移默化地对学生进行审美爱校的教育。

（二）不足之处

由于教学经验不足，虽精心设计了各个教学环节，教学目标也比较好地达成，但还有很大的提升空间。

（1）需进一步提高课堂效率。教学环节还需继续探索，要优化结构、精简语言，尽量使过渡自然、不留痕迹，整体流畅。同时，由于本节课设计的环节和内容较多，运用了梯度学唱、联系实际等策略，对解决重难点与前后环节贯穿的连贯流畅性、提高课堂效率起到了一定的作用。但每个教学环节还可以更加合理地安排教学时间，以便更好地提高课堂效率、优化教学结构，因为提高课堂效率是教师持续永久的追求。

（2）需更加充分发挥学生学习自主性。在解决学生演唱音准的过程中，教师的引导方式过于直接和生硬，没有给学生充分的学习和体悟时间，比如学生遇到四度跳进音程时，不能一下找到准确的音高，教师应通过音阶等方式多启发学生，给学生足够的时间独立去找到音高。特别是在创编环节，对学生"放"得还不够，老师做的多于学生，没有充分体现学生的主体地位，希望在今后的教学中逐步调整，给学生充分的发挥空间和时间。

（3）需关注每一名学生。本设计中的部分提问和练习对于具有一定音乐经验和音乐能力的学生来说相对容易，但对于基础较薄弱的同学来说有一定难度，所以在提问和练习的梯度性上应有所调整，要努力使每一名具有不同音乐经验和音乐能力的学生都能有所进步、有所突破。

二、案例分析及指导

本案例的教师在撰写教学反思时重点回顾分析了本节课的亮点和不足。教师发现导入环节的互动问答学生很感兴趣；从歌词入手，用有韵律的方言诵读减少了学生的畏难心理，让学生找到了旋律感；结合实际加入创编环节达到了良好效果，这是教师教学设计的成功之处。同时教师也反思了自己的不足和可以调整的地方，比如教学环节中时间安排的合理性，在解决音准问题时的方法选择，在教学设计时对学情的充分考虑等。该教师的反思重点突出，分析到位，并且提出了相应的调整方案，是一篇较深入细致、有实际意义的反思。

（二）应用训练

结合本章教学实施能力中应用训练部分内容，将自己设计的微格教学实施后，依照以下模板撰写教学反思。

1. 教学反思撰写模板 A（依据教学流程逐步检验）

教学反思可围绕教学过程进行。如对教学目标的反思，对教学策略的反思，对学生的评价的反思，对执行教学计划情况的反思，对改进措施的反思等。

（1）写教学设计方面：教学目标定位是否准确？重难点是否已解决？导入是否达到效果？问题链是否按预期完成？

（2）写教学实施方面：教学过程是否按照计划执行？出现哪些问题？原因是什么？教学方法的选取是否具有针对性和可操作性？可以进行哪些调整？教学中出现哪些生成性问题？有哪些教育智慧出现？

（3）写教学评价方面：教学评价方式是否合理有效？教学检测结果如何？

教学反思撰写模板 A		
教学设计 方面		
教学实施 方面		
教学评价 方面		
课堂记录 与反馈		

2. 教学反思撰写模板 B（重点关注亮点和不足）

教学反思不用面面俱到，教师可以采取关注重点的方式找出本节课的亮点和不足加以分析，从而得出相应的经验。如教学设计中的亮点、课堂实施中出现的问题、师生互动中教师的教学智慧、学生的学习反馈等。亮点加以总结发扬，不足加以调整改进。长此以往，教师会在不断的去粗取精中形成自己独特的教学风格，拥有充满魅力的课堂。

（1）写成功之处：将教学过程中达到教学目的、起到良好效果的做法，课堂教学中临时应变得当的措施，某些教学思想方法的渗透与应用的过程，教学方法上的改革与创新等详细得当地记录下来，供以后教学时参考使用，并可在此基础上不断地改进、完善、推陈出新。

（3）写不足之处：即使是成功的课堂教学也难免有疏漏失误之处，对它们进行系统的回顾、梳理，并对其做深刻的反思、探究和剖析，今后在教学中吸取教训。

（3）写教学机智：课堂教学中，随着教学内容的展开往往会因为一些偶发事件而产生瞬间灵感，这些"智慧的火花"往往是点睛之笔，一定要及时利用课后反思去捕捉。

（4）写学生创新：在课堂教学过程中，学生是学习的主体，学生总会有"创新的火花"在闪烁，教师应当充分肯定学生在课堂上的一些独特的见解，这样不仅能使学生的好方法、好思路得以推广，而且对学生也是一种赞赏和激励。同时，这些难能可贵的见解也是对课堂教学的补充与完善，可以拓宽教师的教学思路，提高教学水平。

（5）修改或再次撰写教学设计：课后及时进行反思，并思考再教这部分内容时应该如何做，有条件的甚至可以换一个班级再上一遍，对比不同之处。这样可以做到扬长避短、精益求精，有效提高自己的教学水平。

教学反思撰写模板 B	
成功之处	
不足之处	
教学机智	
学生创新	
再设计	
课堂记录 与反馈	

参考文献

[1] 徐智. 中小学教师教学反思研究 [D]. 桂林：广西师范大学，2005.

[2] 朱玉东. 反思与教师的专业发展 [J]. 教育科学研究，2003，(11)：26 – 28.

[3] 李红玲. 论教学反思 [D]. 太原：山西大学，2007.

[4] 陈玉梅，查啸虎. 教学反思与教师专业发展 [J]. 天津师范大学学报（基础教育版），2003，(03)：27 – 30.

[5] 王映学. 谈教学反思 [J]. 教育探索，2000，(11)：46.

[6] 赵明仁. 教学反思与教师专业发展 [M]. 北京：北京师范大学出版社，2009.

[7] 王陆，张敏霞. 教学反思方法与技术 [M]. 北京：北京师范大学出版社，2012.

（本节执笔：刘颖、韩旭）

第四节　学科综合

指导语

　　设计一节课是一个综合"工程"。随着社会快速发展，教育信息化日新月异，教师的教学理念及相关能力都需要不断更新及提升才能适应现代教育的要求。北京大学教育学院教育技术系副教授郭文革说："教学活动是重中之重，而教学活动的设计依赖教师教育能力的提升。教师不单是讲课，要变身'设计师'。"本册书的编写，顺应新形势下对中学音乐教学的要求，遵循青年教师的成长轨迹，尊重每一位教师发展的个体差异，由一直活跃在教学一线、有丰富教学经验和理论深度、具备一定创新能力的骨干教师对音乐学科的各种"能力"进行梳理及提炼，全方位多维度地让老师们能根据自身的特点，通过学习、思考、模仿实践等提升自己的教学能力，适应社会对中学音乐教学的要求。

　　经过前两章对教师专业能力的解读，通过本章围绕思维导图展开的教学设计能力训练，围绕微格教学展开的教学实施能力训练以及教学反思能力训练，你是否已经明确了音乐教师在教育职业生涯中的发展要求？梳理了自己教育教学中的特点？掌握了一定的教学技巧？逐步形成了自己的课堂教学风格？下面，仍然围绕一节课的设计，将一个优秀案例进行详细分解，通过分析案例——思考——模仿练习——反思等步骤，一一对照练习，完成自己一节课的设计。

一、案例分析

（一）案例思考内容模仿练习反思记录

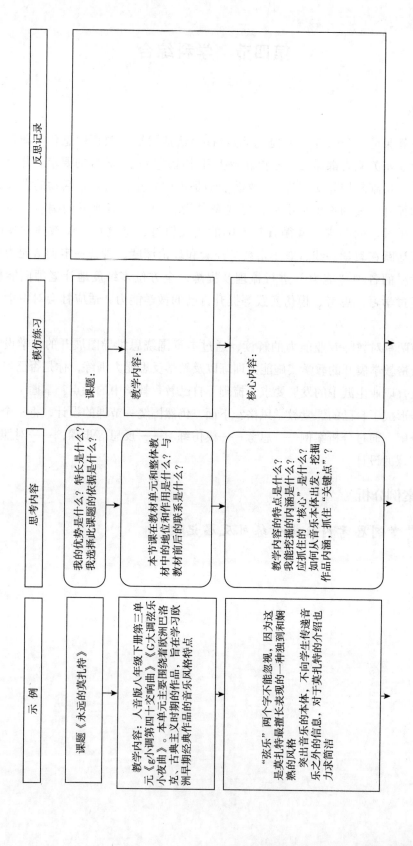

示例	思考内容	模仿练习	反思记录

示例

课题《永远的莫扎特》

教学内容：人音版八年级下册第三单元《g小调第四十交响曲》《G大调弦乐小夜曲》。本单元主要围绕着欧洲巴洛克、古典主义时期的作品，旨在学习欧洲早期经典作品的音乐风格特点

"弦乐"两个字不能忽视，因为这是莫扎特最擅长表现的一种独到和娴熟的风格；突出音乐的本体，不向学生传递音乐之外的信息，对于莫扎特的介绍也力求简洁

思考内容

我的优势是什么？特长是什么？我选择此课题的依据是什么？

本节课在教材单元和整体教材中的地位和作用是什么？与教材前后的联系是什么？

教学内容的特点是什么？我能挖掘的内涵是什么？"核心"是什么？应抓住的"核心"是音乐本体，如何从音乐本体出发，挖掘作品内涵，抓住"关键点"？

模仿练习

课题：

教学内容：

核心内容：

反思记录

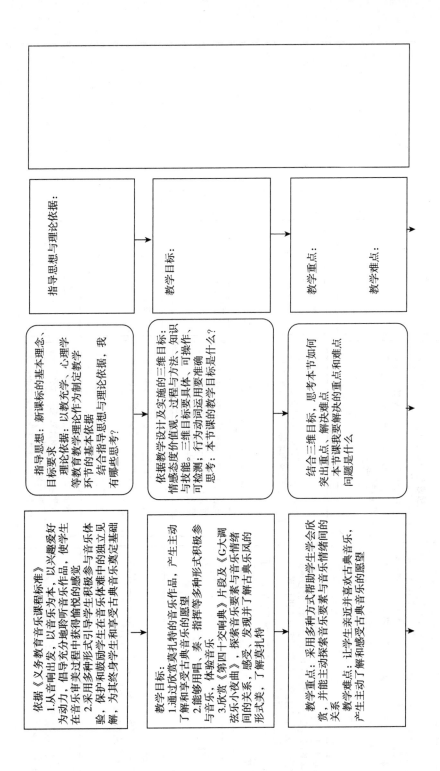

指导思想与理论依据：

教学目标：

教学重点：

教学难点：

指导思想：新课标的基本理念、目标要求。
理论依据：以教育学、心理学等教育学理论作为基本依据。结合指导思想与理论依据，我在制定教学环节的基本依据。结合指导思想与理论依据，我有哪些思考？

依据教学设计及实施的三维目标，情感态度价值观、过程与方法、知识与技能；三维目标要具体、可操作、可检测；行为动词运用要准确。
思考：本节课的教学目标是什么？

结合三维目标，思考本节如何突出重点、难点，要解决的重点和难点。本节课我要解决的重点和难点问题是什么

依据《义务教育音乐课程标准》
1.从音响出发，以音乐为本，以兴趣爱好为动力，倡导充分地聆听音乐作品，使学生在音乐审美过程中获得愉悦的感觉。
2.采用多种形式引导学生在音乐积极参与和体验，保护和鼓励学生在音乐体验中的独立见解，为其终身爱好音乐和享受古典音乐奠定基础

教学目标：
1.通过欣赏莫扎特的音乐作品，产生主动了解和享受古典音乐的愿望
2.能够用唱、奏、指挥等多种形式积极参与音乐，体验音乐
3.欣赏《第四十交响曲》片段及《G大调弦乐小夜曲》，探索音乐要素与音乐情绪间的关系，感受、发现并了解古典音乐风格的形式美，了解莫扎特

教学重点：采用多种方式帮助学生学会欣赏，并能主动探索音乐要素与古典音乐情绪间的关系
教学难点：让学生亲近并喜欢古典音乐，产生主动了解和感受古典音乐的愿望

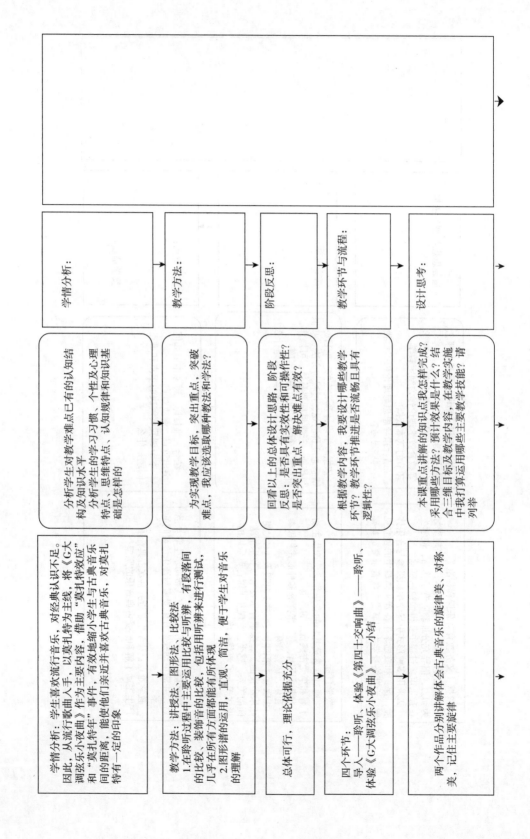

学情分析：

分析学生对教学难点已有的认知结构及知识水平

分析学生的学习习惯、个性及心理特点、思维特点、认知规律和知识基础是怎样的

学情分析：学生喜欢流行音乐，对经典认识不足。因此，从流行歌曲入手，以莫扎特为主线，将《G大调弦乐小夜曲》作为主要内容，借助"莫扎特效应"和"莫扎特特年"事件，有效地缩短小学生与古典音乐间的距离，能使他们亲近并亲近喜欢古典音乐，对莫扎特有一定的印象

教学方法：

为实现教学目标，突出重点、突破难点，我应该选取哪种教法和学法？

教学方法：讲授法、图形法、比较法
1.在聆听过程中主要运用比较、有段落间的比较、装饰音的比较，包括用听辨来进行测试，几乎在所有方面都能有所体现
2.图形谱的运用，直观、简洁，便于学生对音乐的理解

阶段反思：

回看以上的总体设计思路，阶段反思：是否具有实效性和可操作性？是否突出重点、解决难点有效？

总体可行，理论依据充分

教学环节与流程：

根据教学内容，我要设计哪些教学环节？教学环节推进是否流畅且具有逻辑性？

四个环节：
导入——聆听、体验《G大调弦乐小夜曲》——聆听、体验《第四十交响曲》——小结

设计思考：

本课重点讲解的知识点我怎样完成？预计效果及教学内容是什么？结合三维目标及教学内容，在教学实施中我打算运用哪些主要教学技能？请列举

两个作品分别讲解体会古典音乐的旋律美，对称美，记住主要旋律

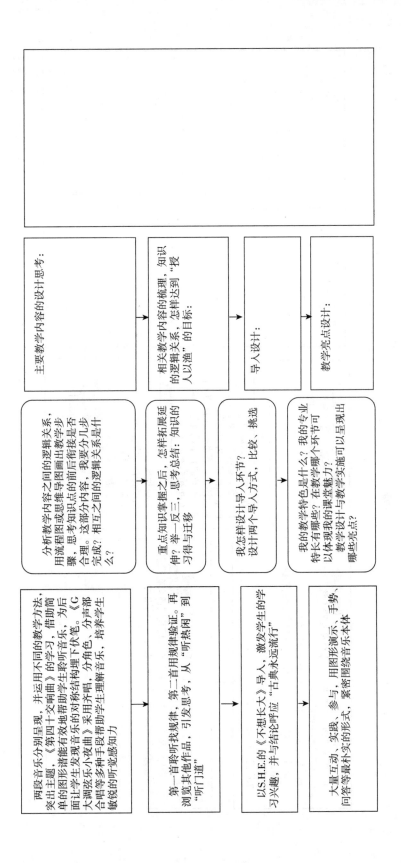

主要教学内容的设计思考：

相关教学内容的梳理，知识的逻辑关系，怎样达到"授人以渔"的目标：

导入设计：

教学亮点设计：

分析教学内容之间的逻辑关系，用流程图或思维导图画出教学步骤，思考知识点的前后衔接是否合理。这部分内容，我要分几步完成？相互之间的逻辑关系是什么？

重点知识掌握之后，怎样拓展延伸？举一反三，思考总结：知识的习得与迁移

我怎样设计导入环节？设计两个导入方式、比较、挑选

我的教学特色是什么？我的专业特长有哪些体现我的课堂魅力？教学设计与教学实施可以呈现出哪些亮点？

两段音乐分别呈现，并运用不同的教学方法，突出主题。《第四十交响曲》的学习，借助简单的图形谱能有效地帮助学生聆听音乐，为后面让学生发现音乐的对称结构埋下伏笔。《G大调弦乐小夜曲》采用齐唱、分角色、分声部合唱等多种手段帮助学生理解音乐，培养学生敏锐的听觉感知力

第一首聆听找规律，第二首用规律验证。再浏览其他作品，引发思考，从"听热闹"到"听门道"

以S.H.E.的《不想长大》导入，激发学生的学习兴趣，并与结论呼应"古典永远流行"

大量互动、实践、参与，用图形演示、手势、问答等等最朴实的形式，紧密围绕音乐本体

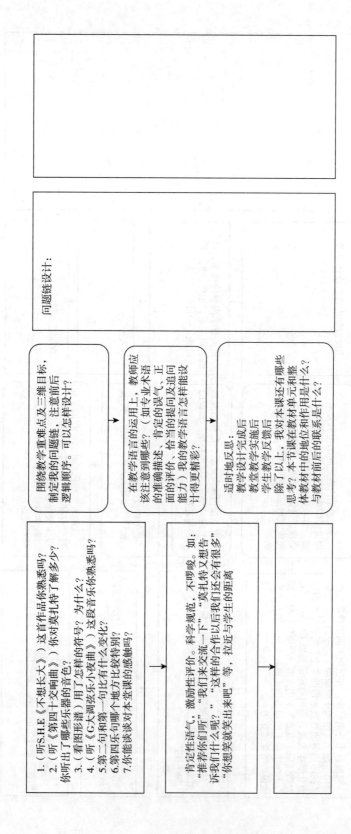

问题链设计：

围绕教学重点难点及三维目标，制定我的问题链，注意前后逻辑顺序。可以怎样设计？

在教学语言的运用上，教师应该注意到哪些？（如专业术语的准确描述、肯定的语气、正面的评价，恰当的提问及追问能力）我的教学语言怎样设计得更精彩？

适时地反思：
教学设计完成后
课堂教学实施后
学生教学反馈后
思考：除了以上，我对本课还有哪些体会？本教材中的地位和作用是什么？与教材前后单元的联系是什么？

1.（听S.H.E《不想长大》）这首作品你熟悉吗？
2.（听《第四十交响曲》）你对莫扎特了解多少？
你听出了哪些乐器的音色？
3.（看图形谱）用了怎样的符号？这些乐器你熟悉吗？
4.（听《G大调弦乐小夜曲》）这段音乐你熟悉吗？
5.第二句和第一句比有什么变化？
6.第四乐句哪个地方比较特别？
7.你能谈谈对本堂课的感触吗？

肯定性语气，激励性评价。科学规范，不啰嗦。如："推荐你们听""我们来交流一下""莫扎特又想告诉我们什么呢？""这样的合作以后我们还会有很多""你想笑就笑出来吧"等，拉近与学生的距离

（二）案例展示

经过以上模拟训练，设计一节课的基本步骤你掌握了吗？请看以下完整的案例。本案例获得2017北京市中学音乐学科教学设计与录像课评比二等奖。

课题：歌唱教学江苏民歌《无锡景》

北京八十中学管庄分校（常青藤校区） 陈越

一、指导思想与理论依据

（一）指导思想

本课设计的指导思想是"以审美为核心，以兴趣爱好者为动力"。音乐教育是富有强烈艺术感染性的审美教育，在音乐学习中，通过作品欣赏、表现、创造等实践活动，使学生感受作品内涵，再将感情完全融入作品。本节课，通过学唱江苏民歌《无锡景》，理解歌曲中无锡人民向游人介绍无锡风情的自豪、热情，以及人与自然、人与人之间的和谐相处。通过丰富的音乐实践活动，培养学生的音乐情趣，发展音乐感受与鉴赏能力、表现能力和创造能力，提高音乐文化素养，丰富情感体验，陶冶情操。

（二）理论依据

《义务教育音乐课程标准》中明确要求，要将我国各民族优秀的传统音乐作为音乐教学的重要内容，重视音乐的人文性。因为民族民间音乐不仅是一种音乐现象，更寄托了各个时代、各个民族与地方的文化情思。通过学习音乐，了解文化，增强学生民族意识，培养爱国主义情操。本节课立足于体验江南风情《无锡景》，旨在用音乐来介绍和赞美自己的家乡，了解、熟悉自己的祖国，表达对祖国、家乡的热爱。树立民族自尊心和自豪感，给学生以真和善的启迪、美的陶冶和创造性思维的激发。

二、教学背景

（一）教学内容分析

《无锡景》是人音版八年级上册第二单元汉族民歌的学唱歌曲。民歌是广大人民群众在社会生活实践中，经过广泛的口头传唱逐渐形成和发展起来的，和人民生活紧密地联系着的歌曲艺术。中国民歌由于民族和地域的不同，其形式和样式也各异。本单元选取了我国用不同方言演唱的五首地方民歌——江苏民歌《无锡景》、湖北民歌《龙船调》、湖南民歌《一根竹竿容易弯》、江西民歌《打支山歌过横排》、山东民歌《包楞调》进行学唱和欣赏，旨在通过学习，了解、感受与体验不同地域民歌的风格特征与演唱韵味，培养学生对我国汉族民歌的兴趣与爱好。

《无锡景》是江苏民间小调。江苏自古繁华，且山清水秀，人们安居乐业。因此，江苏民歌中以欢快、活泼、歌唱美好生活为主题的歌曲比较多，当前较流行的江苏民歌主要有：《茉莉花》《无锡景》《紫竹调》《太湖美》《杨柳青》等。《无锡景》这首作品曲调源自清末民初，作者不详。它详细地向游人介绍了无锡城的历史和风景区，既给游人助兴，又给美丽的景色增添了光彩。歌词语言形象生动，具有很强的概括性；旋律优美细腻，又有说唱音乐的特点；衬词的运用也让人感觉非常亲切。

作品为五声宫调式，2/4 拍，一段体结构，规整的四乐句，分节歌形式。第一乐句，用了"sol、la、do、re"四个音，旋律清新别致，朴素动听。因为强调了羽和宫两个音的进行，使该乐句又带有羽调式柔和、抒情的特点。第二乐句是全曲最高音，突出了大二度与大三度的进行，显得特别明朗，切分节奏与附点节奏的运用，强调了表达的语气。第三乐句又有明显的羽调式特征，第1、4小节相同，中间两小节又由第二乐句的第1、4小节曲调构成；第四乐句旋律回旋下行，在主音上结束，由于最后落在弱拍上，使终止很不稳定，还有继续向前发展的要求，这和小调民歌反复演唱的分节歌形式有着密切的关系。本课以江苏小调学唱为主要内容，遵循民歌创作流传规律：以口传心授方式，在传唱中创作，在编创中流传，充分发挥学生的主体作用，重视音乐实践。

（二）学生情况分析

（1）北京市第八十中学管庄分校（常青藤校区）是朝阳区一所普通初中校的新建分校，2014 年开始招生，生源兼及区域划片和住宿生。本次授课班级为初二年级 3 班，学生人数共 26 人，北京生源约占的 1/2，江苏常州籍学生 1 人，但从小生长于北京，不会说方言，其他外省市学生有湖北、东北、四川等，但只有 2 名学生会讲自己的方言。没有艺术特长生，能够掌握一种器乐的有 4 人，参加过舞蹈训练的 1 人。

（2）该授课班级经过初中一年的常规培养与训练，90% 以上的同学具有较好的课堂常规习惯，可以做到认真听讲、主动学习，积极和老师配合。有 2/3 的同学能够掌握五线谱的基本识读，但识读能力，比如速度、准确性等方面参差不齐，音准性整体不强，只有个别同学能够通过识读乐谱，较为准确地独立唱出音高，能够对音乐片段进行简单的音乐要素分析，如节拍、节奏、旋律、结构等。

（3）在小学阶段学习的基础上，约 70% 的同学能够掌握基本的唱歌状态和方法，但普遍声音较小，对演唱没有十足的信心，常表现出胆怯、害羞心理。大部分初二年级的男生处于变声期，呈现出粗而低的线条，加之个别男童声，男生演唱声音不够统一，且控制不好音准。

（4）全班整体对民歌接触较少，在小学及七年级的课程中接触和学唱过汉族、维吾尔族、蒙古族等民歌，对新民歌接受程度高于原生态民歌，部分同学反映原生态民歌离自己的生活环境较远，且曲调迂回曲折，歌词多是方言，不易听懂和学唱。

（5）对于小型打击乐器，如三角铁、双响筒、沙锤、碰钟等，能知道部分常见打击乐器名称，但由于数量有限，不经常在课堂中使用，学生更习惯于用拍手、踩脚、打响指等body percussion 的方式。

（三）教学方式与手段说明

讲授法、示范法、比较法、参与体验法、柯达伊首调唱名法。

讲授法——教师通过精心设计的语言，营造轻松的学习气氛，充分激发学生兴趣。

示范法——教师进行示范性演唱，使学生近距离获得生动真实的感性知识，"口传心授"引导参与音乐实践。

比较法——教师充分运用对比的手法，启发学生在对比的聆听中感受音乐的不同风格。

参与体验法——学生通过模仿教师的示范演唱、聆听音频、观看视频、亲身参与活动等方式，充分体验音乐的独特风格特点。

柯达伊首调唱名法——通过科尔文手势、借助首调唱名法唱旋律等，循序渐进，提高学生识读乐谱的能力。

（四）技术准备

教学课件用 Microsoft PowerPoint 软件自制的演示文稿。

谱例用 Sibelius、EDU office 音乐教学备课软件、打谱软件制谱。

视频由美拍等图像软件制作。

音频使用 GoldWave、格式工厂等进行剪辑和转换。

钢琴伴奏根据需要，由教师自行编配，以便突出教学重点。

（五）前期教学状况、问题与对策

（1）针对现在绝大多数初中学生在平时生活中，偏重于欣赏流行歌曲而对民歌作品较少关注的实际情况，本课在各个教学环节的设计中，以启发学习兴趣为主。在形式上采用学生们乐于参与的游戏方式进行渗透；在环节的安排上，也跳出了常规歌曲教学——先学唱曲调再加歌词的流程，从学生们听不懂、说不明的方言入手，激发学生的好奇心与尝试的欲望。

（2）针对初中阶段的学生在歌唱或表演时通常比较拘谨、羞于大胆表现音乐的现状，在教学方式的选择方面，教师通过富有感染力的表演、范唱，引导学生大胆地模仿、积极地表现，在实践参与中感知音乐、体验音乐。

（3）在旋律学习的过程中，使用民歌教学中常见的"口传心授"方式，结合柯达伊首调唱名法的科尔文手势辅助（注：科尔文手势是柯达伊首调唱名法的五个内容之一），尽量贴近民族音乐传承习惯和教材思路。根据学生识读五线谱和音准的能力，将四个乐句分别按照跟唱、模唱、听辨、视唱等不同的教学方式进行教授，由浅入深、循序渐进地提高学生的基本音乐能力。同时，更强调演唱中的滑音、重音的技巧，体现出民歌的"字儿""气儿"，演唱出江南民歌的温婉细腻的"劲儿""味儿"。

（4）在拓展与创编部分，结合本首作品中蕴含的评弹元素，进行了打击乐伴奏形式的延伸，并按照作品的演唱思路，结合常青藤校区的校园环境进行了歌词的创编。通过这些拓展练习，加深对作品的理解，丰富对民歌的体验。

三、教学目标

（1）情感态度及价值观：初步培养对江南音乐文化的兴趣和探索欲望；感受和理解歌曲中包含的人与人、人与自然的和谐共处和对家乡的热爱之情。

（2）过程与方法：通过聆听、视唱等方式初步感受江南音乐的细腻婉转，并富有感情地演唱；通过小组合作的方式，创编主题为"青藤景"的歌词，并加入曲调演唱。

（3）知识与技能：正确认识、理解五声调式及其结构，能够用无锡方言有感情地演唱歌曲第一段。

四、教学重点与难点

（一）教学重点

引导学生能够用无锡方言准确而有韵味地演唱《无锡景》，感受和体验音乐作品的情感。

（二）教学难点

根据学情分析，在本课中可能会出现的教学难点是：

（1）音乐的节奏和装饰音。

（2）第一段歌词的方言发音及准确把握住歌曲中出现的"呀""么"等衬词，在演唱中表现出江苏民歌特有的风格特征。

（3）模仿歌曲进行歌词的创编。

五、教学过程

流程图

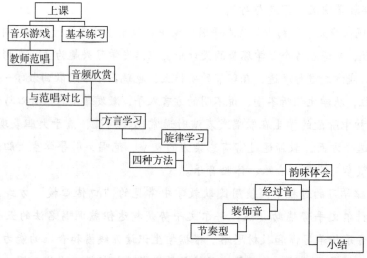

教学过程					
教学阶段	教师活动	学生活动	设置意图	技术应用	时间安排
一、预备练习	1. 运用科尔文手势带领学生进行七个基本音级的音高关系训练 2. 根据五线谱板，复习民族五声调式音高及相应的线间位置 3. 用手势带领学生模唱歌曲中主要音程关系的三组音列： （1）la—sol—mi （2）do—la—sol （3）sol—re—mi—re—do	1. 调整歌唱状态（坐姿、口型、发声位置、气息等） 2. 演唱七个基本音级音高并做出相应的手势 3. 对照五线谱中音符的线间位置，跟随老师指向演唱音高并做手势 4. 看教师手势演唱音高，完成三组音列	1. 调整歌唱状态，建立基本规范 2. 复习、巩固七个基本音级音高及五线谱线间位置 3. 复习五声调式，提前为歌曲旋律学习做好准备	钢琴 科尔文手势 五线谱板	3分钟

续表

教学过程					
教学阶段	教师活动	学生活动	设置意图	技术应用	时间安排
二、激趣导入	音乐游戏"猜猜猜" 1. 听声音猜地域：教师播放六段不同的音响片段并给出六个不同的中国省市，请学生听到音乐后将与之相对应的地域连线并说说选择的根据或缘由 2. 教师与学生一起揭晓答案并分析总结：每个地方都有自己独特的风景，形成了自己独特的风土人情与音乐文化。同时，人们也用自己的音乐来表达彼此间的友善与好客，以及对家乡的热爱	1. 学生欣赏、分析六段不同的音响片段，并按照要求在学案中作答： 音响一 北京 音响二 江苏 音响三 新疆 音响四 内蒙古 音响五 西藏 音响六 广西 2. 和教师一起通过分析音乐要素、语言、伴奏乐器等，找到答案并总结感受	1. 通过游戏的形式，激发学生学习兴趣 2. 同时复习与检测学生对各地、各民族音乐风格的了解程度 3. 引出本节课的学习主题汉族民歌江苏小调的代表歌曲之一《无锡景》	PPT展示 播放音频 学案作答	6分钟
三、范唱欣赏	1. 教师用方言范唱《无锡景》第一段 引导学生通过旋律特点、歌词等要素找到答案 揭示主题：江苏民歌 无锡景 2. 介绍无锡风土人情（结合歌词），播放《无锡景》（普通话版）全曲音频；同时，展示无锡风景图片动画视频	1. 听教师范唱《无锡景》，通过歌词、方言特点、旋律特点，猜出歌名 2. 欣赏音频《无锡景》全曲，同时欣赏无锡名胜图片，领略无锡魅力，了解无锡风土人情	1. 教师通过范唱，让学生获得最直接的视听体验。拉进学生与民歌之间的距离，消除演唱民歌的畏惧心理，更生动地体验江南音乐风情的韵味和特点 2. 采用景色视频与音乐歌词相结合的形式，在欣赏歌曲的同时，体验美景与无锡风情	范唱 播放音频 播放视频	4分钟

续表

		教学过程			
教学阶段	教师活动	学生活动	设置意图	技术应用	时间安排
四、方言学习	1. 提问：两个版本的《无锡景》最大的不同点在哪里？ 2. 方言歌词学习： （1）出示歌词： 我（ou）有一（ye）段（du）情（sing）呀，唱（cang）拨（ba）拉诸（zu）公听，诸（zu）公（guo）各位静（zing）呀静（zing）静听（sing）呀 让（niang）我（ou）末（mo）唱（cang）一支（za）无（fu）锡（ci）景呀，细（si）细（si）那道道么，唱（cang）拨拉诸（zu）公听呀。 （2）播放无锡老师傅朗读歌词的采风音频。对比方言发音与普通话的差异 （3）跟教师有节奏、有韵律地分句读词	1. 思考教师演唱和音频版本的不同之处是语言的不同，教师范唱是方言，音频是普通话 2. 方言歌词学习 （1）看PPT中第一段歌词 （2）听无锡老师傅用无锡话读的歌词音频，找到与普通话读法在个别字上的区别 （3）对照有注音版的歌词进行试读，然后跟随教师有节奏、有韵律地分乐句用方言朗读歌词	1. 从方言切入歌曲的学习，可以大大激发学生的学习兴趣，同时结合朗读过程中的语气重音，将节奏学习巧妙地蕴含其中 2. 听无锡老师傅朗读，感受原汁原味的方言，展示民歌流传与采风的基本模式 3. 用拼音标注的方法学习方言，提高学习效率	PPT展示 播放音频 范读	6分钟
五、旋律学唱	1. 在歌词和节奏都已掌握的基础上，进行基本（骨干）旋律的学习 （1）第一乐句，由教师边做手势边演唱，学生跟唱 （2）第二乐句，教师只做科尔文手势，学生根据手势演唱 （3）第三乐句，听教师演奏，学生听辨旋律音高，补充空缺部分，后连贯演唱 （4）第四乐句，由师生一起看谱视唱旋律	1. 在教师的引导下，第一乐句，根据教师的手势和演唱跟唱 2. 第二乐句，根据教师手势默唱、演唱 3. 第三乐句，听辨教师用钢琴演奏的旋律音高，在学案上补充空缺部分，然后连贯演唱	1. 对歌曲旋律进行提炼和简化，先掌握旋律的骨架，降低学习难度，强化演唱的音准	范唱 科尔文手势	

续表

教学阶段	教师活动	学生活动	设置意图	技术应用	时间安排
	2. 分行在 PPT 中出示学唱歌曲基本旋律乐谱 3. 完整演唱歌曲旋律	4. 第四乐句，和教师一起看谱视唱旋律 5. 待四个乐句基本掌握后，用手打击节拍，完整演唱基本（骨干）旋律	2. 民歌主要运用"口传心授"的学习方式，故四个乐句采取了四种不同的学唱方法，通过看、听、唱、做等多种方式的学习，培养学生的综合音乐能力；并从教师带领到独立视唱，逐步培养学生的自主音乐学习能力	钢琴 PPT 展示 五线谱	8分钟
六、韵味体会	1. 引导学生在基本（骨干）旋律中加入歌词演唱，之后出示原谱，教师再做一次范唱与之对比 2. 请学生分析骨干旋律与原谱旋律的区别：少音，少节奏，少韵味 3. 教师教"小窍门"，带学生再次分句演唱 （1）加入"小桥流水"似的经过音 （2）"画龙点睛"的装饰音 （3）"加强语气"的节奏型 4. 完整演唱歌曲体会歌曲的江南风情及细腻韵味 5. 教师弹伴奏，带领学生完整、有感情、有韵味地演唱第一段	1. 学生在基本（骨干）旋律中加入歌词演唱 2. 看乐谱，听教师范唱，并做对比欣赏，思考、总结 3. 加入经过音、装饰音、密集节奏后，再次分乐句学唱 4. 体会歌曲做江南风情和细腻韵味 5. 跟随教师伴奏，有感情和有韵味地用方言演唱歌曲第一段	1. 在骨干旋律掌握的基础上，通过对比聆听，感受歌曲韵味并分析如何用音乐要素加以体现，从感性到理性地引导学生理解歌曲，表现歌曲 2. 从骨干音到"小窍门"的提炼，是对学生进行学习方法的引导，潜移默化提升学生的音乐学习能力	PPT 展示 五线谱 范唱 钢琴	9分钟

续表

教学过程					
教学阶段	教师活动	学生活动	设置意图	技术应用	时间安排
七、拓展创编	1. 器乐创编: （1）播放苏州评弹版《无锡景》视频，体验说唱风格的《无锡景》 （2）用双响筒和碰钟为歌曲加入简易节奏伴奏 教师出示编配好的乐谱: 双响筒用"▲" 碰钟用"●" **无锡景** *如时间允许可再由学生自主创编伴奏节奏进行表演 2. 歌词拓展创编: 介绍:这首江苏小调，曲调来自明末清初的民间，最初没有固定歌词，由演唱者即兴发挥。在江南一带，除了《无锡景》外，还有《苏州景》《杭州景》《上海景》等，人们都在用自己的歌声表达着对客人的友善和对家乡的热爱 布置任务:请学生为学校——常青藤校区写一首"青藤景" （1）出示校园景色图片，引发联想 （2）教师出示创编版，并配《无锡景》旋律演唱 校园常青藤呀，门前玉兰花 红白楼仁两边，柳树中间把荫扎 操场上，高高的白杨排成行 还有那条小长廊，夕阳洒满友爱长	1. 欣赏苏州评弹视频，感受琵琶和三弦伴奏风格 2. 尝试加入打击乐伴奏，先按照教师出示的谱例用"拍手"和"拍腿"的形式进行练习，后分组加入乐器进行歌曲伴奏表演 3. 欣赏学校风景照片 4. 演唱教师创写的"青藤景" 5. 创编歌词，编写"青藤景"	1. 播放苏州评弹版《无锡景》是拓展欣赏，拓宽学生视野，丰富音乐体验 2. 为歌曲进行简易打击乐伴奏，不仅可以巩固歌曲旋律的演唱，同时锻炼学生立体节奏、相互聆听与配合等综合音乐能力 3. 结合学生身边熟悉的场景，为歌曲进行歌词创编，丰富学习体验，简单了解歌词创作的基本方法，为日后的音乐创作学习奠定基础，也潜移默化对学生进行爱校教育	播放视频 PPT展示 双响筒碰钟 PPT展示 范唱	8分钟
八、小结	1. 简单小结 2. 布置作业:课后继续完成"青藤景"的创编作业并唱给身边的人听	聆听思考	是课堂学习的拓展与延伸		1分钟

六、学习效果评价设计

（一）评价方式

学案作业反馈；

学生互评；

学生自评。

（二）评价量规

学案共三道题，也是本节课设计中的三大学习重点，随授课进行，学生独立逐一作答，课堂进行中教师给予及时订正，下课后，统一收回，教师进一步了解掌握情况，并在下一课中给予及时的反馈与指导。

演唱部分采取自评和互评两种方式。学生分组合作，互评及自评，按音准、节奏、情感、合作等方面，给予很好、较好、尚可、继续努力四个等级的评价。

七、教学设计的特点

本节设计的教学特点可以归纳为以下四个方面：

（一）游戏导入，激发兴趣

本节课设计了音乐游戏"猜猜猜"作为导入环节，起到了激发学习兴趣的作用，同时，检测学生对各地区各民族音乐的了解程度，并引出本节课的学习主题——江苏小调代表歌曲之一《无锡景》，起到了一举三得的作用。

（二）教师范唱，直观生动

本节课运用了大量的范唱教学，以口传心授作为主要教学方法，结合科尔文手势辅助，教师范唱和音频欣赏结合进行，让学生获得最直接的视听体验，同时也体现了民歌创作和传承的方式。在无锡老师傅学习方言这一环节，还渗透了民歌采风这一形式与学习方法。通过大量的、直接的听觉体验和对音乐风格、结构、基本要素的听觉分析与训练，培养学生听觉思维和听觉习惯，从而加深对我国民族音乐的理解，强化了音乐基础知识和歌唱基本技能的掌握。

（三）拓展创编，深入体验

在歌曲学唱的过程中，不仅关注学生的唱，更关注学生对民歌的理解和音乐的创作。在强调演唱的状态、位置以及对音色的控制，着重对民歌味道、韵味的感受和把握的同时，在拓展环节，本节课还通过欣赏苏州评弹和不同歌词版本的视频，结合学生所处的实际环境，做了打击乐伴奏拓展体验，还选择了学生所熟悉的身边校园场景，模仿《无锡景》歌词，以常青藤校区为主题，创编一首"青藤景"，并加入旋律演唱。通过有意识的创编练习，逐步渗透音乐写作的基本方法，激发学生对我国民族民间音乐作品的学习兴趣并加深理解。在潜移默化中，对学生进行爱校、爱家的爱国主义教育。

（四）有效设计，突破难点

为了提高学生旋律演唱的准确性和教学效率，在学唱环节另辟蹊径，先从方言读词开始，充分激发起学生的好奇心和求知欲望，同时，结合方言的发音、重音等，巧妙地将节奏学习蕴含其中。旋律的四个乐句，也先从简化后的骨干旋律入手，每个乐句还采用灵活多样的教授方法：第一乐句由教师做手势范唱，学生跟唱；第二乐句，在第一乐句的基础上，以柯达伊手势揭示旋律音高，帮助学生稳定基本音级的音准；第三乐句，采用学生先听辨后演唱的听唱法进行学习，既锻炼了学生的听辨能力，同时分析了乐句间的重复变化规律。在前三个乐句学习的基础上，最后一个乐句，由学生自行视唱，教师辅助。然后再将骨干旋律与完整旋律做对比听赏，体会并分析民歌中的"味儿"如何用"小桥流水"似的经过音；"画龙点睛"的装饰音，"加强语气"的十六分音符、前八后十六等典型节奏体现，之后将方言歌词加入，再进行演唱。这样就将本来比较复杂的旋律，由浅入深地逐层掌握了，较为轻松地解决了教学难点，也将民歌味道的精髓进行从感性到理性的认识，获得了丰富的实践体验。

八、教学反思

(一) 圈点之处

(1) 听声音猜地域环节颇受欢迎。本课中的导入环节，成功地引发了学生们的学习兴趣，以至下课后，还有学生问是否下节课还能玩这个小游戏、有没有更多更难的地方音乐听辨，还有同学向老师推荐自己所了解的相关地区的歌曲。不仅如此，这个环节还有效地检测了学生对各民族各地区音乐的了解程度。因此，听声音猜地域这种形式可以在以后的教学中，在音乐形式和范围等方面继续深入发展，为学生的学习带来更多的知识和乐趣体验。

(2) 从歌词入手简化旋律难点。在以往的歌唱教学中，一般都是按照先讲授节奏、音高，再到旋律，最后加入歌词的流程。但在本次教学中，我吸收了第一年讲授本课时的失败教训，因为这首作品节奏较为密集、旋律婉曲，以我校学生的音乐程度实现准确演唱有一定难度，所以尝试先从学生们有点畏惧的方言入手，通过类似民歌采风的形式，从一个"无锡老师傅"出发，生动而形象地拉近了学生们和方言民歌间的距离，大大地激发了他们的学习兴趣。同时，在歌词学习中，将节奏学习蕴含其中。在旋律学唱时，根据学生的现实能力，将旋律进行简化，待学生掌握好骨干旋律后，再过渡到原曲。这既有利于旋律的准确演唱，又有助于更深入地分析民歌韵味的体现手段。

通过这节课学生特别喜欢用方言读歌词，下课后还能意犹未尽地反复有节奏地读，能够无意间就哼出曲调，虽然最后一句的音准还欠佳。再次复习这首作品时（包括本单元的《龙船调》），学生觉得用方言唱民歌不再是遥不可及的事情，而是特别好玩儿的一种享受。

(3) 编创环节结合学生实际展开。本节课的编创环节，一是从歌曲中的苏州评弹元素出发而设计的节奏拓展练习，在演唱的基础上丰富了对歌曲的理解与表现，同时锻炼了学生不同声部和角色的配合能力。二是结合学生的生活学习环境，根据歌曲的流传特点，进行了歌词创写的创编练习，不仅让学生能够学以致用，还能潜移默化地对学生进行审美爱校的教育。

(二) 不足之处

由于教学经验不足，虽精心设计了各个教学环节，教学目标也比较好地达成，但还有很大的提升空间。

（1）需进一步提高课堂效率。教学环节还需继续探索，要优化结构、精简语言，尽量使过渡自然、不留痕迹、整体流畅。同时，由于本节课设计的环节和内容较多，运用了梯度学唱、联系实际等策略，对解决重难点与前后环节贯穿的连贯流畅性、提高课堂效率起到了一定的作用。但每个教学环节还可以更加合理地安排教学时间，以便更好地提高课堂效率、优化教学结构，因为提高课堂效率是教师持续永久的追求。

（2）需更加充分发挥学生学习自主性。在解决学生演唱音准的过程中，教师的引导方式过于直接和生硬，没有给学生充分的学习和体悟时间，比如学生遇到四度跳进音程时，不能一下找到准确的音高，教师应通过音阶等方式多启发学生，给学生足够的时间独立去找到音高。特别是在创编环节，对学生"放"得还不够，老师做的多于学生，没有充分体现学生的主体地位，希望在今后的教学中逐步调整，给学生充分的发挥空间和时间。

（3）需关注每一名学生。本设计中的部分提问和练习对于具有一定音乐经验和音乐能力的学生来说相对容易，但对于基础较薄弱的同学来说有一定难度，所以在提问和练习的梯度性上应有所调整，要努力使每一名具有不同音乐经验和音乐能力的学生都能有所进步、有所突破。

二、应用训练

请按照以下模板，完整撰写一篇教学设计。

教学基本信息				
课题				
是否属于地方课程或校本课程				
学科		学段	年级	
相关领域				
教材	书名：	出版社：	出版日期：	

教学设计参与人员			
人 员	姓 名	单 位	联系方式
设计者			
实施者			
指导者			
课件制作者			
其他参与者			

一、指导思想与理论依据

（一）指导思想

（二）理论依据

二、教学背景

（一）教学内容分析

（1）本节教学内容的地位和作用：

（2）具体内容分析：

（二）学生情况分析

（三）教学方式与手段说明

（四）技术准备

（五）前期教学状况、问题与对策

三、教学目标

(一)"情感态度及价值观"目标

(二)"过程与方法"目标

(三)"知识与技能"目标

四、教学重点与难点

(一)教学重点

(二)教学难点

五、教学过程

教学阶段	教师活动	学生活动	设置意图	时间安排
导入				
新课教授				

续表

教学阶段	教师活动	学生活动	设置意图	时间安排
拓展训练				
作业				

六、学习效果评价设计

（一）评价方式

（二）评价量规

七、教学设计的特点

八、教学反思

请对照"标准"自我检测，能够达到良好以上标准吗？

请与其他老师交流分享你的教学设计。

（本节执笔：李磊、朱莉）

第三部分

教学实施与评析

主题一　感受与欣赏模块

案例一　《永远的莫扎特》[①]

浙江安吉实验初中　胡萍

一、教学目标

（1）通过欣赏莫扎特的音乐作品，产生主动了解和享受古典音乐的愿望；

（2）能够用唱、奏、指挥等多种形式积极参与音乐、体验音乐；

（3）欣赏《第四十交响曲》片段及《G大调弦乐小夜曲》，探索音乐要素与音乐情绪间的关系，感受、发现并了解古典乐曲的形式美，了解莫扎特。

二、教学重点

采用多种方式帮助学生学会欣赏。并能主动探索音乐要素与音乐情绪间的关系。

三、教学难点

让学生亲近并喜欢古典音乐，产生主动了解和感受古典音乐的愿望。

四、教学过程

（一）导入

带领学生听、唱S. H. E. 演唱的流行歌曲《不想长大》，再和莫扎特的《第四十交响曲》做比较，发现如此时尚、前卫的音乐竟源于200年前的古典音乐，出自"音乐神童"莫扎特之手。

（二）欣赏

1. 欣赏《第四十交响曲》片段

带领学生反复聆听，先后通过提出不同要求（如听辨其主奏乐器，对比声乐作品与器乐作品的表现力），带领学生一步熟悉《第四十交响曲》。

---

① 本案例获第五届全国中小学音乐课评比中学组一等奖第一名。

2. 欣赏《G 大调弦乐小夜曲》第一乐章

（1）初听呈示部音乐，让学生感受。

（2）通过各种形式引导学生反复聆听其中四句主要的旋律，带领学生积极参与音乐体验。

（3）欣赏再现部，在学生已非常熟悉其主要的旋律后，深入地体验音乐。

（4）带领学生简单赏析非常短小的展开部。

（5）完整聆听，使学生充分地聆听、感悟作品。

（三）总结

莫扎特是永远的，古典音乐将永恒！

教学流程图

步骤		教师活动	学生活动	设计意图
导入		播放 S. H. E. 的《不想长大》	听音乐进教室	用学生喜爱的流行歌曲营造轻松的学习氛围
		边拍边唱《不想长大》	和教师一起拍拍唱唱	拉近师生的距离，放松学习心情
		播放《第四十交响曲》片段	聆听	拉近流行音乐与古典音乐的距离，使学生产生兴趣
欣赏	《第四十交响曲》片段	教师：你对莫扎特了解多少？	学生回答	设计不同的问题可以引导学生有目的地去欣赏音乐，以提高学生的鉴赏能力，养成良好的欣赏习惯
		第二次播放《第四十交响曲》片段	聆听，关注演奏乐器	
		出示图形谱，带领学生第三次欣赏	—	简单的图形谱能有效地帮助学生倾听音乐，为后面让学生发现音乐的对称结构埋下伏笔
		教师：用了怎样的符号？为什么？		
	《G大调弦乐小夜曲》	播放《G 大调弦乐小夜曲》呈示部	聆听音乐	
		播放第一句旋律 教师用钢琴弹奏，请学生比较效果	聆听、演唱和比较	采用齐唱，分角色、分声部合唱等多种手段帮助学生理解音乐，培养学生敏锐的听觉感知力
		播放第二句旋律，和第一句比有什么变化？	用各种形式的哼唱感受旋律	
		引导学生聆听第三句旋律	聆听，用形体动作来感受	采用多种形式引导学生积极参与音乐体验，培养合作意识
		引导学生聆听第四句旋律，提醒学生注意哪个地方比较特别	复听音乐，用手势表达对音乐的感受	—
		播放《G 大调弦乐小夜曲》再现部，用手势引导学生关注古典音乐的形式美	聆听音乐的同时，观察教师的手势，感受古典音乐的形式美	培养学生的观察能力，并引导学生关注

续表

步骤		教师活动	学生活动	设计意图
欣赏		播放《G大调弦乐小夜曲》展开部，引导学生聆听并参与音乐	聆听并参与音乐	引导学生参与音乐，培养其倾听音乐的能力
		播放视频《G大调弦乐小夜曲》	完整欣赏	引领学生完整欣赏作品，充分体验作品的魅力
小结		教师：你能谈谈本堂课的感触吗？	学生回答	提升课的立意，为学生终身喜爱和享受古典音乐奠定基础
		点题：莫扎特是永远的，古典音乐也将永恒		

案例评析

本案例曾获第五届全国中小学音乐课评比中学组一等奖第一名，教学内容是欣赏《第四十交响曲》片段及《G大调弦乐小夜曲》，教师在教学中采用了多种方式引导学生主动探索音乐要素与音乐情绪间的关系。本教学案例突出体现了教师如下能力：

（一）教师的学科专业能力

1. 优秀的音响感知能力

胡萍老师具有优秀的音响感知能力，能够准确听辨音色、音高、节奏、力度、速度、调性、和弦、音程等音乐要素的音乐表现，并结合音乐表情术语深入理解作品的内涵。自制了辅助欣赏教学的图形谱，激发学生参与欣赏体验实践活动的兴趣，对学生更深入理解音乐表现的内涵起到积极的作用。胡老师够游刃有余地运用深入浅出的方式去引导学生，和她自身具有优秀的音乐理解和表达能力有着密切关系。

2. 优秀的音乐记忆能力

胡萍老师具有优秀的音乐记忆能力，能够清晰地分辨音乐主题的重复、对比变化，运用精准的语言阐明音乐情绪的发展变化。在欣赏《G大调弦乐小夜曲》环节，教师对呈示部主题的四个乐句特点了然于胸，能够运用不同的肢体语言来表现音乐形象的变化，教师与学生在深入体验音乐时产生了很好的情感共鸣，教师具有较强的驾驭课堂的能力，能结合学生反馈的学习信息运用循序渐进的教学策略去达成教学目标。

（二）教师的教学设计能力

1. 能够正确理解教材，科学整合教学内容

教学内容往往是围绕知识学习的规律安排的，深刻理解知识的内涵是正确理解教材的前提。本节课中，教师准确把握知识学习过程中的重难点，明确该知识在学科知识体系中的地位和作用。结合自己对课程标准、音乐作品和学情精准的分析，教师选择了合理的教学素材，通过欣赏《第四十交响曲》片段及《G大调弦乐小夜曲》，引导学生去探索音乐

要素与音乐情绪间的关系，感受、发现并了解古典乐曲的音乐风格特点。

2. 合理安排教学流程，设计高效的音乐实践活动

"课标"指出："感受与欣赏教学应注意以音乐为本，从音响出发，以听赏为主。教师的讲解、提示，力求简明、生动，富有启发性。应采用多种形式引导学生积极参与音乐体验，引发他们的联想和想象。要尊重学生的独立感受与见解，鼓励学生勇于表述自己的审美体验，以利于激发学生听赏音乐的兴趣，逐步养成聆听音乐的良好习惯，积累感受与欣赏音乐的经验。"本节课中，主要安排了《第四十交响曲》片段及《G大调弦乐小夜曲》的欣赏，在每首作品的赏析中，都设计了引导学生深度体验音乐风格的音乐实践活动，这些活动简单易学、生动有趣，使学生能够用唱、奏、指挥等多种形式积极参与音乐、体验音乐，有利于高效达成教学目标。

3. 教师的教学实施能力

胡萍老师能够采用有效的教学策略，引导学生分析音乐表现的突出特征，如音乐的调性、力度、速度的变化等，并用语言描述或其他方式交流对音乐的理解。在教学过程中通过多次播放音乐主题，引导学生用简单的肢体语言、画图形谱等方式从不同的角度去思考和体验音乐要素的表现特点，既加深学生对音乐主题的印象，又教给了学生欣赏音乐时思维的方法。

（北京市陈经纶中学分校袁衍明、杨再辉 评析）

附：

《永远的莫扎特》教学点评与对话①

胡萍：这堂课我觉得大的环节上没有什么问题，但在细节方面还是有一点点遗憾。由于前一天晚上没来试课件，对场地不是很熟悉，课件又出了些状况，所以着急了一下。开始导入的环节，我感觉做得不够充分，本想在这一环节马上让学生放松下来，但我发现这环节过了之后我和学生都还紧张，虽然后来听交响曲时稍微好点了，但环节设计意图还是没有表现出来，这个地方有些遗憾。

吴斌：这个课你上了几次？

胡萍：许多次了。

吴斌：你用的这个图形谱是谁设计的？

胡萍：我自己设计的，有老师帮助修改过。

吴斌：这堂课是2007年全国优质课评比一等奖的第一名。我是第一次现场看，坦率地说，应该给予很高的评价，课标理念和音乐教育观念在这堂欣赏课中都有体现。首先，胡萍老师在课堂教学过程中很敏锐，对课堂教学中学生出现的所有不尽如人意的地方，她都能够做出反应，我们能从她的语言中感觉到，这位老师的个人素质非常好。

---

① 登载于《中国音乐教育》2009年第11期。

　　这堂课的一个突出特点是体现了以课本为本。"课本，课本，一课之本"，这是不容忽视的真理。课改以来，教学资源不仅仅是教材，老师、学生、社会都是资源，这节课的成功是因为课本和这些资源的关系处理得好。教师以课本为本，学生从其他渠道也获取了一些关于莫扎特的资源，因此拓展了课本上的内容。但重要的是，教学的主要内容和方法应来自课本和教师用书。刚才我问图形谱是谁提供的，因为这个图形谱非常恰当和贴切，便于学生对音乐的理解。除此之外的《G大调弦乐小夜曲》四个旋律的体验方式都是课本提供的，也就是说，课本提供了教育方法的原则。

　　这节课的第二个突出特点是，自始至终教师没有给学生讲一个故事，没有向学生传递音乐之外的信息，这个认识和立意非常正确。在方法上，这堂课主要运用了比较与听辨，有段落间的比较、装饰音的比较，包括用听辨来进行测试，几乎在所有方面都能有所体现。《中国音乐教育》曾发表过国际音乐教育学会主席的一篇文章——《比较是最有效的学习方法》。胡萍老师这堂课应该是对这一理念的一个很好的注解。

　　对于这节课的遗憾之处，胡萍老师提到导入的时候那首歌与学生的沟通有些牵强。另外，《G大调弦乐小夜曲》这个标题的"弦乐"两个字不能忽视，因为这是莫扎特最擅长表现的一种独到和娴熟的风格，所以我认为这也是一点小小的缺憾。

　　曹理：我也非常喜欢这个课。第一，胡萍老师非常善于导入，从流行到古典、从时尚到传统，做得非常巧；就是说，在寻找导入的材料和学习内容的内在联系上能够出新，引进材料也非常自然。导入也是门艺术，导入的资源有限但创意是无穷的，这堂课在善于导入这点上值得我们学习。第二，她非常善于聆听，用各种办法启发学生参与到音乐里面去聆听音乐。从《第四十交响曲》第一乐章的聆听，到《G大调弦乐小夜曲》的主部和副部各两个主题的聆听，都做得非常好。第三，我非常赞赏她善于等待学生的回答，平等地对待学生，就好像大姐姐，非常尊重学生。比如当学生没有听出乐曲中的演奏乐器时，她没有急于给出答案，而是要学生再听一听，学生存在的问题在老师的引导下用听音乐的办法最终得到解决。这堂课的很多地方都反映出她非常注意等待学生，这点很值得学习。第四，她非常赏识学生，用赏识学生回答问题的办法鼓励学习，体现出新课标的理念。另外，在弦乐小夜曲听完以后，她用左右手的手势，说明前面的主部和外部主题、重复的地方和出现新材料的地方，因此进一步吸引了学生非常专注地、富有热情地、主动地去聆听，这几个办法让学生对作品了然于心，做到了水到渠成。再有，她设计的第一个目标"产生主动了解和享受古典音乐的愿望"非常好。最后一点是，她在关于调性以及结构当中音乐的对称性知识方面，既提出来又没有立刻给出答案，而是让学生进一步主动探索，起到了余味无穷的作用。

　　提一些遗憾：首先，在最后播放莫扎特其他作品的环节，仍然应该从学生熟悉的浅显的作品入手，这样进入音乐会更容易。再者，目标第三条应该更具体化，以便能够检测和评价。

　　金亚文：这节课给我留下了深刻的印象，说两点感受：第一，这节课回答了大家特别关心的具有共性的一个问题，就是中学音乐鉴赏课应该是怎样的一种形式？课改以来，我们从传统模式中脱离出来后，很多老师仍然对音乐鉴赏课应该怎么上、怎么操作还有不同的看法。虽然这都是正常的，但胡老师以这样一个课例，客观地回答了大家所关注的问题，非常有说服力。我们都知道，音乐艺术本身的特征决定了它是非语义性的，具有不确定性和非具象性的特点。在面对这个特点的时候。一些老师仍然存在这种想法：这段音乐、这个主题表现了什么内容？那段音乐、那个旋律表现了什么场景？总是担心学生听不懂，所以老师讲得很多、很具体。然而，胡老师这节课没有在介绍莫扎特的创作背景、讲述作品具体内容上着眼，而是围绕着莫扎特的两个作品，在音乐上做文章，展开教学。特别是第二个作品，教师通过聆听、互动、形体等各种方式引导学生直接与音乐交流、对话，这点非常好。在音乐鉴赏课上，教师应该少讲一些，而且讲什么、怎么讲，都是值得我们认真研究的问题，胡老师在这个问题上展示出来的教学行为从实践方面提供了一个比较好的例证。第二，这位年轻的老师上课体现出很强的教学心理素质，令人钦佩。我们看到，她在课堂上总是那么从容、镇定、自然，45分钟一直都透着一种自信，这非常难得。如果说，过去我们对音乐教师的关注点是放在多面的教学技能上，后来又发展到关注教学方法、教学形式等体现在教学智慧层面的东西，那么我觉得这次胡老师给了我们一些新的启示：成熟的教学心理和良好的教学气质更为重要。她的教学语言几乎没有一句废话，不管是自然流露还是精心设计的，她的教学语言运用有着鲜明的特点。比如她总说，"推荐你们听"，强调"推荐"；"我们来交流一下"，突出"交流"；"莫扎特又想告诉我们什么呢？""这样的合作以后我们还会有很多"等等，随口就说出这样的话语，跟学生沟通时全是这样的语言，同学生没有距离。特别当学生想笑又不敢笑时，她就说"你想笑就笑出来吧"，沟通得非常流畅，所以课堂气氛就好。我们注意到，学生和她之间几乎是零距离，像这样一些反映在教学心理和教学气质方面的东西，应该是我们音乐老师追求的一个目标。

　　吴斌：胡老师这堂课好就好在所有参与的方式都没有离开音乐的本体。比如胡老师使用的多媒体只是简单地给出了莫扎特的画像、简洁的生平，而不像一些老师那样先放一大段莫扎特的生平、时代背景、特色建筑等等。她出示的生平很简洁，很容易记忆，所以《永远的莫扎特》讲的是莫扎特的作品和音乐会永远存在。这堂课给我们最突出的印象是万变不离其宗，所有学习的方式方法、教学目标的设定、学生的主动参与和探索，都和音乐有关。新修订的课标中最突出的一点就是，反复强调要突出音乐学科特点，避免在音乐中寻找非音乐的信息。

案例二　《京腔京韵自多情》①

北京八中　赵峰

一、教学目标

1. "情感态度及价值观"目标

（1）感受、体验京韵大鼓的经典作品，能够对老北京的曲艺音乐产生兴趣；

（2）乐于了解京韵大鼓的发展历史、表现形式和艺术特色，进而关注民间曲艺音乐的发展。

2. "过程与方法"目标

通过聆听音乐、学唱歌曲片段、观看视频、对比探究等手段，有鉴别地学习、感受曲艺音乐的独特韵味。

3. "知识与技能"目标

（1）初步了解京韵大鼓的艺术特点及其代表艺术家；

（2）体验用京韵大鼓的韵味演唱《重整河山待后生》《丑末寅初》片段；

（3）模仿演奏京韵大鼓的基本伴奏型，尝试用所学知识鉴赏曲艺作品。

二、教学重点

（1）了解京韵大鼓的艺术特点；

（2）感受、体验《重整河山待后生》中京韵大鼓的风格、韵味。

三、教学难点

（1）尝试演奏京韵大鼓的基本伴奏型；

（2）学唱《重整河山待后生》片段，感受京韵大鼓的唱腔韵味；

（3）用所学方法练习演唱《丑末寅初》的片段。

四、教学过程

（一）导入

1. 教师演唱四川盘子《我家有个小弟弟》

师：同学们，老师第一次来到重庆，在这几天里感受到了浓郁的川渝文化。其中，重庆的地方曲艺也引起了我的兴趣，为此我还特意学唱了几段，献丑给同学们表演一下。

---

① 本案例获得第六届全国中小学音乐课现场评选中学组一等奖第一名。

（教师演唱）

师：你们知道刚才老师表演的这种曲艺形式叫什么吗？这是川渝地区一种有特色的艺术形式，叫四川盘子，它运用多种演奏手法，通过敲击盘子的不同部位来配合演唱。中国从南至北，每个地区都有自己的曲艺文化，老师来自北京，今天也为大家带来了一首北京的曲艺唱段作为礼物，请欣赏。

2. 教师演唱《丑末寅初》片段

师：大家知道老师表演的这个曲种叫什么吗？这是京津地区的曲艺形式——京韵大鼓，今天老师就与大家共同走进京韵大鼓，共同感受这京味儿文化的韵味。

（二）新授

1. 认识演奏乐器

师：刚才在老师的表演中，你们看到了什么乐器？

生：鼓、板。

师：鼓，又称书鼓，扁圆形，两面蒙皮，上下有一百个鼓钉加以固定；板，又叫书板，因为多是檀木制作，因此也称檀板；演员表演时自击鼓、板。

$$\frac{4}{4} \; \text{X} \; \overset{>}{\text{X}} \; \Big| \; \text{X} \; \overset{>}{\text{X}} \; \text{X} \; \text{X} \; \overset{>}{\text{X}}$$

嘣 嘣　尺 嘣 尺 嘣　嘣

2. 掌握基本鼓点——"老七点"

（1）教师范奏后，学生初读"老七点"。

（2）复读"老七点"，引导学生，关注重音记号，注意强弱对比。

（3）探究敲击手法。

师：在"老七点"中，"嘣"和"尺"都是象声词，请听老师演奏，判断"嘣""尺"分别代表敲击鼓的什么部位？

生："嘣"代表敲击鼓心，"尺"代表敲击鼓的边缘。

师：对，这个看似简单的鼓点里面包含了力度和音色的多种变化。

（4）尝试演奏。

①学生初步尝试演奏。

②进一步进行演奏练习。

师：在刚才的演奏中，我发现有的同学速度不稳定，针对这个问题，我们来做一个练习。请大家将这个鼓点反复演奏四遍，第三遍时不要出声，在心中默读，看第四遍能否准确整齐地进入，以此训练稳定的节奏和拍感。

③学生跟伴奏旋律演奏。

3. 了解伴奏乐器——三弦

（1）介绍三弦。

师：三弦是我国传统的弹拨乐器，最早可追溯到秦代。它的音箱呈方形，两面蒙蟒皮。由于没有品，因此有很大的演奏难度，不易把握音准，但也因此适合演奏滑音等效

果，特别适合衬托曲艺的唱腔。（教师播放琴师演奏三弦的课件）

（2）学生模仿琴师，空弦拨奏，齐唱定弦音 1、5、i。

师：三弦是许多曲种，如西河大鼓、梅花大鼓、北京琴书中不可或缺的伴奏乐器，没有它，这些曲种就缺少了曲艺的韵味。

1=G 4/4

（乐谱）

4. 熟悉京韵大鼓的旋律特点——固定前奏

（1）聆听。

（2）视唱：琴师给起始音，学生打拍子尝试演唱，熟悉旋律。

（3）听辨：分别播放西河大鼓、京韵大鼓、梅花大鼓的前奏，判断哪一个是京韵大鼓的前奏。

5. 学习演唱技巧——字正腔圆

师：通过前面的学习，我们可以感受到京韵大鼓的表演形式比较简单，但是在简单的形式之中，营造出了"一台大戏"般的艺术效果，这对于表演者的唱功、说功、做功提出了更高的要求。下面，我们就领略一下京韵大鼓的"唱功"，为了便于欣赏，老师选取的是用京韵大鼓元素创编的歌曲《重整河山待后生》，请大家欣赏老师的演唱，并选出其中的一句来学唱，体验唱功。

（1）教师弹唱《重整河山待后生》。

师：歌曲的情绪是怎样的？

生：高亢悲壮的。

（2）介绍作品创作背景。

师：这首歌曲是电视连续剧《四世同堂》的主题曲，这部连续剧是根据谁的同名小说改编的呢？

生：老舍。

师：当年创作这首歌曲时，曲作者提出，《四世同堂》是老舍先生描绘老北京风土人情的经典作品之一，最好是选择具有老北京韵味的曲调，而且老舍先生生前非常喜欢曲艺，甚至还创作过一些曲艺作品，于是曲作者决定汲取京韵大鼓的旋律精华作为歌曲的基本曲调。主题曲《重整河山待后生》随着电视剧的热播而被人们广为传唱，许多人通过这首歌曲了解并喜爱上了京韵大鼓。

（3）学唱一句，感受唱功。

①初学。

```
1=G  4/4

3  i 2 5   5 3 | 2  -  -  -  | 2  -  -  0 |
重  整 河 山

i  3  5  -  | i  -  -  -  | i  -  -  - |
待  后  生。
```

②听原唱，"品"韵味。

师：曲艺的唱功讲究"字儿、劲儿、味儿、气儿"。其中，咬字吐字十分重要，下面我教大家吐字行腔的窍门。

"腔圆"：

请大家一起做口腔体操，将每个字分为"字头、字腹、字尾"，慢慢拼读出来：

ch – ong　zh – eng　h – e　sh – an

　　重　　　整　　　河　　山

d – ai　h – ou　sh – eng

　　待　　　后　　　生

用同样的办法拼唱，注意归韵：

```
1=G  4/4

ch-ong  zh-eng  h-e    sh-an
3  i 2 5   5 3 | 2  -  -  -  | 2  -  -  0 |
重  整 河 山

d-ai      h-ou    sh-eng
i  3  5  -  | i  -  -  -  | i  -  -  - |
待  后  生。
```

师：我们练习的拼唱法是我国戏曲和曲艺中常用的演唱方法，通过拼唱，可以使声韵更加悠远，以确保行腔圆润。

"字正"：

师：同样在拼音上做文章，请同学们一起演唱，一边用手比画这句话中每个字的音调，说说旋律走向与唱词音调有什么样的关系。

1 = G 4/4

3　1 2 5　5 3　2 — — — 2 — — 0 |

重　整　河　山

1　3 5　— 1 — — — 1 — — — |

待　后　生。

生：基本一致。

师：这就是"依字行腔"。因为曲艺是语言的艺术，为了让老百姓听得懂，每个地区的曲艺都是建立在本地方言的基础上，将"说"加以归韵并夸大，形成的半说半唱、似说似唱。因此，曲艺是说唱艺术，"说着唱"是曲艺的艺术特点。而"依字行腔"是为了确保"字正"，在京韵大鼓的演唱中，只有"字正"才能准确达意，"腔圆"才能更好地传情。可以说，"字正腔圆"就是京韵大鼓的审美追求。

③教师引导学生"字正腔圆"地演唱。

6. 骆派唱腔

师：刚才我们体验了唱功中的吐字咬字，当然，除了吐字咬字，演员的唱功还包括发音、用气、运嗓、润腔等技巧，京韵大鼓名家白凤鸣老先生对这门艺术就有一句经典的归纳："清晰的口齿沉重的字，动人的声韵醉人的音。"说的是曲艺的"唱"不仅要唱出"韵味"，同时也要唱出"情味"，不仅要"以意动人"，更要"以情感人"。《重整河山待后生》的演唱者骆玉笙，就是达到了这种艺术境界的一代名家，她在录制这首歌曲时已是年近七旬的老人了，而且是第一次走进录音棚，第一次跟交响乐团合作。然而一曲唱罢，录音棚里先是一片寂静，继而爆发出热烈的掌声，每一个人都被老艺术家的演唱所打动。下面，我们完整欣赏其演唱，请大家在欣赏时，跟随旋律的进行，用手比画歌词中每个字的音调，再次感受"依字行腔"的艺术特点，以及大师的演唱韵味。

（1）聆听骆玉笙演唱《重整河山待后生》。

师：打动大家的不仅是其高深的演唱技巧，还有在歌声中蕴含的真挚情感，"以声传情、以情动人"才是曲艺演员的最高境界。骆玉笙也是在前人的基础上兼容并蓄，不断发展创新，才形成了独具一格的骆派唱腔。

（2）聆听刘宝全、骆玉笙二人演唱的《丑末寅初》的第一句唱词。

师：二人演唱韵味有何不同？

（生略）

师：骆玉笙在继承刘派的基础上，发展了京韵大鼓的歌唱性、抒情性，形成了委婉、优美、含蓄、抒情色彩浓郁的骆派唱腔，将骆派京韵发展为现代京韵大鼓的一个里程碑。

（三）拓展

1. 学唱《丑末寅出》片段

（1）边比画字的音调，边诵读唱词。

$$\vee \quad \searrow \quad \nearrow \quad - \quad \searrow \quad \vee \quad \nearrow \quad -$$

丑　末　寅　初，日　转　扶　桑

（2）聆听骆玉笙的演唱。

（3）师生"依字行腔"地模仿演唱。

```
1=G 4/4
 5 1 | 6 - 0 2 | 3 2 1 (6 5 5 3. 2 |
 丑 末    寅   初，

 1 - ) 0 2 | 5 1 1. 2 6 | 5. 3 (2 1 3. 2 | 1)
 日     转   扶   桑。
```

（4）师生"字正腔圆"的再次演唱。

```
1=G 4/4
ch-ou m-o          y-in  ch-u
 5 1 | 6 - 0 2 | 3 2 1 (6 5 5 3. 2 |
 丑 末    寅   初，

      r-i  zh-u-an f-u  s-ang
 1 - ) 0 2 | 5 1 1. 2 6 | 5. 3 (2 1 3. 2 | 1)
 日     转   扶   桑。
```

2. 在三弦伴奏下，师生再次敲击"老七点"，并演唱"丑末寅初，日转扶桑"，完整体验京韵大鼓的演奏演唱。

（四）教学评价

聆听两个不同的曲种片段让学生用所学知识判断哪个是京韵大鼓。

（五）归纳提升曲艺的历史、地位及作用

师：这节课所学的京韵大鼓有100多年的历史，然而它也仅是我国众多曲艺文化中的一种，我国的曲艺可谓是历史悠久，大屏幕上的这个击鼓说唱俑，大家知道是哪个朝代的吗？

生：汉代。

师：今天，这位见证历史的老人也来到了我们的现场，你们知道它是在哪儿挖掘出来

的吗?

（生略）

师：这个击鼓说唱俑就是在四川出土的，它不仅证明了我国早在2 000年前的东汉时期就出现了曲艺，而且还说明了当时四川一带的说唱艺术已经在民间广泛流传。在漫长的历史中，我国的曲艺逐渐形成了近400个曲种，我们四川地区就拥有丰富的曲艺文化。你们能说出什么曲种吗?

生：四川清音、四川盘子……

师：四川清音、四川扬琴与京韵大鼓一样也被列为我国的"非物质文化遗产"，我们生长的这片土地上孕育了如此丰厚的音乐文化，怎能不让人为之自豪! 我国的曲艺经历了2 000年的沧桑，在民族文化的生存、发展中发挥着独特的作用。中国少数民族的三大英雄史诗《格萨尔王》《江格尔》《玛纳斯》都是借由曲艺艺人的传承而得以生存、发展和保留到今天的；中国的四大古典文学名著，有三部是先有曲艺的说唱唱本，后有书面文学著作的；我国历史上一些彪炳史册的文学大家，近现代一些伟大的作家，他们的文学创作也都深深地嵌入了曲艺的烙印。这些曲艺文化说的是百姓身边的事，唱的是百姓心中的情，就像老师来到重庆，想要了解本土的音乐文化，就会听四川清音、四川扬琴。那么，同学们去北京，除了吃烤鸭、登长城以外，还要听什么啊?

生：京韵大鼓。

师：还记得京韵大鼓的审美追求吗?

生：字正腔圆。

师：字正腔圆不仅是中国传统戏曲曲艺的审美追求，更是中华民族传统艺术在源远流长的历史进程中孜孜以求的精神!

（六）创作实践

尝试把"京腔京韵自多情"这句话字正腔圆地说出来，辅以"老七点"的演奏作为结束。

案例评析

《京腔京韵自多情》这节课的教学内容选自人音北京版教材16册第二单元，本课教学案例曾获全国第六届中小学音乐课评比一等奖第一名。本节课教学重点是通过欣赏、体验《重整河山待后生》中京韵大鼓的风格、韵味，引导学生了解京韵大鼓的艺术特点。本课例主要突出体现了教师如下能力：

（一）教师的学科专业能力

1. 能够准确提炼作品主要风格特点

赵峰老师熟知京韵大鼓的主要风格特点，能够采用有效的策略，有效引导学生学习分析音乐表现的突出特征，引导学生练习并记忆京韵大鼓的基本鼓点——"老七点"的打法及特点，使学生能够深刻地记住京韵大鼓前奏中固定节奏型这一重要风格特点，有利于今后进一步欣赏和学习。通过本节课的学习，培养了学生辨别京韵大鼓与其他曲艺音乐异同的能力。

2. 字正腔圆的范唱富有艺术感染力

教师优秀的范唱既可以拉近师生的距离，又可以通过教师的魅力激发学生浓厚的学习兴趣；既能开发学生的创造性思维能力，又能帮助学生准确地感受歌曲的艺术形象，同时激发学生进一步了解音乐的兴趣和欲望。在导入环节，教师持筷子和盘子，声情并茂地演唱四川盘子和京韵大鼓《丑末寅初》片段，拉近了教师与学生、学生与曲艺之间的距离。新课环节中，教师富有韵味儿地弹唱《重整河山待后生》、教唱重点乐句，以生动、直观的艺术展示引导学生深入体验京韵大鼓的"字儿、劲儿、气儿、味儿"的音乐表现，令学生充分感受到京韵大鼓的音韵美，也使学生从听觉上感受京韵大鼓对其演唱的要求。教师利用良好的、富有表率性的范唱，让学生通过观察，从听觉转换为视觉来明确掌握正确歌唱的方法，相对于空洞的理论讲解，学生更容易接受和掌握。

（二）教师的教学设计能力

1. 科学整合教学内容

赵老师能够根据课标要求结合学生实际情况，选择难易程度恰当和音乐风格迥异的作品，科学地整合教学内容。在导入环节，教师演唱四川盘子《我家有个小弟弟》，用当地学生熟悉的重庆地方曲艺表演激发学生对本课内容的学习兴趣；在"认识伴奏乐器、掌握基本鼓点、熟悉京韵大鼓的旋律特点、学习演唱技巧、引导学生品韵味"等环节中都选择了既能让学生容易并乐于接受，又表现出核心知识点的练习、谱例、作品表演的视频等教学内容，使得教学环节环环相扣，教学目标有效实现。

2. 创设良好教学情境

本节课中，教师能够创设浓郁的音乐情境，引导学生迅速进入音乐学习状态，并且始终沉浸其中，为音乐教学起到承上启下的作用。现阶段多数初中生对曲艺音乐了解甚少，甚至还有排斥，赵峰老师在导入环节的示范唱不仅融洽了师生关系，拉近了学生与曲艺音乐的距离，并且深入浅出地引导学生去体验京韵大鼓的节奏、演唱特点，层层递进的教学环节营造着浓郁的曲艺音乐体验氛围，使学生在潜移默化中进入京韵大鼓的艺术氛围，通过多种形式的体验活动，深入地了解了京韵大鼓的艺术表现特点。

（三）教师的教学实施能力

1. 高效引导学生赏析作品典型特点

教师能够在充分听赏音乐的基础上，引导学生结合相关的音乐常识和文化知识，关注唱腔和音乐风格的独特韵味和典型特点，对其进行模仿、区分和判断，对不同曲艺和戏曲品种的主要代表作品进行深入的赏析，能够指导学生对不同风格作品的音乐特征和代表人物进行记忆。教师介绍京韵大鼓名家白凤鸣老先生对这门艺术就有一句经典的归纳——"清晰的口齿沉重的字，动人的声韵醉人的音"，引导学生了解骆派唱腔的主要特点，欣赏骆玉笙老先生的演唱，使学生在欣赏时有了音乐知识的支撑，能够产生更多的音乐情感共鸣，也有利于学生思考和理解京韵大鼓的艺术风格特点。

2. 评价方式可操作性强

在课堂评价环节，教师设计了评价的问题：聆听两个不同的曲种片段，让学生用所学知识判断哪个是京韵大鼓。通过本节课的学习，学生对于京韵大鼓的典型特点有了较为深入的了解，从固定节奏型"老七点"的打法体验、认识伴奏乐器——三弦，到模仿唱出京韵大鼓的韵味，学生能够准确依据京韵大鼓的基本特征来判断其曲种并说出理由。这样的评价方式具有有效性和必要性，能够较好地检测出学生对本节课所学知识的掌握情况。

（北京市陈经纶中学分校袁衍明、杨再辉　评析）

附1：

追求生动、高效的音乐教学
——《京腔京韵自多情》教学评析①

梁洪来　北京市教育科学研究院基础教育教学研究中心
刘稳　北京市西城区教育学院

第六届全国中小学音乐课现场评选活动结束了，北京市第八中学赵峰老师执教的《京腔京韵自多情》获得了中学组第一名。在欣喜之余，作为指导教师回顾这节课在准备中历经的种种变化，感触颇深的就是：一节好的音乐课必须是生动且高效的，而生动高效的音乐教学源自灵活且得法的教学设计，正所谓"教学有法，无定法，贵在得法"。下面就这节参赛课例《京腔京韵自多情》的设计、加工和教学实施进行分析。

一、根据学生情况，制定有效教学策略，强化音乐体验的主动性与参与性

本课的教学内容是以京韵大鼓为重点的北京地区曲艺音乐。根据课前调查，了解到学生对这部分内容知之甚少，对学习地方曲艺音乐的态度不够积极，而教材中相关内容也仅在此单元中出现。针对这种实际情况，教师改变传统欣赏音乐教学的形式，加深体验的深度，强化音乐体验的主动性和参与性，变学生单纯听为边听边唱（包括击打特殊节奏型等），在唱、奏的过程中让学生逐渐了解、熟悉和把握地方曲艺音乐的独特韵味。

不少教师认为音乐欣赏课的过程就是"听音乐"，教学形式就是教师播放音乐、讲音乐，学生听音乐、分析音乐。这样的形式对于欣赏欧洲古典音乐、现代流行音乐等学生已有相关知识储备和情感认同的作品效果尚可，但对于欣赏地方曲艺音乐来说，效果欠佳。若是教师大谈作品的价值，而学生没有必要的知识储备，尤其是缺乏情感认同，学生势必对教师的讲授反应冷漠，甚至出现逆反情绪。我们都知道刺激物只有对刺激对象起作用时，才能实现其价值，但这种作用可能是正面刺激，也可能是反面刺激。当它是正面刺激

---

①　登载于《中国音乐教育》2012年第2期。

时，作品对学生就有正面的文化、审美和德育意义；当它是反面刺激时，作品对学生就有反面的文化、审美和德育作用。为了使学生获得正面刺激，我们让学生学习击打京韵大鼓进行初步的亲身体验，同时运用柯达伊教法中默读节奏的训练方法对学生进行稳定拍感和节奏的训练，为学生今后的音乐学习做好铺垫；让学生学唱京韵大鼓《重整河山待后生》的部分乐句，加强学生对作品韵味的亲身体验。通过体验，引发学生关注音乐韵味和结构等音乐细节，这样就让学生真正进入表演者、作曲家和观众这些角色中，了解音乐三度创作的过程，从不同视角体验音乐的价值和美感，得到不同层次的审美体验，在此基础上形成学生情感与价值的认同。在备课过程中，我们越来越清晰地认识到：学生应该且必须首先体验作品，通过这种体验激发学生的民族音乐文化之厚重感，然后才能从理性角度理解和认识作品的价值所在。

谢嘉幸老师在他的《音乐教育与教学法》一书中指出：音乐欣赏是听觉事件，但不仅仅是听觉事件，它是一种需要人全身心参与的艺术活动。音乐是一个人通过音乐来表达其特定情绪情感状态的事件，"体验"音乐强调的是"用身心去体验"。

柯达伊关于音乐欣赏的教学原则是：聆听之前必须先唱。

这节《京腔京韵自多情》的"得法"之处正是体现和遵循了这些教学原则，在欣赏教学中，学生的唱生动且高效：学生通过唱来体验音乐韵味、感受音乐形象、把握音乐形态、学习音乐要素，进而实现本课的"情感态度及价值观"目标，体现了音乐教育的审美与文化传承价值。

二、教师重视示范的作用，巧妙运用教师范唱，传达情感，突出重点

随着现代教育技术的迅猛发展、教学媒体的大量使用，教师在音乐欣赏中能够使用的教学资源越来越丰富。但在大量使用各种新型优质教学资源的同时，却往往忽视了教师自身这一最为重要的传统教学资源在课堂上的灵活合理使用。

相比较名家的录音录像，教师的演唱在技巧和能力上可能会略逊一筹，但教师可以通过夸张、变速、灵活反复等方式，突出强调重点、难点，以帮助学生在整体把握音乐形态的同时，重点抓住体现作品韵味的独特的艺术表现特征。教师是音乐作品情感的传达者和载体，教师可以充分利用音乐艺术的情感性特征，通过生动范唱，用自己的情感直接感染与打动学生，使学生在情感上与教师进而与作品产生共鸣，达到对作品情感上的认同。

音乐中似乎总是有一种感觉得到而摸不着，觉得好听又说不清的东西，这些东西正是音乐的韵味。对韵味的学习和把握，是很难通过理性分析、推理、判断来获得的。最直接的方式就是通过模仿来体验、感受，进而把握、表现。模仿是体验式音乐学习的必经之路，是深入体验的基本形式。模仿的第一对象就是教师，教师要非常了解音乐作品，发现那些有助于学生理解和把握音乐韵味的细节和细节之间的联系，在教学过程中帮助学生把注意力放在了解、学习、把握，进而表现这些音乐的细节上。这样学生才能形成对这些音乐的独有特征——韵味的意义建构。只有使学生能够把特殊的音乐韵味作为自己音乐体验的成功积淀，为今后的相关体验和表现奠定心理与技能基础，这样的音乐教学才能算是有

意义的、面向学生终身发展的教学。

《京腔京韵自多情》一课，教师的范唱同样生动且高效：正是通过教师自身的范唱，帮助学生在模仿的过程中，体验、理解作品的"韵味儿"和"情味儿"，学习"术"，得乎"法"，学习京韵大鼓唱腔的"字儿""气儿"以把握京韵大鼓的"劲儿""味儿"，最终实现"过程与方法"和"知识与技能"的教学目标。

附2：

《京腔京韵自多情》教学点评与对话①

【评析教师】

郑莉（首都师范大学音乐学院，教授）

李华（青海师范大学音乐系，教授）

赵峰（北京市第八中学，中教一级教师）

郭华（首都师范大学音乐学院，研究生）

一、加强民族音乐文化的学习

郑莉：中学音乐课《京腔京韵自多情》是一节带有浓郁地域特色的音乐课。这节课从积累、实践、提炼到加工，都非常不容易。这节课的教学内容是初三音乐教材《曲苑寻珍》单元的内容，这个单元主要是了解京韵大鼓以及欣赏《重整河山待后生》。曲艺和戏曲都是我们中华民族古老传统文化中非常重要的一部分，是文化瑰宝。京韵大鼓又是京味儿文化的一个精髓。通过了解和欣赏京韵大鼓，学生能够感受到浓厚的、地地道道的老北京韵味。因此，对于生长和生活在北京地区的孩子来说，非常有必要去关注、了解和传承我们的本土文化。

北京八中的孩子基本都是北京地区的孩子。从教师的主观意识上讲，主要就是为了传承我国的传统地域文化。尤其从曲艺的角度看，不论是一线教师，还是普通中小学学生，这一领域都是比较稀缺的。一些民族作品包括民歌，我们也都挺熟悉，但是真正说到曲艺，老师并不大熟悉，与孩子们的距离就更远了。因此，曲种面临着断代的危险。老师们看完这节课之后，可能会激起很多的思考，尤其对于那些即将走上工作岗位的小老师们，还有我们那些很年轻、已经走上工作岗位，但积淀很薄弱的老师们，以及那些教学经验很丰富，但在地域特色方面，尤其是曲艺这种艺术形式方面很薄弱的一线教师们，都需要进行补课。

郭华：以一个学生的身份去看这节课，发现有好多知识都是自己不清楚的。作为一名学习者，从她的课堂中真真实实地学到了很多知识。作为一名准教师，也为自己将来的教学做了一些准备工作。除了学习知识之外，还要看老师是怎么教，这个过程对我们来说，是非常有意义的。

赵峰：对于曲种的学习，在先前的学习阶段是没有什么积累的。但面对这样一个教学

---

① 根据全国中小学教师继续教育网专题讲座《初中音乐课程教学实施与策略——表现、创造、音乐与相关文化》整理。

内容，老师们应该如何去学习呢？首先，这个作品是全区对老师进行的普及，请了两位曲艺专家，给老师们上了三次课。当自己去教授这些内容时，仍有很多知识不清楚，比如演唱。于是，我自己找了一位曲艺的表演名家，单独上了三次课，在学习过程中，还随北京曲艺团的老师们，一起下乡演出，亲身实践了一回。在第三次下乡演出时，报幕老师说："下面有请我们团新签约的青年演员赵峰来为大家演唱《重整河山待后生》。"在没任何准备的情况下，我愣住了。老师用目光鼓励我，与我一起站在台上，用手势引导我。那次的实践是一次很好的磨炼。

郑莉：通常，学校里学的是美声唱法，然而在唱《重整河山待后生》时，需要注意其腔调、韵味、发声、咬字。这就涉及在高师教育中，曲艺是不被重视的。然而，在今天的新课标中，这又是我们不能回避的问题，我们必须积极地面对。今天的教学内容当中，对于传统地域文化的传承是必须重视的，但是我们又不熟悉，一线老师们应该怎么办呢？如果是在学校开设曲艺课，就会变成理论课，缺少了感受与体验。而今天这节课最大的特点，就是学生在体验感受过程当中，体验京腔、京韵、旋律、依字行腔和字与音之间的内在关系，以此学习我们本土的音乐文化。

二、积极传承民族音乐文化

李华：中国的音乐文化非常广博。曲艺文化对于我们，尤其对现阶段的年轻人来讲，还是一个非常生疏的音乐文化种类。曲艺文化的产生、发展以及它现在的生成环境，都面临着一个非常困惑的境况。青海有很多很多曲艺，少数民族的曲艺文化也出现了这么一个状况，尤其是西宁地区的好多曲艺，也是不被我们城市里的年轻人所接受。如青海的曲艺越弦、贤孝、平弦这些都属于说唱，在教学当中，年轻老师可能对这些知识也是很欠缺。通过今天这节课的学习，我们应该把青海地方的本土曲艺挖掘出来，纳入中小学的音乐教学当中。赵老师的课不仅仅是对于音乐的一个接触，或者是感受，它给学生更多的是一种文化方面的获得，包括用音乐本体、具体乐器、具体旋律、具体节奏来诠释曲艺文化的魅力，这是值得提倡的，也值得我们年轻教师和未来的教师去学习。

郑莉：民族音乐需要老师们积极传承。历来，面对我们传统东西时有三种态度：一种态度，就是跪对；一种态度就是背对；还有一种态度是面对。我们今天在进行音乐教学的时候，必须是积极地面对，不能因为自己不具有就背对它，背对我们的子孙后代，应该说是非常不负责任的态度。赵峰老师给我们一个很好的启示。赵峰老师就这节课上了几次课，一个是区里搞的教研活动，学唱三星期，为了做这么一节课，后来她又去找了专家，找了曲艺团的专业演员，又去学了几次。在这个实践过程当中，自己积极地面对，这需要花不少时间去练习、去揣摩。这个过程对于老师们来说，是一个迅速成长的过程。所以我们老师不能背对这个问题，这是一个非常现实的问题，而应以积极的态度面对。

例如，去年学生教育实习时，教学内容是京剧。于是在实习前之前，首师大请了一个会唱京剧的老师教学生学唱京剧，学了两节课。这两节课，老师一边讲，一边练，孩子们回去做功课。有的同学学得非常好，有腔有味儿的。但如果之前自己有一些积累的话，效果就会更好。其实我们的学生（指师范生）当中，有很多在这个方面还是有积累的。比如有一位学生，在实习的时候，他问班上同学一个问题："你们热爱京剧吗?"没想到，许多人举了手。"谁会唱一段吗?"没有想到站起来一个男孩儿，学唱老生，又站起来一个男孩儿，会唱花脸，这完全出乎教师的预料。在大学里，缺失对师范生培养的这块内容。

有的教师觉得自身积累不太够，就去找个票友，进行研究、学习（唱、奏），这就是一种学习态度和传承责任。老师们不要害怕，不要跳过，用一颗平常心去学习，日积月累，终有所成。上个星期，我跟赵峰老师一起参加了一个活动，活动过后，在回家的路上，当时车上坐了四位老师，一位是八中的李存老师，一位是辽宁省教研员王英奎老师，还有赵峰老师。这回来的一路上一个多小时，赵峰老师就用了这一个多小时的时间，抓住机会就向王老师学习二人转《小拜年》。王老师非常耐心地教，赵老师就像小学生一样非常认真地学，一路上就把《小拜年》学下来了。所以老师要有这一份心，平常日积月累，很多欠缺的功课实际上就补上了。只要有心，自己肯去做。

把这节课推荐给大家，这是我们的一个初衷。我们必须积极地面对，传承我们自己优秀的传统音乐文化。可以说，赵峰老师这节课，给我们很多启示。但如果真正要去做这个曲艺文化的研究，还是从本地区的曲艺入手，先了解自己所在地区的曲艺、曲种。老师学习后，教给学生，或纳入教材当中，适当地去进行教学。比如，苏州弹词、四川清音、四川扬琴，这样的好处就是比较容易挖掘，比较熟悉，也比较容易学唱，比较容易找到。

三、合理研发地域性校本教材

郑莉：这里要探讨的另外一个问题是地域性的校本教材研发。老师们要拓展校本教材，先从主本教材开始，在这个教材的基础上，进行拓展、研发，以此丰富我们的课堂。由于我们地域资源特别丰富，我们可以从很多角度选取，补充优秀的地域课程资源、媒体室、电视节目、光盘，以及从20世纪80年代开始收集整理的各个省市、各个地区的各种艺术形式。可以说，我们自己地域的音乐资源是相当丰富的，具有特别大的挖掘、整理、保存、传承的空间，所以我们老师们肩上的担子很沉重，应该义不容辞。

四、《京腔京韵自多情》点评（郑莉）

（一）紧密结合课标理念

依据2011版音乐课程标准，传承民族音乐文化是个重要的教学领域。首先这节课在观念上，给了我们特别足的一种碰撞，让我们狠受一下撞击。作为一为高师毕业生，原来学美声，今天却能够面对着这样一节课，还把它唱得那么到位，那么有味道，让孩子们如此喜欢，愿意学习，这是非常不容易的。这在于赵老师的教学方法通俗易懂，孩子们容易接受，如果是播放光盘，或者只放录音，其教学效果可能是另外一种情况。此外，赵老师自弹自唱的能力也很强，学生有具体的感受，因为没有什么比老师亲身的示范更有冲击力的。

在感受与欣赏的音乐教学当中，播放光盘不如让孩子们直接欣赏教师的演绎，这是零距离的一种感受，孩子们在情感碰撞、亲身体验方面，都更有直接的感受，且注意力更加集中。包括学校乐团也有这首曲子的排练，教师在欣赏该作品时，其他学生在演奏，教学效果则更好。所以老师可挖掘的又是一种资源的角度。在教学设计时，其方法角度是很多的。

这节课选取了民族音乐传承的角度进行教学。用读谱、听赏的方式就学习"老七点儿"，然后逐渐进入，从说、唱、体验、感受，逐步引导学生。其中，参与到教学中是非常重要的，有了亲身的实践和体验，学生才能够对音乐的艺术特点有真正心灵上的撞击。如"老七点儿"，通过一个小口诀，调动学生的学习兴趣——"嘣嘣尺嘣尺嘣嘣"，然后尝试跟着敲。紧接着，其固定的旋律，让学生们学唱。对于伴奏乐器大三弦的学习，则以实物乐器进行教学，以此代替图片。由于该乐器没有品，所以只需让一个学生拨奏一下，大家简单感受一下它的音色音高，引起大家的共鸣即可。在前面准备的阶段，有的班上的学生特别有感觉，扮演琴师随着音乐在晃动，拨弦，特别有感觉。

这节课有一环节是观看一老先生弹奏三弦。但是在我们生活中，学三弦的人很少，反而学吉学琵琶的相当多。然而，有这么一节课涉及拉板胡，教师不会。于是，该教师就去拉拉空弦，学了其姿势、架势。通过这样一个乐器发声的方法，和孩子们在这个交流当中产生共鸣。

(二) 导入环节贴近生活

赵峰老师是一个非常聪明的老师，这节课是京腔京韵，但她却用了四川的一个曲艺段子作为导入。由于是在重庆进行授课，因此寻找一个当地的曲艺形式，以此拉近师生距离、调动学生学习兴趣后，引入老北京曲艺，是个很好的导入。其中，四川盘子比较有趣，且诙谐幽默，中间还有一些盘子的不同敲击手法以及表演，学生比较能接受，特别容易和学生拉近距离，与老师亲近。此外，四川盘子带有川音，非常贴近学生的现实生活。

赵峰老师唱起："我问弟弟笑啥子，他说是昨天晚上我梦见了金钱梅花楼，我当时好笑，荷花落海棠，我当时好笑，荷花落海棠。"这段是赵老师在接到去重庆做课的通知后，自己找了一段录像，在家练习敲盘子，不到一个月的时间学成的。因为现在的媒体资源很丰富，所以学生和老师们可以借鉴这个办法。如果这节课要去广州上，那就可以找一段广州的戏曲，比如广州当地的戏曲形式——粤剧。利用这种办法会很快进入学生们的角色，进入一种语言创设的音乐情境之中。在这样的一种情境下，导入也就会非常的自然流畅。另外，赵老师把她的教学的意义从北京的曲艺拉到全国的曲艺，这个方面也是很有影响、很有意义的。

如果老师们想做一个具有地域特色的一节课，无论走到哪里，老师们都可以和当地的音乐文化结合起来。匈牙利的柯达伊是非常提倡的，也是他的教育思想、哲学思想的一个主体核心内容。那儿的老师会主动地让很小的小孩，比如说幼儿园的孩子、小学低年级的孩子，先唱地方的家乡的民歌。因为它从语言上没有障碍，孩子们唱起来音调的掌握都非常自然，然后再逐渐扩展。所以，如果说是北京，就可以以北京的音乐文化为中心，然后逐渐地外延、辐射，目的就是让孩子们了解我们中华各个民族的音乐文化。如果是青海，那可以先从藏族民歌、土族民歌、撒拉族民歌入手，去了解本地区的少数民族的文化。只要老师有这种意识、方法得当，就可以模仿着来进行这个方面的补充学习。这样老师就为学生们架好了桥梁，用准备充足的精神食粮和孩子们碰撞交流，这是一个非常有效的途径。

另外，赵老师的这个方法中有一点特别好。因为曲艺本身就是一个语言艺术和音乐艺术的结合，那么她在给学生教唱的时候，或者是让他们掌握音韵的时候，她先让学生读了歌词，用手比画声调，然后再结合曲调演唱，这样学生一下子就明白了：原来曲艺艺术是和语言的声调紧密结合在一起的。

（三）问题解决合理有效

看完这节课后，会有这种感慨，就是老师们自己要把这些东西掌握到一个怎样的熟练程度才可以在课堂上运用自如，告诉学生有那么多的方法来解决问题。赵老师的这节课中，学生一开始总是越唱越快，老师反应特别快立马教给大家一种方法，说大家到第三遍的时候先突然停一下，然后大家再看能不能静齐，这个方法不是事先安排好的。所以老师真的是要非常有经验，在课堂上遇到问题的时候能及时解决问题。这也提醒老师们思考一个教学当中实实在在的问题，就是真实课堂的有效生成。老师们上课前都提前预设好了，其实在教学环节当中面对不同的学生，反映出教师的教育智慧。赵峰老师用了一个很巧妙的办法引起学生的关注，一下子就把这个难点攻破了，而且后来他们的实践练习里，速度基本稳定了。所以我们教师在平常常态教学的时候，关注到每一个孩子成长才是真正的教学。如果碰到问题就要及时地帮助他们，解决他们的问题。

还有一点赵老师解决得特别好。就是"嘣嘣尺嘣尺嘣嘣"这个"老七点儿"，孩子们学得就有兴趣，如果没有这个口诀，那这个怎么编呢？试想如果没有这个，我们就得读"哒哒哒"，那可能就读得没有重音了。但是"尺嘣嘣"就有重音，而且赵老师安排了使用两根筷子，就是敲鼓、敲鼓边就有了音色的变化。所以，在这个问题上，赵老师首先给教师们一个化解难点问题的启示。老师们还要做点儿积累，正如赵老师的"嘣嘣尺嘣尺嘣嘣"，既好玩又有效，并且一下子就把难点解决了。其次，给教师们一个在教学时提高课堂教学效率的启示。赵老师上课的知识点很多，可是她的时间又能安排得特别好，这就说明她在一个"嘣嘣尺嘣"这样的一个口诀中，就有多项内容一起在进行，而不是单项进行的，内容包括重音记号、敲击位置、音色不同变化的对比，还有掌握了这个曲种的一个典型的节奏型。所以教师们分析教材的时候，要抓住最核心的东西，想一想找什么地方切入能让孩子们进入音乐作品当中去。赵老师设计这个环节，就是让学生要参与体验这个过程，这给老师们好几个角度来看待这样一个问题。

（四）学具运用恰当巧妙

这节课还涉及巧用学具的问题。最早赵老师在做这节课的时候是用一根筷子。考虑到如果去现场做课可能遇到没有桌子、凳子的问题，所以做了充分准备，决定用两根筷子互相敲，还可以敲调，有一个音色的对比。后来又进一步改进，采用鼠标垫模拟鼓的声音，鼠标垫也是多用的，一面贴着谱子，大家唱的时候可以看谱子，而当敲鼓的时候，再翻过来另一面当鼓敲。通过反复练习，再配上音乐，学生们跟着鼓点儿，问题很顺利地就解决了。所以老师们在选择学具上也是有学问的。赵老师的鼠标垫一面贴谱子，一面当鼓面儿，上完这节课了以后赠送给学生作为纪念，也是一个激励的方法。如果老师想把一节课做好，想最大限度地调动学生的积极性，就会挖空心思地解决各个环节上的问题，需要用到什么样的巧妙的办法也是在长期的实践过程中逐渐积累起来的。

（五）教学方法科学高效

达尔克罗兹说过，教学法的产生是在老师的教学过程当中发现了学生的问题，又真的去想解决这些问题的时候，他经过反复揣摩，最后终于发现，用这样一种办法，来解决这样一个问题，会十分有效。所以这个时候，教学方法就产生了。老师们在上课的时候，其实都在探讨教学方法的问题，其实最实际、最有效、最有价值的是一种教学实践的研究，它说到底是一种教学方法的研究。我们老师每天都会面对着教学的这些环节，针对这些问题老师们有针对性地想到一些办法巧妙解决，这就是教师们的工作，其实老师们的工作说到底就是帮孩子化解他们的难处，帮孩子在原本基础上迅速提升的过程，这就是我们教育工作的本质。所以考虑到学生的成长与发展，老师们特别爱关注的是一种叫作生成性的音乐课堂。全国各地的教师都在普遍进行着一种叫有效性音乐课堂的研究，它应该是在一种正确的教育理念指引下，老师要关注到有效地解决学生学习过程当中的遇到的实际问题，这个角度对于学生成长会有很大的帮助。赵老师的这节课在音乐本体和学生主体这个关系上处理得非常好，对音乐的节奏、旋律这些问题的解决，以及对乐器的认识，都是学生通过亲身的体验、感受，产生了对学习的欲望、对文化继续了解的探究之心，从而达到了"情感态度及价值观"的目标。

在赵老师的引导下，无论是在对音乐本体的对比方面，还是对整个问题的音乐的感觉和音乐情趣的体验方面，学生们都有自己的认识，而且回答得特别好。他们产生了一种主动学习、主动参与的意识。这种主动学习、主动参与更多的是源于赵老师设计的教学活动环节。所以在这个过程当中，才有了我们学生今天对于这样一个曲种的认识，才能够形成对京腔京韵，在生活当中平常根本接触不到的这样一个领域的体验和感受。这也是教师们应该思考的：如何正确处理音乐本体与学生主体之间的关系，而且把这个关系从始至终贯穿下来。

在赵老师的课堂上会看到，一直都是教师积极地引领。弹吉他的那个孩子拨着"151"空弦模拟演奏的过程，也是老师选用的一种学习方式。其实赵老师的这节课好几次都用了这个比较学习的方法。今天的课程改革说到底，它是一个什么样的改革呢？它是学生学习方式的一种重大变革。那么在今天的教学过程当中，老师们采用了这样一种方法让孩子们通过比较、鉴别，必须自己去思考、重新构建对这样一个领域的一种认知的时候，会发现这种方法非常有效。一开始，赵老师在讲完了京韵大鼓的固定前奏以后，紧接着播放了梅花大鼓和京韵大鼓两个不同曲种的前奏让学生判断哪个是刚才学到的，从而锻炼了欣赏能力。所以老师们可以大胆使用一下这种方式，尤其放在欣赏课当中，让学生去区别、判断、鉴别，效果也是非常好的。

赵峰老师很用心地琢磨用什么样的方法来跟学生进行交流，这节课的很多方法也都非常有效。所以说，这节课要看学生的学习，似乎就是跟着模唱这样一种方法，但是教法很精致、很讲究。所以老师们更主要的是在学教师的一种敬业心、责任心。赵老师在某个教学环节上想让学生获得一种什么效果，就在这个地方用尽心思去挖掘怎样的效果会更好，做足了功课，学生的学习效果也就产生了。

另外，这节课还可以看到的是学生的成长。开始唱的时候好像不自信，都不大敢张嘴唱，好多孩子正好处在变声期，声音又粗又沙，还不在调上，声音也控制不住，但是他们都是非常努力地去唱。所以这个过程，从一开始的不自信到后来他们逐渐地掌握，这些都是与教师的铺垫和教学方法的设计有直接关系的。最主要的一个体现就是拼读法和拼唱法。

拼读法先从字头开始，把字符拉长，然后到唱的时候，仍然用这种方法，说着唱，腔调就容易把握了。如果像平时讲话，不把字头、字尾延伸开，还有归韵，这些问题讲明白的话，可能学生在学唱的过程当中，不会那么准确地抓住行腔的韵味。中国的唱法、唱功在这节课上体现十足，而且老师在学生学习过程中，既教了唱法，也教了学法。今后学生再去听的时候，或者再学唱其他曲艺形式的时候，这种方法肯定就掌握了。

拼唱法就是从读然后引发到唱，其实是告诉学生们，音乐艺术是和地域文化的一种内在关系，艺术来源于生活。这也给老师一个启示，就是在教学过程当中，尤其是对地方的曲艺用方言来演唱时，怎样去解决这个问题，就是语音和音调。不同的方言有不同的音调，或者不同的拖腔，那么在这个过程当中，教师们怎么解决当地的曲艺或者民族戏剧教学的问题，这是有区别的。所以赵峰老师这节课里说过那么一句话，就是"曲艺是说唱艺术，说着唱是它的艺术特点"。老师们抓住了这个点，在上曲艺课时就不会太难了，最核心的一条，就是字正腔圆。字正腔圆是曲艺的审美追求。我们音乐教育的审美追求在这节课上也体现出来了，我们可以看到教学形式的美、艺术本身的美、教学设计的美、音乐取材的美和学法的美，等等。在这些过程中，我们会获得一种审美的体验，学生也在愉悦中学习了知识。

其实，这更多的是一种目标，学生了解审美以后，就知道怎样欣赏。另外，对于准备当老师的同学来说，也会知道我的目标是什么，怎样做是最好的。

所以，这节课，我觉得赵老师在这个点上拎得特别到位，而且做得淋漓尽致。我们也会看到，这样一节课下来，孩子们真是知道"依字行腔"这个艺术规律了。同时，我们还掌握了学法。在这个过程当中，孩子们在接受技能的同时，也体现出我们在知识结构方面、能力方面的增长点。还记得赵老师说过一句话，是引自老艺术家白凤鸣先生的，叫作"清晰的口齿沉重的字，动人的声韵醉人的音"，这是从他整个艺术生涯中提炼浓缩出来的对京韵大鼓这种艺术形式的经典归纳。

（六）注重课堂教学延伸

其实，给孩子们这样一种点睛的名言，对他们的成长是非常重要的。而老师抓住这点的时候，其实就把孩子们的理解和感受又向前推了一把。而且这节课本身就有值得回味的东西，这些东西是值得好好思考的。在这节课里面，我们会看到老师的一言一行、一招一式，都是在激发情感，渗透着审美。在赵峰老师自弹自唱的时候，我的眼圈都红了，觉得老师真是下足了功夫，而且她自己特别投入，非常有感觉，把原来比较生僻的音律诠释得那么好，真是不容易。在这个过程中，我很受感动，而且还学习了、获得了很多。主要有三个层面的内容：第一是音乐本体层面，这个给学生很多的知识；第二是文化层面，拓宽了学生的思维能力；第三是审美层面，给学生一个非常好的东西。

老师就是要传递美的艺术，然后给出美的很好的学法，提升学生对美的追求。这节课出现了这么一句话，叫"以声传情，以情动人"，就是京韵大鼓的艺术特点。所以，这节课充满情感，学生也特别关注，非常动情。老师们在课堂教学中，始终都应该有这样一种追求，到最后肯定会形成老师的一种教学风格、一种教的境界。这种追求、这种境界会带给孩子们无穷的享受。

赵峰老师说字正腔圆是京韵大鼓的审美追求，其实她还想进一步延伸给孩子们，告诉他们这不仅是京韵大鼓的审美追求，还是中华民族的审美追求，是中华民族孜孜以求的精神，这就进一步升华了。

（七）课前准备细致充分

在这里探讨的时候，咱们本身也是一种体验过程和感受过程。这节课让我们看到了传承不仅是责任问题，也是我们自己审美的一种境界、一种追求。其实赵老师这节课的很多教学观念都体现得特别到位，其中有一点让我觉得眼前一亮，她问学生"想学唱哪一句"。这就是关注学生本体，从教育对象的角度考虑，而不是我让你唱哪一句。这其实是给老师出了难题，如果学生没有说我想唱"重整河山"这一句，而是找一个中间句，怎么办呢？这就要求老师备课时要做充足的准备，把作品吃透，反复咀嚼，反复品味。当我们把作品烂熟于心的时候，就什么都有了，就知道怎么去教了。如果我们自己对作品都很生疏，甚至说话还没有说到点上，自己还把曲式、节奏搞错，那么上课时怎么跟学生交流呢？所以，我要求学生（指师范生）一个作品听够二十遍才能去备课。然后在备课的过程中要准备充足的资料，同时还要不停地听，一定要把作品熟记于心。

其实，准备的过程是一个不断提升、不断升华的过程。老师专业化怎么发展呢？我觉得今天这个课给了我们一个启示，教师的专业发展就在于日积月累。这样一个课型，把它上足了、上透了、上好了，那么在这样一个领域我就突破了。然后在那个点上再突破，这样一个点一个点逐步解决，就叫日积月累、厚积薄发。所以，这节课孩子们可能会感到收获颇多。学生在评价的时候，也会觉得老师的积累怎么那么丰富呢，怎么学生问什么都能回答呢。其实，这不是一日之功，而是教师长期积累的结果。

我们的音乐老师要了解自己的角色，要做一股清泉，不停地流淌。因为今天时代发展太快了，所以我们才有那么多的培训。老师要及时充电，不停地去提升自己，否则我们面对学生的时候，会在讲台上站不住的。因为在媒体特别发达的信息时代，孩子们获取信息的渠道太多了，所以教师面对的挑战也就特别多。这是一个值得老师们关注的重要问题。

老师作为一个知识传播者，更重要的意义在一种教学方法上。比如，我们开始备课，或者看什么东西，我们一步一步在学，首先拿到教材，上面写了你要教什么，但是怎么教呢？这个是真正应该学习的东西，是我们需要积累的东西。

（八）教学目标设计合理

这节课教什么，教的过程怎么样，我们从下面一个环节就能看出来了。赵老师设计了一个比较好的反馈教学评价环节，学生在这节课上获得了多少，通过这样一个反馈信息活动，老师就都及时掌握了。如果老师根据学生反馈的情况发现问题，这个时候还可以及时补救，掌握了就可以往下进行。所以，这节课头尾相接，环环相扣，一气呵成，非常的自然流畅。

老师们进行教学目标设计的时候，这个目标设成什么样？应该是"站起来，踮起脚，跳一跳，够得着"，不能把目标设得太低。但是，当设这么高的时候，怎么冲上去呢？我们老师其实在教学过程当中，关注到学生主体的时候，会一步一步地给台阶，它就自然地就迈到这儿了。没有这个台阶，学生可能就够不着，就不会有今天的课堂教学效果。所以，如果出现课堂教学效果的话，我们看赵峰老师在这节课上的铺垫是一环扣一环，紧锁在一起的，所以会出现这节课最终的授课结果。

赵峰老师说："最早设计这节课的时候，是整首歌曲全学唱，后来就发现好像大家只是泛泛地会唱了，但没有掌握它的精髓。后来就逐渐变成了由学生选学一段，就一句话，这一句话反复揣摩、反复练习，还就真掌握那个味儿了。"如果是一大串，一片东西，可能还真的抓不着那个点，所以抓住最精髓的东西，就要求一堂课的信息量不能太大，也不能太少。有时候在初中教学中做很儿童性的活动就不行。但是在初中设计一个高中才能达到的目标，那也不成。所以，在选择方法和知识结构上，一定要适合年龄段特点。我们看的这节课，就是在教学方法上非常适合他们，在教学难易度上，给的量上都非常合适，比较符合这个年龄段的孩子的认知特点。不一定他要唱多好，他只是会唱，能感受出那个韵味就可以了。

所以，加上这节课的目标，这个课的题目叫《京腔京韵自多情》，韵味掌握是这节课追求的一个目标。在这里，我们还会看到赵峰老师掌控课堂游刃有余，整个的调控，引领学生的学习，然后及时发现问题，助推学生的成长，在这上面教师的角色和功夫都体现得非常充分。

（九）课件运用恰到好处

目前很多老师都把功夫下在课件制作上。今天这节课也有课件制作，我们得说，在国外的音乐教育当中，学校课堂教学极少看到有课件出现，老师就是在音乐、乐器上跟孩子们交流。而现在大量的视觉的东西进入，利用媒体和电脑，这个时候，我们会看到有的老师的课件做得特别花哨。今天这节课，是课件简单，实用有效。课件出来的时候就是在四声上一个字一个字地起到提示引领的作用，没有用过多的课件让孩子们的耳朵受阻。所以，她还是关注在听上，关注在唱上，关注在对京韵大鼓行腔的感觉上。那种提示，一个字一个字地走，而且做得又很简单，还做出了效果。

赵峰老师说过："这也是我自己的成长过程。前几年，我所有的精力都用在做课件上，每天晚上都得做到半夜一两点，做非常精美的课件。常常为了找一张合适的歌曲的图片，在网上找半宿。后来我逐渐发现，精美的课件是能吸引学生，但可能更多的没有关注音乐本体。比如我讲《伏尔加船夫曲》，就放了很多俄罗斯风光的图片，倒是挺漂亮，但跟真正的音乐本体教学内容好像又不相干。我发现这个问题以后，就开始改变了。我不把那么多的精力都放在制作精美课件上了，就制作必要的内容，然后把所有的精力都投入实践教学中，怎么运用适当的教学方法去真正上好一节课，把该教会的知识让学生接受。所以，当我真正转变了以后，我就发现课堂效率、课堂容量、课堂的学生接受程度反而大幅度提高了。"

这样下来，反倒对老师的要求更高了。有一次一个同学上模拟课堂，制作了非常精美的PPT，可是刚开始放电脑就出现故障了。PPT没了，没了怎么办呢？干在上面就不会讲了。平时的上学过程中也能经常发现，老师站在那里干什么，就是当了个PPT播讲员，把上面的字从头念叨一遍，这节课就这么过去了。我之前还曾经想过写一篇这方面的论文，就是多媒体教学的角色到底应该是什么。现在许多教师把PPT和多媒体设备当成主角，老师倒变成配角了。所以老师要注意这一点，就是我们所运用的一切手段，比如弹奏钢琴，我们在学校的时候，班里同学肯定会有人说，我是钢琴专业，我是古筝专业，其实真的不是，我们是教育专业，因为教育本身是一个专业。那些是什么？钢琴和PPT制作的本事，你课堂所有的一切都是为教育、为教学服务的。那么这个时候，我们要考虑到音乐是主要的，然后我们怎么用它跟学生交流，让孩子们接受。教师在传承的过程当中，怎么有效地使用这些手段？过分地渲染就喧宾夺主了。有时候孩子过度关注那个的时候，可能在这个方面就不注意了。

10年前的课程标准制定之后，现在又修订了一个新的课程标准，老师们要重新回到音乐教学的价值、意义，方法、理念等方方面面的认识上来看我们今天怎样跟孩子们在音乐这个主题上进行交流，这是我们最需要研究的一个问题。

不是花里胡哨就叫好，它一定要适度，一定要到位，感觉得是我们的音乐教学。所以这节课它好在从头至尾是音乐，而且关注的是音乐里边的这些要素和孩子能力的形成。所以我觉得这一点应该说是很好的。有没有文化拓展呢？有，在最后的环节上，从京韵大鼓延伸到了整个曲艺文化，所以它又是从一个点进行放射。一开始的导入是从那头到了这一头，现在是从一个点放射出一个圆，从核心外延成一个曲艺文化，有点像中国的山水画，带晕。这里边除了曲艺领域，还涉及其他的相关文化。在PPT上，你会看到这里有文化的，有名著的，有生活的各个方面。

少数民族的英雄史诗也是从曲艺中来的，中国四大古典文学名著有三个是先有曲艺，后有文学创作。所以老师当时好像就没讲，没说什么，但是孩子们通过这节课，再看教师提示的视频，就都领悟了。其实老师把这个拓展做到这份上就够了，不一定去讲很多、说很多，这个问题叫作文化拓展、适度外延。

有时候这个外延是无边无际的，而且一节课全是交插学科，或者就是姊妹艺术，全都给罗列到这节课上，最后就真是荒了自家地，肥了他人田，不知道这节课用45分钟到底该干什么。我想视频前的老师们对这节课也有好多自己的感受和体验，我们也希望老师们在课后去认真地思考。

案例三　《英雄凯旋歌》①

北京日坛中学实验学校　苏芳蕾

一、教学目标

（1）欣赏《英雄凯旋歌》，了解巴洛克时期音乐的风格特点，引起对与巴洛克时期音乐的关注；通过卡农演唱，训练声部间相互配合的能力，能够在丰富的教学实践活动中培养合作意识。

（2）能够运用听、唱、写、创多种形式学习卡农的创作手法，并在稳定的节拍中准确、有表现力地演唱歌曲，进行4/4拍节奏创编。

（3）能够听辨同一时期不同作曲家的作品。

二、教学重点

（1）准确、有表现力地演唱《英雄凯旋歌》。
（2）用卡农的方法演唱作品，同时关注声部间的相互配合。

三、教学难点

用卡农的方法增强声部间相互配合的能力。

四、教学过程

教学环节	教师活动	学生活动	设计意图
导入	1. 用双排键电子琴弹奏《英雄凯旋歌》伴奏 提示演唱状态 2. 总结：亨德尔的创作风格	跟老师伴奏完整演唱作品 有感情地再次演唱 讨论、聆听、记忆	温故知新，通过复习演唱和伴奏氛围渲染带学生走近巴洛克时期的音乐 为导入同时期新作品做准备，为比较巴赫作品做铺垫

---

① 本案例选自高等教育出版社《新课程音乐教学案例选评》（第二版）。

续表

教学环节	教师活动	学生活动	设计意图
学习新知	1. 演奏《d 小调托卡塔与赋格》中的托卡塔片段，并提问： （1）作品的音乐情绪与《英雄凯旋歌》的异同 （2）乐器音色对作品风格的影响 2. 总结 （1）亨德尔与巴赫 （2）管风琴 3. 拓展：巴洛克时期的复调音乐与建筑的关系 4. 趣味听辨练习 （1）播放作品《哈利路亚》 （2）播放作品《b 小调弥撒曲》 提问是哪位作曲家的作品，并做简要评价	聆听并思考 回答问题 聆听并归纳、记忆 聆听并回答	通过聆听思考充分挖掘学生的音乐想象力 通过作曲家风格比较及乐器音色特点感受，了解巴洛克时期音乐的特点 培养学生对音乐的理解能力，巩固上一环节
卡农训练	1. 简单介绍卡农的写作手法 2. 出示两份不同谱例，通过对比、辨别，请学生找出卡农 2. 播放《D 大调卡农》并提问 （1）主奏乐器是什么？ （2）是否是卡农？ 4. 用手拍击与口读节奏结合，向学生展示一段节奏卡农 5. 提出卡农创作要求 （1）4/4 拍 （2）两小节 6. 教师展示一条创作 （1）先和学生一起拍击（手拍稳定拍） （2）配合学生做节奏卡农 7. 与学生配合做《英雄凯旋歌》的演唱卡农 8. 对学生的演唱做简单评价 （1）稳定拍 （2）进入位置 （3）演唱状态	聆听并记忆 思考、比较并回答 聆听、思考并回答 观看、聆听，感受有趣的卡农 思考并创作 代表展示 和老师配合做卡农 分两个声部做卡农，视唱卡农 用卡农形式有感情地准确歌唱	初步了解卡农的写作手法 为更好地掌握卡农做铺垫 培养良好的音乐判断力 为卡农节奏创作做铺垫 培养学生的音乐创造力 培养学生声部间相互配合的能力 通过演唱更加深入地感受卡农 培养学生的稳定拍感和音乐表现力

续表

教学环节	教师活动	学生活动	设计意图
拓展	音乐礼物：双排键演奏《旋转木马》	学生欣赏	丰富听觉、拓宽视野，培养音乐审美能力
课堂小结	1. 复习本课重要知识点 2. 请在虚拟音乐教室中聆听中国作品《牧童短笛》，找出与复调写作手法相似的元素		

案例评析

本案例执教者是北京日坛中学实验学校的苏芳蕾老师。2013 年她获得北京市初中音乐教师专业基本功大赛一等奖；2015 年，本案例被教育部"国培计划"远程培训项目录用。本课教学内容选自人民音乐出版社《音乐》（五线谱版）八年级下册。在人教版八年级下第三单元也有相同的教学内容，可相互借鉴。本案例中体现了教师的如下能力：

（一）教师的学科专业能力

1. 丰富的学科知识促进高效教学

苏芳蕾老师能够精准地分析作品的曲式结构、准确把握音乐作品的风格流派，熟练掌握音乐作品的创作背景。她引导学生聆听亨德尔与巴赫的作品，同时聆听管风琴的音色，有效地帮助学生体验巴洛克时期音乐风格的特点。音乐的音响材料、创作过程和表演形式具有特殊性，这些艺术特征决定了音乐聆听、表演和创作教学，必然会有特定的知识和技能要求，教师丰富的学科知识为高效的教学提供了有力的保障。

2. 扎实的专业技能促进丰富学生音乐体验

教师在教学中发挥了她的专业优势，将双排键引入课堂教学，丰富了学生的和声听觉和音乐体验，充分激发了学生的学习兴趣。例如，教师用双排键电子琴弹奏《英雄凯旋歌》，学生在进行曲的自动伴奏、铜管嘹亮的音色中迅速进入英雄凯旋的场景中，从而使学生的演唱更具表现力、更有进行曲辉煌的行进感。在新授课环节，教师又用双排键中的管风琴音色直接演奏《d 小调托卡塔与赋格》中的托卡塔部分，学生仿佛置身于神圣庄严的教堂中，使欣赏更直观、更具震撼力。这种直观演示，拉近了学生与巴洛克时期音乐的距离，使音乐教学更高效、有趣。在本课的尾声，教师巧妙设计了"音乐礼物"环节，教师演奏的《旋转木马》不仅是对学生的奖励，更是与前面演奏的《d 小调托卡塔与赋格》形成鲜明的风格对比，前后呼应，使学生在掌握本课知识的基础上，拓阔了音乐视野，丰富了音乐听觉。

（二）教师的教学设计能力

1. 充分发挥音乐学科的特色，优化整合媒体

在教学设计中，教学媒体的分析与选择是重要的一环。教师应考虑针对一定的教学任务和教学目标，可使用哪些教学媒体？这些媒体能否引起学生的兴趣？这些媒体能否与学生已有的知识水平和未来的发展要求相符合？在技术质量方面，这些媒体是否令人满意？教师能否熟练驾驭这些媒体？等等。

本课充分体现了教学媒体的高度整合。在这节课的教学中，教师充分运用了多媒体技术，通过现代信息技术辅助教学，双排键多媒体音色合成技术、录音、录像、投影、多媒体计算机等现代化教学手段，在综合处理和控制声音、图像、影像等方面具有高超的能力，改变了过去单一的教学模式，变静态为动态，化枯燥为生动。

2. 关注学生参与体验音乐实践活动

《义务教育音乐课程标准》明确指出："音乐教学是音乐艺术的实践过程。因此，所有的音乐教学领域都应强调学生的艺术实践，积极引导学生参与演唱、演奏、聆听、综合性艺术表演和即兴编创等各项音乐活动，将其作为学生走进音乐、获得音乐审美体验的基本途径。通过音乐艺术实践，有效提高音乐素养，增强学生音乐表现的自信心，培养学生良好的合作意识和团队精神。"

在音乐教学中，有的教师为了追求课堂气氛，喜欢设计繁华热闹的课堂活动形式，常造成活动形式对活动内容的负作用，学生或被形式所吸引而忘了活动本身的目的所在，或在热烈的氛围中产生浮躁心理而不能静下心来思考和体验，成为无"思"的活动。

《英雄凯旋歌》是一首巴洛克时期的作品，本课以这首作品作为载体，通过赏析这首乐曲，让学生初步了解卡农的写作手法，通过听卡农、看卡农、拍卡农、唱卡农、创编卡农、运用卡农等多种音乐实践活动培养学生们的音乐综合能力，体现了围绕教学目标精心设计有效教学活动的原则，简约有效的活动设计直接指向预设的教学目标，并紧紧围绕教学目标展开。

（三）教师的教学实施能力

有效的教学策略帮助学生深入体验音乐风格。

苏芳蕾老师能够采用有效的教学策略，指导学生深入体验不同音乐表演形式的特点，引导学生深入理解不同音乐体裁和表演形式的差异。她通过引导学生对比聆听音乐作品、卡农练习等活动，使学生在亲身参与这些实践活动过程中，获得对音乐的直接经验和丰富的情感体验，为掌握音乐相关知识和技能、领悟音乐内涵、提高音乐素养打下良好的基础。

（北京教育学院朝阳分院李磊，北京市陈经纶中学分校袁衍明、杨再辉　评析）

案例四 《弦上之音——G 大调弦乐小夜曲》[1]

北京市第八十中学管庄分校 杨卿

一、教学目标

（1）在参与音乐活动的过程中，产生主动了解室内乐的愿望，并在参与演奏过程中，增强合作意识；

（2）能够用唱、奏、肢体动作等多种形式积极参与音乐、体验音乐；

（3）通过分析音乐作品，初步感知室内乐作品创作特点、表现手法及演奏形式。

二、教学重点

通过音乐作品的欣赏及分析，初步了解室内乐的创作特点和艺术形式。

三、教学难点

（1）在参与过程中，激发学习的主动性

（2）感知室内乐作品的创作特点。

四、教学过程

教学阶段	教师活动	学生活动	设计意图	技术应用	时间安排
导入	1. 用小提琴问好 "今天老师带来了一把小提琴，让它和你们问个好。" 模仿奏出"大家好"的音高	学生模唱小提琴音高及音色	聆听小提琴音色，说明小提琴音色具有"拟人性"特点	小提琴	2分钟
	2. 回忆复习弦乐家族（提琴）的相关知识 小提琴是乐器皇后；大提琴音色浑厚丰满，擅长演奏抒情的旋律，表达深沉而复杂的感情；弦乐极富表现力，等等	学生结合已有知识介绍，教师补充	回顾相关知识，为后面的教学内容做铺垫	PPT	
新授	1. 逐个聆听并分析每样乐器的特点 （1）聆听《沉思》片段 重点分析小提琴的歌唱性特点 歌唱性：运弓长，声音连贯 （2）聆听《流浪者之歌》快板片段 对比《沉思》在演奏方法上有何不同 拨弦演奏：运弓短，声音短促 （3）聆听莫扎特小提琴、中提琴二重奏 对比聆听中提琴与小提琴的音色特点	复习回顾 对比聆听 思考	复习相关知识，对比聆听弦乐家族各种乐器的音色特点，了解各种乐器的音域，为室内乐的学习打下良好基础	视频 视频	8分钟

---

① 本案例选自高等教育出版社《新课程音乐教学案例选评》（第二版）。

续表

教学阶段	教师活动	学生活动	设计意图	技术应用	时间安排
	（4）聆听教师用大提琴演奏《天鹅》 聆听音色特点，简介乐器 （5）聆听低音提琴《动物狂欢节——大象》片段 聆听音色特点，简介乐器 （6）小结 室内乐的第一个特点：组成的每样乐器都是独立个性的声部，演奏时应注意发挥每样乐器的技巧和表情的"潜力"	学生谈感受，归纳、总结，教师补充	总结各个声部的特点，为下面的学习做好铺垫	大提琴 视频	
	2. 介绍室内乐 （1）简介室内乐的发展 （2）弦乐四重奏是室内乐最具代表性的演奏形式	学生欣赏视频并归纳总结	通过"讲故事"的方式轻松地传授音乐知识		
	3. 分析作品《G大调弦乐小夜曲》（谱例见"作品分析"） （1）完整聆听呈示部 ①弦乐四重奏乐器的组成 ②弦乐四重奏乐器位置分布 （2）模唱第一主题，引导学生用较强的力度演唱，并加入身体模仿演奏 （3）聆听第二主题 ①提问：这是哪两种乐器在对话？它们对话的形式是什么？ ②出示乐谱，视唱二声部卡农，用小提琴和大提琴的音色模仿唱 提示：注意音区和音色的对比，充分体验弦乐四重奏歌唱性的特点 ③出示总谱，看第二小提琴和中提琴旋律，通过分析音程体现和谐、统一的特点 （4）聆听第三主题 ①聆听并模唱主题旋律 ②音乐接龙游戏，体会旋律音色的不同 ③出示总谱，分析旋律声部及和声声部 提示：弦乐四重奏的又一大特点，细腻的和声效果衬托各具独立个性的声部 （5）聆听第四主题 ①聆听主题中的演奏技巧，让学生模仿演奏 ②聆听低声部，在颤音处加单音，突出颤音效果 ③提问：中声部的节奏型是什么？由哪个声部演奏的？音程关系大概是什么样的？ （6）总结归纳室内乐的特点 通过图表总结归纳 （7）完整聆听《G大调弦乐小夜曲》呈示部	分声部演唱同时模仿演奏 视唱二声部卡农，模仿大提琴和小提琴音色 学生边听边画图形谱演唱旋律声部 自主学习第四主题，观察乐谱，表现音乐 思考、归纳、总结 用不同的肢体语言表现音乐	从聆听、读谱、视唱多角度、全方位地感受弦乐四重奏的特点 在从多角度、全方位感受主题三的同时，利用音乐接龙、总谱等内容，从音色的角度带领学生再次感受、体会弦乐四重奏的创作特点 出示总谱，激发学生自主学习的兴趣，找出和声声部及个性声部 梳理本课的学习内容，并归纳、提炼 既是对教学效果的检验，又可以再一次加深学生对音乐的理解	—	25分钟

续表

教学阶段	教师活动	学生活动	设计意图	技术应用	时间安排
拓展	1. 欣赏 2014 CCTV 钢琴小提琴大赛片段 （1）提问：为什么选手不仅要独奏，还要增加室内乐演奏环节的考核？演奏者在演奏室内乐时应具备哪些能力？ （2）学生共同演奏主题一，体会演奏者间默契配合 2. 观看《A 大调钢琴五重奏——鳟鱼》片段，拓展室内乐演奏形式的相关知识	欣赏并发现：弦乐四重奏不但要求演奏者有精准的演奏技巧，还需要配合默契 观看、思考	引导学生自主发现，并且在集体展示活动中增强集体意识、与他人合作的意识 用教材中的内容进行相关知识的拓展，为本节课内容进行总结，也为后面的学习进行铺垫	—	8分钟
小结	1. 回顾本节课知识点 通过完成选择题的方式回顾 （1）室内乐创作特点 （2）室内乐演奏特点 （3）室内乐形式特点 2. 布置课后作业	总结归纳学生自我评价	—	—	2分钟

作品分析：

《G 大调弦乐小夜曲》是莫扎特所写同类体裁的最后一部作品，完成于 1787 年 8 月 10 日。这部作品流传最广，也最受欢迎。

乐曲的第一乐章用奏鸣曲式写成。其呈示部的主部主题包括两段风格不同的音乐：

主部主题采用了开门见山的写作手法，是带有那不勒斯风格的一段旋律，这部分音乐用主、属和弦的分解和弦构成旋律，采用问答式的手法作为旋律的基础，并在此基础上予以发展，给人以雄壮有力、流畅明快的感受。

谱例 1

随后，呈现了一段柔婉轻盈的卡农旋律。这段旋律留给人们一种庄重典雅的舞蹈印象。接着，乐曲把人们引向一种热烈欢快的景象之中。

谱例2

副部主题与主部主题形成鲜明的对比，带有浓郁的维也纳风格。它优美、抒情、温柔、靓丽，富于青春的气息。

副部主题也由两段旋律构成：其一，这段旋律精巧、活泼，第一小提琴与大提琴形成问答式的结构，每句的后半部分多用跳进写成。

谱例3

谱例 4

个性 →
个性 →
和谐 →

其二，这段旋律轻盈、俏皮、欢快、活泼，给人以十分开朗的感受。

谱例 5

　　乐曲的展开部很精练，只有 20 小节。它采用了主部主题的两部分内容。开头是主部主题的引伸，尽管它非常短小，却起着承上启下的重要作用。此后，主要是将副部主题的后半部分在不同的调性上加以发展变化。

　　乐曲的再现部基本上保持了呈示部的面貌，但在调性上，再现部完全呈现在 G 大调调性上。整个乐章在绚丽灿烂的色彩中结束。

案例评析

本课例执教者是北京市第八十中学管庄分校杨卿老师。本课教学设计及案例在"2015年北京市基础教育优秀课堂教学设计评选"活动中荣获三等奖。教学内容选自人民教育出版社《音乐》八年级下册第三单元（人音版教材中也有相同的教学内容，可相互借鉴），本单元主要围绕着欧洲巴洛克、古典主义时期的作品，旨在学习欧洲早期经典作品的音乐风格特点。本案例突出体现了教师的以下能力：

（一）教师的学科专业能力

杨卿老师能够熟练分辨不同的音乐体裁，能够熟练掌握音乐作品的主题，并熟知曲作者和相关音乐背景知识，对于弦乐的音色及演奏特点了解深入，能够结合自身特点引导学生参与音乐体验，从逐一对比聆听小提琴与中提琴音色，大提琴与低音提琴音色，到模唱主题旋律、模仿音色，都紧紧围绕"听"来展开实践活动。鼓励学生对所听音乐表达独立的感受和见解，激发了学生听赏音乐的兴趣，让学生在丰富的音乐实践活动中感受、体验，引导学生表现自我，展示个性，尽情发挥他们的想象力和创造力，从而对弦乐家族、对室内乐有了逐渐深入的了解。有助于学生养成良好的聆听音乐的习惯，逐步积累欣赏音乐的经验。

（二）教师的教学设计能力

1. 精心设计有效的音乐实践活动，实现教学目标

《义务教育音乐课程标准》中指出："音乐音响不具有语义的确定性和实物形态的具象性。音乐课程各领域的教学只有通过聆听、演唱、综合性艺术表演等多种实践形式才能得以实施。学生在亲身参与这些实践活动过程中，获得对音乐的直接经验和丰富的情感体验，为掌握音乐相关知识和技能、领悟音乐内涵打下良好的基础。"这段文字彰显了音乐教学是音乐艺术的实践过程，音乐教学应强调学生的艺术实践，注重学生的参与体验。

本课教学环节的设计精心而巧妙，帮助学生在已知与未知之间架桥设阶。从单一乐器的听辨到弦乐四重奏的介绍、室内乐的产生与发展，从聆听、模仿唱到画图形谱、模仿演奏、图表归纳，到最后结合热门节目进行拓展，层次分明、环环相扣、由浅入深、循序渐进，充分体现了"学习链接"。创设"问题情境"更是让学生带着问题聆听音乐，可以使聆听更加专注而有效，启发学生积极思维，激发学生的学习兴趣。

2. 准确分析学情，设计多样有效的教学方式

杨卿老师熟知学生的实际学情，能够结合教材内容，精准地选择相关经典名曲，有效地引导学生深入体验音乐风格及演奏特点；能够指导学生完整、准确地哼唱音乐主题，表现作品结构特点。7~9年级的学生生理、心理渐趋成熟，参与的意识和交往的愿望增强，获得知识和信息的途径增多，在学习上形成了自己的初步经验，表达情感的方式较之小学生有明显变化，需要通过多种形式的艺术实践活动，巩固和提高表现音乐的基本技能。杨

老师本节课扩大了音乐欣赏的范围，有意识地将音乐的人文内涵融入教学中，使学生充分沉浸在音乐氛围中，潜移默化地提升了欣赏的经验和能力。

（三）教师的教学实施能力

始终关注"以兴趣爱好为动力"，有效激发学生的学习动机。

在传授新知的过程中，教师结合教学目标，设计了自然流畅、生动有趣、起伏跌宕的有效教学活动，将学生带入教学内容所需要的情境之中，让学生在轻松愉悦的活动中获取新知，有所得、有所获、有所感。而这种通过对知识的获取产生愉悦的心理效应，是有效提高课堂教学效率的原动力和催化剂。

本课一开始，教师就以小提琴"问好"的方式导入教学，十分新颖有趣，又充分体现了小提琴富于歌唱性且表现手段极其丰富的乐器特色，学生的学习兴趣一下子被激发出来。还有，对于弦乐四重奏的讲解，教师没有"一本正经"地照本宣科、堆砌理论，而是借着法国文学家司汤达对海顿早期弦乐四重奏的比喻来"讲故事"："这是四个人的谈话，第一小提琴像是一位中年的健谈人，他总找话题来维持着谈话。第二小提琴是第一小提琴的朋友，他竭力设法强调第一小提琴话中的机智，很少表白自己，参加谈话时，只支持别人的意见而不提出自己的意见。中提琴，则是一位善良而有些饶舌的妇人，她丝毫讲不出重要的意见，但是却经常插嘴。大提琴是一位庄重的人，有学问而好讲道理，他用虽简单然而却中肯的论断支持第一小提琴的意见。"将弦乐四重奏的音色特征、在乐队中的地位与作用一下子形象而生动地展示出来。

（北京市教育学院朝阳分院李磊，北京市陈经纶中学分校袁衍明、杨再辉　评析）

案例五　《京剧之魂——锣鼓经》[①]

北京市八里庄三中　王卉

一、教学目标

（1）感受、体验戏歌《唱脸谱》和京剧锣鼓经，能够主动参与实践活动、体验京剧所蕴含的中国音乐的特点；

（2）运用"口传心授"的学习方法体会、感受并表现戏歌中蕴含的京剧韵味；

（3）初步了解京剧程式化的锣鼓经片段特点和表现特征，以及京剧伴奏音乐分类等相关知识；

（4）模仿演奏京剧锣鼓经的基本节奏型，体验用京剧的韵味儿演唱《唱脸谱》片段，尝试综合性表演。

---

① 本案例选自高等教育出版社《新课程音乐教学案例选评》（第二版）

二、教学重点

（1）有韵味地演唱《唱脸谱》中的代表性乐句；
（2）准确地击打"冲头"节奏，并配合肢体动作的表演。

三、教学难点

（1）尝试运用京剧唱腔的发声方法演唱《唱脸谱》中的代表性乐句；
（2）用所学的锣鼓经、亮相动作和学唱乐句，师生配合，完成综合性表演。

四、教学过程

教学阶段	教师活动	学生活动	设计意图
导入 8分钟	1. 介绍京剧行当 2. 欣赏《唱脸谱》 3. 教师演唱《唱脸谱》	1. 了解京剧的行当 2. 聆听并判断歌曲中出现的行当 3. 对比聆听	1. 复习旧知 2. 初步体验 3. 对比聆听
新授课 25分钟	1. 欣赏《唱脸谱》 （1）教唱《唱脸谱》A段部分乐句 （2）教唱《唱脸谱》B段部分乐句 ①关键字的演唱力度 提示：硬起音的演唱 ②起唱 提示：注意后半拍起唱 2. 京剧锣鼓经"冲头" （1）教授锣鼓经和亮相动作 ①示范亮相 ②锣鼓经 $\frac{2}{4}$ 仓 七 | $\frac{1}{4}$ 仓 ‖ ③加入锣鼓乐器：大锣、铙钹 ④加入锣鼓乐器：单皮鼓 ⑤示范锣鼓经中自由延长记号的运用 ⑥请同学亮相并表演唱《唱脸谱》B段的部分乐句 （2）教授锣鼓经和上场动作 ①教师示范上场动作	1. 欣赏《唱脸谱》 （1）模仿教师的演唱 （2）学唱《唱脸谱》B段部分乐句 ①用拍手的形式体会关键字的力度 ②用拍腿的方法练习起拍 ③鼓励学生尝试当众表演，并互评，及时改进 2. 学习京剧锣鼓经"冲头" （1）学习锣鼓经和亮相动作 ①模仿亮相动作 ②配合动作读熟锣鼓经 ③运用乐器配合动作练习锣鼓经 ④练习锣鼓经 ⑤体会锣鼓经中的自由节奏 ⑥配合亮相锣鼓演唱《唱脸谱》B段的部分乐句	1. 通过《唱脸谱》体会京剧不同行当的唱腔特点 （1）体会旦角行当的唱腔特点 （2）体会净角行当的唱腔特点 体验净角行当的"劲儿"和"味儿" 2. 循序渐进体会锣鼓与演员的配合，最终达到综合性表演 检测：亮相锣鼓经与动作和演唱的配合

续表

教学阶段	教师活动	学生活动	设计意图
	②念锣鼓经 $\frac{1}{4}$ 仓 七 | 仓 七 ‖: 仓 七 :‖ ③示范上场和亮相动作 ④组织学生上台展示 ⑤播放视频	（2）学习锣鼓经和京剧上场动作 ①生模仿上场动作 ②配合乐器练习锣鼓经 ③学习上场和亮相动作并熟读锣鼓经 ④尝试配合锣鼓经表演 ⑤对比观看视频	体会锣鼓经和动作的协调配合 检测：锣鼓经与动作、演唱的配合 感受京剧演员与锣鼓经的默契配合
知识拓展 7分钟	1. 介绍中国锣鼓经的数量、种类，程式化特点 2. 京剧的文武场 3. 介绍几部经典的传统京剧（重点播放与净角有关的唱段）	了解京剧相关文化	拓展京剧相关知识
综合展示 5分钟	组织学生完成《唱脸谱》综合性表演：锣鼓经开场——上场——亮相——演唱——叫好	全体同学展示	复习巩固综合性的表演

案例评析

本课执教者是北京市八里庄三中王卉老师。本课曾在 2014 年全国湘艺版音乐课堂教学大赛中获得一等奖，并在 2015 北京市非遗音乐教学研讨会上进行展示。教学内容选自湘教版七年级下册第七单元《梨园百花》，同时也是人民音乐出版社北京版初中音乐七年级下册第二单元的内容。本案例突出体现了教师如下能力：

（一）教师的学科专业能力

深入浅出传授知识的能力

王卉老师熟知京剧的主要风格特点，能够准确分辨其唱腔、行当、伴奏等不同的表现特点，并用通俗易懂的方式表述其主要特征。王老师带着学生欣赏、学唱《唱脸谱》，引导学生学习运用乐器配合动作练习锣鼓经等活动，都需要扎实的专业基本功和深入浅出传授知识的能力。

（二）教师的教学设计能力

1. 实践活动设计层层铺垫，落实学、练、演

教师在教学中能够精心设计学生的实践活动，引导学生在做中学，在实践中深入体验。力争用活动带动课堂，落实教学设计，做到合理有序；用活动指导学生技能训练，努力达成教学目标；用活动调动学生学习的积极性，选择方法提高教学效果；用活动促进知识与技能的学习，带动唱、念、奏、演综合表演训练，以不断提高学生学科综合素养。

2. 师导生演氛围融洽，凸显广、全、巧

在教学过程的设计中，教师能够关注师生角色的相互转换，既重视教师的课堂主导性，也突出学生的主体参与。同时，在课堂实践活动中体现了学生参与的广度。用活动的全过程诠释了京剧的程式化特点，在师生、生生互动中训练技能，培养良好的歌唱习惯。综合的表演巧妙地为学生创造了舞台感，训练了学生综合表演能力。

（三）教师的教学实施能力

1. 技能训练循序渐进，围绕唱、奏、演

教师在教学中关注技能的训练，能够根据学生实际能力水平选择教学方法。运用口传心授的方法教唱，同时模仿简单动作。从单一学唱，到边唱边做动作，遵循由易到难的教学原则。在唱与奏的练习中强调节奏节拍的稳定准确，强调声部间的配合，训练学生的听辨能力以及配合表演的能力。

2. 知识讲解点面结合，体现博、精、深

京剧，内容丰富多彩，从名角名段，到文场、武场；从化装、服装，到布景、道具等等，无一不体现其广博。因而在教学内容的选择方面，教师能够注意精选内容，以点带面、以小见大地梳理相关文化，用衔接紧凑的教学环节，为学生呈现京剧的程式化特点，一方面引导学生有效思考，另一方面深化学生对京剧文化传承的感情。

本课是一节综合实践课，学生的深入实践与参与是最大亮点。京剧最主要的特点是程式化，单一的学唱京剧片段或欣赏不能全面地让学生通过亲身体验感受京剧这一特征，同时在学生还没有对京剧产生浓厚兴趣的前提下教唱京剧选段会让学生觉得难学难懂，而丧失学习兴趣。所以，这节课的教学重点是围绕着京剧的程式化特点展开的。

（北京市朝阳区教育研究中心刘娜，北京市陈经纶中学分校袁衍明、杨再辉　评析）

案例六　《高亢的西北腔——陕北民歌"嘹咋咧"》

北京市育才学校　李坚

一、教学目标

（1）"情感态度及价值观"目标：在欣赏、体验陕北民歌独特的风格韵味的基础上，能对其质朴的审美价值产生认同感并加以鉴别。

（2）"过程与方法"目标：在听、学、练、用等音乐实践活动过程中，体验民歌口传心授的传承方式，品味陕北民歌的味道。

（3）"知识与技能"目标：探究分析陕北民歌唱腔的基本特点，并能随音响或教师的演唱有味道地模仿演唱一两句；知道陕北民歌风格与地域文化的关系。

二、教学重点

体验陕北民歌在唱腔上的味道，了解陕北民歌在演唱上的门道。

三、教学难点

模仿陕北民歌哭腔、上甩、下滑的润腔方法。

四、教学过程

（一）学习导入

师生相互说出各种喝彩语言或方式。

（1）学：陕西方言的喝彩语言——"嘹咋咧"。

教师：请同学们说出各种喝彩的语言或方式。

学生：列举喝彩语言和方式，模仿方言"嘹咋咧"。

【设计意图】建立以陕西方言"嘹咋咧"为主线的喝彩方式。

（2）听：《黄河水手歌》——王向荣演唱。

学生：说出哪一地域民歌，写出对陕北民歌的印象，说出熟悉的陕北民歌。

【设计意图】以已有学习经验建构新的知识能力。

（3）唱：《赶牲灵》——教师演唱。

教师：演唱《赶牲灵》。

学生：聆听并寻找陕北民歌的味道。

【设计意图】教师范唱，拉近民歌与学生的距离。

（二）欣赏体验

（1）听：《三十里铺》——原生态歌手马子清演唱。

学生：聆听。

（2）学：《三十里铺》——模仿音响演唱——教师指导演唱——生生指导演唱——跟随音响演唱。

教师：第一，方言规律（民歌味道最基本的体现）；第二，由方言重音引出演唱的"气"和"劲儿"；第三，体验模仿润腔中的哭腔演唱方法；第四，体验模仿润腔中的上甩演唱方法。

学生：聆听、模仿、对比、示范。

板书：上甩、哭腔。

【设计意图】用口传心授的教学过程展现民歌的传承过程。

（3）练：学生随音响演唱。

学生：有味道地演唱。

【设计意图】体验陕北民歌的味道，加深学生对其风格的认识。

（4）用：欣赏《三十里铺》现代民歌手的演唱和流行歌手的演唱。

学生：聆听、对比、分析其变化，判断演唱者是否唱出陕北民歌的味道。

【设计意图】对不同风格演唱的比较，体现民歌的流变性和即兴性，进而提升学生对音乐的审美层次。

（三）再欣赏再体验

（1）听：《脚夫调》——王向荣演唱。

教师：请欣赏并思考节奏上的特点。

学生：边听边打拍子，思考节奏特点。

【设计意图】训练学生对音乐的感知力。

（2）用：再次欣赏《脚夫调》。

学生：用音乐记号在曲谱相应位置上做标注。

【设计意图】检验学生准确使用音乐记号的能力。

（3）学：《脚夫调》最后一句，体会自由和下滑的润腔方法。

教师：教唱。

学生：体验、模仿。

（4）听：《圪梁梁》——龚琳娜演唱。

教师、学生：聆听、欣赏。

【设计意图】通过对"圪"字的解读，来印证陕北民歌高亢粗犷的地域风格，并对相关文化适时适度地加以渗透。

（四）印证归结

（1）听：《泪蛋蛋抛在沙蒿蒿林》——王向荣演唱。

学生：聆听。

【设计意图】对前面所体验的润腔方法加以总结印证。

（2）练：将歌曲演唱时运用的几种（润腔）方法标记在曲谱上。

教师：请找一找我们学习体验过的润腔方法在哪一句中体现？

学生：标出体验过的特点及润腔方法所对应的位置。

【设计意图】学生自我检测学习效果。

（3）用：陕北民歌唱腔特点总结。

教师：味道——音调、腔调；门道——音调规律、哭腔、上甩、下滑。

学生：记忆。

【设计意图】：梳理唱出陕北民歌韵味的基本方法和基本规律。

（五）学以致用

用：以陕西方言音调规律拼读陕北民歌"嘹咋咧"。

学生：拼读、喝彩"嘹咋咧"。

（六）学习效果评价设计

1. 评价方式

本课以形成性评价、自评、教师评价及学生互评相结合。其中形成性评价和教师评价贯穿整个教学过程。自评、学生互评在个别环节出现。

2. 评价量规

评价项目	评价内容	评价标准	
		能	否
1	能否准确模仿唱腔的某个特点		
2	能否根据音乐表现将音乐记号标到谱子相对应的位置		
3	能否标出陕北民歌唱腔的特点分别在歌曲的哪一句体现		
4.	能否演唱出陕北民歌的味道		

（七）教学设计的特点

（1）用体验模仿的方式，感受民歌的风格韵味。音乐风格是唱出来的，而不是说出来的。本课的重点就是体验陕北民歌的味道，而味道的体验最重要的就是唱。教学中先体验不讲理，学生在不断的重复模仿中寻找规律。

（2）用口传心授的形式，展现民歌的传承过程。口传心授的过程中，由易到难、由浅入深。方言是民歌最基础的味道，对学生来讲也是最容易学习的内容。所以，从方言入手展开学习，由方言的音调规律了解其与旋律的密切联系，在旋律中寻找唱腔的特点。

（3）用对比欣赏的方法，导引学生的审美价值。同一首民歌，设计出欣赏三个不同的版本，并由学生加以评判。在对比欣赏中，学生不仅能加深对陕北民歌的印象，同时对音乐的审美层次也得到了提升。

（4）着眼于味道，归结于门道。特有的味道就是民歌的特色。教师在口传心授的过程中引导学生品尝民歌的味道，不断地体验模仿、总结规律从而得出其中的门道。

（八）教学反思

（1）曲目选择。本课在选择作品时遵循了以下几个原则：优秀、经典、典型，适合学生学习，曲目难易适度。例如：《圪梁梁》《泪蛋蛋抛在沙蒿蒿林》是两首非常典型的陕北民歌，风格突出，学生容易体会到其中的味道；《三十里铺》节选第一段，旋律简单易学，每一句都有一个陕北民歌润腔的特点，便于模仿体验。

（2）教学方法。本次教学运用变化多样的教学方法，学生不感到单一乏味。同一教学内容反复地平行进行，学生容易失去学习兴趣。同一内容不同教法，有利于调动学生的学习热情。例如：模仿音响演唱、教师指导演唱、学生互教、跟随音响演唱、对比欣赏，等等。

（3）教师语言。教学中教师语言言简意赅，更多地用音乐解释音乐。例如：《脚夫调》歌词中"崆"字的拓展，由一首《圪梁梁》伴随着"崆"字的动画，展现了陕北民歌音乐文化的根源。在本次教学中，教师的语言仍需精练，尽量在音乐中解决音乐。

（4）学生体验。教学中学生的学习体验尤为重要，课后学生积极反馈，通过自身体验，对本课内容印象深刻。学生在本次教学中体验模仿了哭腔、上甩、下滑、自由等陕北民歌的唱腔特点，不仅可以听辨陕北民歌，而且可以唱出陕北民歌的味道。尽管如此，学生的体验活动仍需加强，过程应更加细化。

案例评析

本课内容选自高中《音乐鉴赏》第二单元的第一课《高亢的西北腔》。这是进入高中阶段后，学习本民族音乐文化的第一节课，本案例突出体现了教师如下能力：

（一）教师的学科专业能力

1. 熟练掌握相关知识

李坚老师熟知中国不同地区民间音乐的主要风格特点，能够准确分辨其类别，能够用通俗易懂的方式表述其主要特征。他引导学生去感悟《三十里铺》中陕北民歌的味道；第一句的"劲儿"，第二句的哭腔，第三句的上甩，第四句的方言；体会《脚夫调》这首信天游所体现的陕北民歌的自由宽广，同时每句句尾的下滑；领会《圪梁梁》很好地诠释了陕北民歌高亢这一特点的形成，挖掘出陕北音乐文化的根源……

2. 民族风味十足的范唱引人入胜

美国著名音乐家梅纽因说过："教学就像航海一样，是船帆和风给船以动力，教师的作用只是掌舵，指导船的航行。""范唱"就是音乐课这只船上的帆和舵，它启发引导学生驶向音乐海洋的彼岸。本节课中，李老师韵味十足的范唱激发了学生学习的热情，也有利于学生准确了解民歌的风格特色。他具有丰富的民歌知识，能够准确引导学生挖掘出不同民歌的突出特征。

（二）教师的教学设计能力

1. 围绕陕北民歌，弘扬民族音乐文化

《普通高中音乐课程标准》指出："普通高中音乐课程应将我国各民族优秀的传统音乐作为重要的教学内容，使学生了解和热爱祖国的音乐文化，增强民族意识，培养爱国主义情感；以音乐审美为核心的基本理念，应贯穿于音乐教学的全过程，音乐基础知识和基本技能的学习，应有机渗透在音乐艺术的审美体验之中。"

本节课中，教师选择了多首陕北民歌来展开教学，深入挖掘每首陕北民歌典型的风格特点，设计不同的教学方式引导学生参与体验，激发学生对陕北民歌产生进一步探究和学习的愿望，有效促进民族音乐文化的传承。

2. 注重实践体验，突出学生为主

音乐课的全部教学活动应以学生为主体，师生互动，将学生对音乐的感受和音乐活动的参与放在重要的位置。本课设计了引导学生在听、学、练、用等音乐实践活动过程中，体验民歌口传心授的传承方式，品味陕北民歌的味道。结合高中生特点，还设计了探究分析陕北民歌唱腔的基本特点的环节，结合随音响或教师的演唱有味道地模仿演唱一两句，进一步了解陕北民歌风格与地域文化的关系。

（三）教师的教学实施能力

1. 教学方式灵活多样

李坚老师能够运用灵活多样的方式有效指导学生进一步体验音乐情绪情感，深入理解音乐内涵，在引导学生学唱《三十里铺》时，要求学生关注四点：第一，方言规律（民歌味道最基本的体现）；第二，由方言重音引出演唱的"气"和"劲儿"；第三，体验模仿润腔中的哭腔演唱方法；第四，体验模仿润腔中的上甩演唱方法。同时逐点示范、教唱，用口传心授的方式展现民歌传承的过程，使学生在学唱中体验到陕北民歌独特的味道。

教师引导学生通过对比聆听不同版本的歌曲，欣赏传统与流行的民歌唱法，欣赏不同曲目的歌唱表现，分析方言发音的规律等等，通过听、学、练、用，体会陕北民歌的味道，帮助学生学会辨别不同歌曲中体现出来的陕北民歌特点。教师还通过欣赏对比，提升学生对音乐的审美层次，有效拓展了学生的知识视野。

2. 恰当运用评价量规

《普通高中音乐课程标准》指出："音乐课程评价应充分体现全面推进素质教育的精神，贯彻本标准所阐述的课程理念，着眼于评价的诊断、激励与改善的功能。通过科学的课程评价，有利于学生了解自己的进步，增强学习的信心和动力，促进课程教学质量的不断提高。"

李坚老师能够运用恰当的方式准确地对学生做出评价，并引导学生学习自评和互评，促进教学效果的提升。他为学生模仿唱腔设计了一个量化的评价表，这个量规中的内容可操作性很强，学生通过前面的学习能够很容易判断出自己掌握知识的情况，通过自评与互评，也加深了对本节课所学内容的印象，有效促进了教学实效的提升。

（北京市陈经纶中学分校袁衍明、杨再辉　评析）

案例七　《爵士初体验》①

中国人民大学附属中学朝阳学校　王尚

一、教学目标

（1）感受爵士音乐的风格，培养对爵士乐的兴趣，产生主动了解爵士乐的愿望；

---

① 本案例选自高等教育出版社《新课程音乐教学案例选评》（第二版）。

（2）通过演唱、节奏练习、创作等形式多方面的实践，体验爵士乐轻松随意的风格特点；

（3）正确掌握爵士乐中常用的切分节奏、附点节奏和击拍特点；了解爵士乐的起源、常用乐器、布鲁斯风格及音阶中的蓝调音，体验爵士乐和声特点。

二、教学重点

学习掌握爵士乐"三大法宝"：切分、附点节奏，布鲁斯音阶（蓝调音）及丰富变化的和声。

三、教学难点

综合运用爵士乐的"三大法宝"，协调身体律动进行演唱，体验爵士乐的风格特点。

四、教学过程

教学阶段	教师活动	学生活动	设计意图	时间安排
导入	1. 教师弹唱格什温的《夏日时光》片段，请学生思考两个问题 （1）此首作品适合在什么场合聆听？ （2）听到这首作品时，你脑海中联想到的第一个风格类词汇是什么？ 2. 学生回答，进入主题	调动学生学习积极性 听辨 思考总结	测试学生对爵士音乐风格的熟悉程度，通过聆听老师弹唱的音乐片段引出爵士音乐主题	3分钟
新课教授	1. 爵士乐简介 （1）起源：美洲新奥尔良的黑奴阶级 创作方式：即兴 （2）常用乐器介绍 ①提问：屏幕中的四件乐器如果与音乐要素中的和声、节奏、低音、旋律相对应，应该怎样连线？ ②播放视频 C'est si bon （3）展示爵士乐一些风格类别，主讲布鲁斯	聆听 回答 思考	教师简单介绍爵士乐几个主要知识点，并通过提问、教师展示、视频欣赏，让学生从视觉、听觉方面，对爵士乐的音乐风格有一个初步的印象	7分钟
	2. 爵士和声色彩对比 （1）丰富的和弦是爵士乐不可缺少的调色板，教师通过弹唱自己改编的两个不同和声版本的《小白菜》引发学生思考，导入和声环节 （2）对比爵士和声和传统和声谱例，讲解爵士和声，总结其基本特征 ①音多（七和弦为基础） ②升降号多（调式游移） （3）学生演唱相同旋律的 C 大调音阶，老师弹奏两个版本的和声进行对比 （4）教师演唱自己改编的爵士版 C 大调音阶，让同学找出与平常唱的 C 大调音阶多了哪个音符（降 E）	演唱 对比聆听 回答问题	1. 教师通过演唱自己改编的《小白菜》相同旋律的不同和声版，让学生在歌唱和聆听中非常直观地体验到不同风格的对比。掌握爵士乐的第一种基本元素，即第一样"法宝"——和声 2. 循序渐进，为下一环节感受调式色彩做好铺垫	8分钟

教学阶段	教师活动	学生活动	设计意图	时间安排
	3. 布鲁斯音阶 （1）对比演唱和聆听，布鲁斯音阶和中国五声音阶，找出不同之处 （2）介绍最常用的一种蓝调音，降三级（降E） （3）对比歌唱蓝调音，强调滑音演唱（上滑和下滑音）	参与体验	PPT 的直观显示便于学生迅速找到两组音阶的不同 参与体验更有利于掌握爵士的风格特点掌握第二样"法宝"——蓝调音	5分钟
	4. 体验爵士乐中的节奏、歌唱、击拍方式和身体律动 （1）节奏练习 ①切分节奏练习 ②附点节奏练习 （2）*Old time rock and roll* ①示范演唱两个乐句，并让学生根据自己的感觉对音乐旋律进行击拍 ②播放奥巴马在白宫举行的《布鲁斯之夜》视频片段，找出爵士乐的击拍方式 ③一边击拍一边带领学生识谱 ④出示此歌的后两个乐句，让学生加上蓝调音以及上滑音、下滑音演唱 ⑤带领学生边击掌、边完整演唱四个乐句 ⑥引导学生自主加入身体律动演唱 ⑦结合身体律动，击拍，完整演唱	演唱 身体律动 参与活动	教师运用简单的肢体动作，边讲边示范，有助于帮助学生感受节奏律动，体验爵士乐的随意性和轻松的演唱特点 掌握第三样"法宝"——节奏	10分钟
	5. 编创环节以及多声部练习 （1）提示并示范，综合运用"三大法宝"，为歌曲 *Old time rock and roll* 进行"编曲" （2）根据学生所编的动作或声音分配声部，整理出低音声部、和声声部（老师钢琴伴奏）、旋律声部、节奏声部、伴唱声部 （3）从低音声部开始，逐步加入各个声部，完整演绎 *Old time rock and roll*	思考 自主表现 综合展示	通过此环节对前面的几种元素、几样"法宝"进行综合体验，既锻炼了学生的创作能力，又对前面学习的知识进行了复习巩固和检测	10分钟
布置作业	结合此节课所学的内容，完整聆听交响爵士乐《蓝色狂想曲》		为下节课的学习做准备	2分钟

案例评析

本案例执教者是中国人民大学附属中学朝阳学校王尚老师。本课教学设计及案例获得2013年北京市中小学优秀教学设计评选一等奖。教学内容选自湖南文艺出版社出版的普通高中课程标准实验教科书《音乐鉴赏》第四单元第六节《从印象走向现代》中的《蓝色狂想曲》部分，是一节充分体现高中教学特点、有深度、能引发一定思考的欣赏课。本案例突出体现教师如下能力：

（一）教师的学科专业能力

1. 深入挖掘音乐内涵的能力

王尚老师能够熟练结合音乐表情术语深入理解作品的内涵，能够准确听辨音乐主题，准确模仿并记写音乐主题的节奏、旋律，用曲式图说明音乐的材料与结构，并找到相似音乐结构的作品。她让学生在歌唱和聆听中非常直观地体验到不同风格的对比，掌握爵士乐的第一种基本元素——和声；借助PPT直观显示帮助学生迅速找到两组音阶的不同，了解蓝调音的特点等，都需要教师自身具有深度挖掘音乐内涵的能力。

2. 充分体现教师的专业示范性

《普通高中音乐课程标准》中指出："教师要引导学生喜爱音乐，要加深对音乐的理解，充分挖掘作品所蕴含的音乐美，用自己对音乐的感悟激起学生的情感共鸣；要不断提高音乐教学技能，用自己的歌声、琴声、语言和动作，将音乐的美传达给学生。"美国现代心理学家布鲁纳也曾说："学习最好的刺激乃是对学习材料发生兴趣。"特别是在音乐课堂上，教师的精彩示范，可以激发学生学习音乐的兴趣，调动学生学习音乐的积极性，这是任何多媒体都无法取代的。

本课执教教师的音乐专业素养非常突出，所以对教学内容有更深入、更独到的思考，她的演唱、演奏、创编、体态律动也都对学生起到很好的示范作用。在导入部分，教师精湛的钢琴演奏技巧、独特而富有韵味的演唱方式，几乎完美演绎了格什温的作品《夏日时光》，一下子就抓住学生"眼球"。之后，她又展示了自己重新设计、编曲、编配和声的民歌《小白菜》，使之从民歌变为一首具有浓郁爵士风格的作品，充分感染并激发了学生的学习愿望，让学生情不自禁地为老师鼓掌喝彩。在音乐实践过程中，教师轻松、协调的体态律动，为她的课堂注入新的活力，也让学生模仿之余彻底折服。

（二）教师的教学设计能力

1. 充分关注学生主体，关注高中学生的认知特点

高中学生好奇心强，求知欲旺盛，具有很强的自我探索意识，对事物有自己独特的认识，也具有一定的自我展示的心理需求。他们具有一定的文化基础和音乐基础，对音乐能进行一定的概括归纳。相较于古典音乐，大多数学生对爵士乐较为陌生。但同时，因爵士乐的风格轻松随意，且很多元素被流行音乐大量运用，也让很多学生对爵士音乐的学习兴趣较大。本节课从导入开始直奔主题，让大多数学生感觉到很亲切，并能很快融入和接受。

本课教学语言的设计，教师也是非常用心。特别注意运用"流行语""网络语"，如"户口大调查""粉丝""哦""呦"等语言的运用亲切而有趣，一下子与学生拉近了距离，营造了轻松愉悦的学习氛围。PPT的制作也是充满现代感，细节的设计更是可以充分激发学生的学习兴趣，"超赞"。

2. 准确分析学情，科学设计实践活动

本节课以《普通高中音乐课程标准》在"课程的基本理念"中指出的"强调音乐实践，鼓励音乐创造，弘扬民族音乐，理解音乐文化多样性"为理论依据。

王尚老师能够结合调研资料和数据，理性分析学生的认知及情感上的困难，科学整合三维目标，高效设计教学策略及音乐实践活动，活动设计可操作性强，使得学生能够在感知力度、速度、音色、节奏、节拍、旋律、调式、和声等音乐表现要素的过程中，根据自己的体验说出音乐要素的表现作用。在教学过程设计中强调学生的艺术实践，积极引导学生通过参与演唱、创造、对比聆听，逐步走进爵士音乐世界。

格什温的《蓝色狂想曲》是爵士音乐与交响乐相互融合的一部作品，是爵士交响化的成功典范。《蓝色狂想曲》是为钢琴和管弦乐队而写的类似单乐章的协奏曲作品，主题的即兴式表达同交响性的发展有机地结合在一起。其中，黑人布鲁斯音乐的调式及和声因素、爵士音乐的强烈的切分节奏和滑音效果，都很好地被用在了交响乐中。由于时间关系，在一节课的时间内不可能充分展开讲解这部作品，更不可能通过粗略的讲解就让学生完全掌握爵士的风格。因此，需要提前一节课对爵士和声、调式、节奏进行比较细致的讲解、体验和练习，为第二节课具体分析《蓝色狂想曲》做充分的铺垫。

（三）教师的教学实施能力

关注音乐本体，充分体现音乐性特征

《义务教育音乐课程标准》中指出："音乐是人类最古老、最具普遍性和感染力的艺术形式之一，是人类通过有组织的音响实现思想和感情的表现与交流必不可少的听觉艺术。"音乐是声音艺术、听觉艺术，这是音乐本身的特点。我们在音乐教学中要特别关注这一特点，关注音乐本体。无论是欣赏、唱歌，还是器乐、创作教学，都要始终贯穿音乐的语言。换言之，在音乐课堂上我们要关注音乐，关注音乐要素，真正掌握音乐内涵，进入音乐本体。

在本案例中，教师没有按照爵士乐的发展史来讲述，也没有过多地去介绍黑人种族的文化背景，而是从爵士乐的一些基本音乐要素切入，如节奏、和声与歌唱特征以及创作等，特别是总结出爵士要素中节奏、和声、蓝调音这"三大法宝"，即爵士的三大基本要素缺一不可。但要学生一下子掌握，仅靠讲解是不成的，必须在参与体验中感受。因此，教师通过精心设计，相关知识的学习是由浅入深、由简到难、由慢到快，循序渐进，不断增加难度；而且教师还将知识先分解，再层层叠加，使学生在活动中能够迅速掌握知识要点、逐一突破难点并能够正确掌握，最终达到充分应用。在这一过程中，学生不会觉得枯燥。特别是最后的拓展创编环节，既是对学生前面所学知识的复习巩固，也是对教学效果的检测。

（北京教育学院朝阳分院李磊，北京市陈经纶中学分校袁衍明、杨再辉　评析）

案例八　《流浪者之歌》（初中）[1]

北京市陈经纶中学分校　袁衍明

一、教学目标

（1）"情感态度及价值观"目标：能够体验到《流浪者之歌》表现出来的不同音乐情绪，认识到音乐知识的学习对于欣赏音乐作品的重要意义。

（2）"过程与方法"目标：通过体验、模仿等方式，了解浪漫主义音乐作品注重情感表现、音乐结构发展自由以及音色运用更加丰富的风格特点。

（3）"知识与技能"目标：

①能说出《流浪者之歌》的曲作者及其代表作；

②能说出浪漫主义作品的典型特征，尝试在其他浪漫主义音乐中找到类似风格特点。

二、教学重点

欣赏音乐，体验浪漫主义音乐典型的风格特点。

三、教学难点

用音乐术语描述对作品内涵的理解。

四、教学过程

1. 导入

复习检测导入新课。

播放古典音乐作品莫扎特《第四十交响曲》片段，幻灯片出示问题："这是哪种风格的音乐作品？A 古典主义音乐；B 浪漫主义音乐；C 流行音乐。"

师生交流复习古典主义音乐的风格特点。教师提问："你能简单说说古典主义音乐的风格特征吗？"

【设计意图】此环节以复习旧知识点导入新课，引导学生了解古典主义音乐"严谨、典雅、端庄"的风格特点。同时为对比出浪漫主义音乐抒情、自由、奔放的特点做铺垫。

2. 新课教学

（1）完整聆听浪漫主义音乐作品《流浪者之歌》。

教师："世界上有一个独特的民族，以流浪为生、四海为家，这就是吉卜赛民族。19

---

① 本案例曾在北京市同课异构教学研讨会上进行展示。

世纪的时候，一位伟大的小提琴家萨拉萨蒂……"

【设计意图】幻灯片介绍作者萨拉萨蒂，以图片和音乐的形式简要介绍吉卜赛人的生活状况，引导学生对吉卜赛人有初步的了解。

完整聆听《流浪者之歌》，教师提出问题："音乐分为四部分，你能根据学案的介绍听辨出各个主题吗？音乐中表现出哪些情绪？"

【设计意图】学生能够通过聆听音乐体验到忧伤、快乐为主的两种类型的情绪，结合学案的介绍，对音乐的结构也有整体的认识。

（2）分段赏析，提炼知识点。

①结合乐谱分析音乐情绪的突出表现：旋律连绵不绝——如泣如诉。

②歌唱第三部分主题音乐，进一步体验音乐情绪。

③欣赏小提琴技巧集中展现的乐段，体验高难度技巧对于音乐表现的作用。

④挥拍感受节奏自由的发展，体验浪漫主义音乐自由发展的风格特点。

⑤聆听第四乐段，感受作者力图表现吉卜赛人热情奔放的性格特点，体验到浪漫主义音乐自由奔放的风格特点。

【设计意图】通过出示乐谱、播放音乐主题、结合小提琴演奏技巧讲解作品、模仿唱主题等方式，引导学生体验浪漫主义音乐典型的风格特点，同时感受到作品塑造的音乐形象及表达的音乐情绪。

3. 检测

（1）播放《流浪者之歌》主题，学生辨别是哪一部分的旋律，说出曲作者，这段音乐是古典主义音乐，还是浪漫主义音乐，有什么风格特点。

（2）播放不同风格的音乐片段——《G大调弦乐小夜曲》《小步舞曲》和肖邦《革命练习曲》，学生分辨哪个是浪漫乐派的作品，结合前面的知识点说明判断的理由。

【设计意图】通过检测，了解学生对所学知识是否掌握，并且引导学生在检测的过程中进一步学习并应用所学知识和方法欣赏音乐。

4. 归纳提升

（1）请学生讲解：欣赏浪漫乐派的音乐应该从哪些角度欣赏？你听些什么？关注些什么？

（2）聆听经典：播放几首浪漫主义时期的音乐作品，学生运用所学知识欣赏作品。

（3）幻灯片出示提升主题，马克思的名言："对于没有音乐感的耳朵来说，最美的音乐也毫无意义。"

【设计意图】总结所学知识点，加深学生印象。让学生明确认识到，欣赏音乐需要学习和积累，要认真对待每一节音乐课的学习。

5. 学习效果评价设计

（1）检测学生是否能分辨出乐曲的四个音乐主题。播放四个主题音乐片段，学生聆听判断，并交流对自己印象最深的音乐的感悟。

（2）检测学生是否了解浪漫主义音乐的典型风格特点，直接提出："请用几个词语描述浪漫主义音乐的典型风格特点。"

（3）检测学生是否能够运用所学知识和方法辨别浪漫主义音乐。

①出示三个音乐片段，包括浪漫主义、古典主义以及巴洛克时期音乐，学生分辨哪一首是浪漫主义音乐。

②引导学生聆听经典的浪漫主义音乐作品，深入体验浪漫主义音乐的风格特点。

案例评析

本案例在北京市同课异构教学研讨会上进行了展示，针对初中生展开教学。《流浪者之歌》是一首浪漫乐派风格的乐曲，本节课重点在通过欣赏乐曲，引导学生体验浪漫主义音乐典型的风格特点。本案例突出体现了教师如下能力：

（一）教师的学科专业能力

准确表述音乐情绪情感的能力。

《义务教育音乐课程标准》中指出："感受与欣赏是音乐学习的重要领域，是整个音乐学习活动的基础，是培养学生音乐审美能力的有效途径。良好的音乐感受能力与欣赏能力的形成，对于学生丰富情感、提高文化素养、增进身心健康具有重要意义。教学中应激发学生听赏音乐的兴趣，鼓励学生对所听音乐表达独立的感受和见解，养成聆听音乐的习惯，逐步积累欣赏音乐的经验。"本课教师能够准确感受到音乐的情绪情感，能够用音乐语言准确而有艺术感染力地描述音乐所表现的内涵。注重培养学生运用所学方法和知识欣赏音乐作品，注重丰富学生的情感体验，激发学生挖掘音乐作品的艺术美，深入理解音乐的内涵，提高学生感悟音乐情绪的能力。

（二）教师的教学设计能力

1. 教学设计突出了音乐的学科特点

本课教学注重引导学生深入领会音乐作品的价值所在，包括所表现的其他国家和民族的音乐风格、小提琴技巧与音乐的完美结合，以及浪漫主义音乐风格的完美展现等。通过本节课的学习，学生能够说出浪漫主义音乐的典型风格特点，并且能运用老师交给的方法和知识欣赏其他浪漫主义音乐作品。本课教学结合了课标要求和学生实际情况，注重知识传授的衔接，注重培养学生学习音乐、欣赏音乐的能力。

2. 科学表述三维目标，合理设计教学过程

本节课中，教师能够依据教材分析和学生分析及其联系，确认大部分学生在教学内容上的认知起点和学习障碍，结合课程标准，确定合理的教学目标，在表述中运用了可操作性和可测评性的行为动词，如"能说出《流浪者之歌》的曲作者及其代表作；能说出浪漫主义作品的典型特征，尝试在其他浪漫主义音乐中找到类似风格特点。"

（三）教师的教学设施能力

1. 挖掘音乐内涵，提升音乐审美能力

中小学音乐教育是一个人一生中接受音乐教育影响最为重要的时期，而这一时期音乐教育的主要目的是通过培养和发展学生的音乐感知能力和音乐思维能力，提高其对音乐作品的分析鉴赏能力和审美能力。教学中，教师能够运用灵活多样的方式有效指导学生准确识读、记写音乐表情术语，准确运用恰当的方式引导学生体验音乐情绪情感，深入理解音乐内涵，并能够指导学生运用自己的方式表达对音乐的理解。

2. 引导学生学会知识的迁移运用

为了学生能够学以致用，教师除了提炼出浪漫主义音乐的典型风格特点以外，还列举其他浪漫主义音乐加以分析，引导学生运用所学方法来印证其风格特点，并且通过在不同风格作品中找出浪漫主义音乐来检测学生是否掌握。教师能够准确地对学生学习过程中表现出来的情感反应、合作交流等情况做出定性评价，并结合定量测评，根据学生学习的情况，有针对性地提出有效的学习建议。

（北京市陈经纶中学分校袁衍明、杨再辉　评析）

案例九　《流浪者之歌》（高中）①

北京市和平街一中　朱莉

一、教学目标

（1）"情感态度及价值观"目标：

①感受、了解《流浪者之歌》的艺术高度，了解吉卜赛音乐风格。

②乐于了解外国优秀音乐作品，逐渐地由低层次的直觉"聆听"向高层次的情感"聆听"、理智"聆听"发展，最终树立健康向上、富有个性的审美观。

（2）"过程与方法"目标：

使用以比较为主的欣赏方法，通过聆听、体验、感受等环节了解小提琴曲《流浪者之歌》的艺术魅力。

（3）"知识与技能"目标：

①了解巩固乐曲中的小提琴演奏技巧知识；

②结合音乐要素鉴赏、分析作品，了解音乐作品背后的民族性、文化性。

二、教学重点

运用比较为主的方法聆听、分析作品，完成对作品的美学鉴赏（演奏技术、音乐形

---

① 本案例曾在北京市同课异构教学研讨会上进行展示。

象、民族性格）。

三、教学难点

鉴赏、分析不同风格、版本的小提琴曲《流浪者之歌》，感受作品的民族性、文化性，理解二度创作的重要性。

四、教学过程

（一）导入

教师用语言与肢体动作创设情境，播放音乐片段，营造吉卜赛风格音乐氛围，引入欣赏课题《流浪者之歌》。

【设计意图】创设情境，从身边的生活时尚、时事引入民族氛围，通过《流浪者之歌》乐曲片段初步感受吉卜赛音乐，引起学习兴趣。

（二）新授

（1）浪漫派作曲家萨拉萨蒂及其作品的介绍。

（2）聆听《流浪者之歌》全曲，用比较的方法分析作品，初步感知音乐中的吉卜赛民族性格。PPT演示文稿欣赏提示：

①《流浪者之歌》作品文字。

②吉卜赛民族各种人物形象及图片。

③边听边思考：①你从音乐中听到了几种情绪？②演奏技术对艺术形象的塑造有何作用？

作品欣赏完，师生从思考的问题入手得到对《流浪者之歌》的初步听赏总结（情绪情感、演奏技术）。

（3）深入体验，加深理解。

体验一：主旋律的模唱。体验小提琴演奏的旋律性。感受吉卜赛民族颠沛流离、世代流浪的民族性格。

①同学模唱缓版旋律。

②注意气息，速度力度适中，演唱情绪正确。

③听小提琴演奏的缓版，学生跟唱旋律，比较人声演唱与小提琴演奏的不同。

体验二：对比欣赏不同技术程度的快版演奏，了解演奏技术对艺术形象塑造的重要性。

①欣赏初级版《流浪者之歌》。

提问：技术怎样？塑造了什么音乐形象？符合作曲家的要求吗？

②欣赏成熟版《流浪者之歌》。

提问：与之前版本比较，成熟版在演奏技术、音乐形象的塑造上又是怎样的？

【设计意图】带着问题欣赏全曲，并在教师的引领下分析吉卜赛民族性格的流浪、悲苦、颠沛流离及乐观、向上、自由豪放、热情等多方面特性。了解《流浪者之歌》的各种演奏技巧是为哪种性格形象服务的。

（三）欣赏能力提升

比较两个版本（穆特、弗雷德曼）的小提琴曲《流浪者之歌》音乐片段。

（1）教师介绍女演奏家穆特，学生听穆特版本的《流浪者之歌》第一乐段。

提问：你能从哪些角度听出这是女演奏家演奏特点的？

目的：总结规律，把大家听赏的视角拓宽。

（2）夯实：教师把大家听到的方法板书在黑板上，同学根据交流的不同方法复听穆特的第一乐段。

（3）再听一位小提琴家演奏的第一乐段，根据之前总结的听赏经验，学生判断演奏家性别，与穆特对比，这位演奏家有何特点。

（4）关于吉卜赛民族性"悲"的思考：两位演奏家在演奏相同的表现吉卜赛民族的作品时，表现这个民族的苦难，是悲凉、悲戚、悲惨还是悲怆、悲愤、悲壮？教师给学生一个开放式的思考，再次强调高中音乐欣赏应突出个性。

（5）对比欣赏两位小提琴演奏家的快版演奏，加深演奏印象，再次感受《流浪者之歌》高难度的炫技，分辨出演奏家的演奏风格。

【教学意图】拓宽高中音乐欣赏视角，学会分享音乐鉴赏的个性感受，更多地引入开放性的思考；进一步感受演奏大师在对《流浪者之歌》进行二度创作中的不同风格。

（四）能力拓展

不同民族音乐作品民族性的比较（吉卜赛民族与犹太民族）《流浪者之歌》与《辛德勒的名单》

学生听音乐分析音乐情绪，从音乐的文化性上知道：不管技术怎样，能全面透彻反映民族性的音乐作品才是好的作品，反之，光有华丽的炫技没有内涵的作品，是经受不住时间的考验的。

【教学意图】通过两个同样苦难流浪民族的音乐的比较，将音乐欣赏提高到文化性的学习比较上，让学生认识到，只要是真实反映民族风格的音乐作品就是好作品，但是当下大多数作品艺术性不高，很多作品无病呻吟。

（五）小结

柯达伊说过："只有最好的才是好的。"高中阶段是提升音乐审美能力、塑造个性欣赏的黄金时期，只有通过音乐鉴赏的学习才能提高我们的审美能力，才能更好地拉近我们与世界优秀音乐家、音乐作品的距离。让我们都来学习音乐吧！

（六）学习效果评价设计

1. 评价方式

本课的学习效果评价方式包括教师评价和学生自评。教师评价贯穿于整个学习过程，如对学生回答问题、旋律演唱质量的评价。

学生自评主要体现在对比欣赏阶段能否准确快速地达到教师的要求，如运用所学的听赏方法判断演奏家弗雷德曼的性别及演奏特点。

2. 评价量规

（1）能够用正确的情绪、力度、速度演唱缓版主旋律。

（2）能够听辨、判断、总结不同的演奏家的演奏特点。

（3）能对开放式的问题有所思考，并应用于欣赏实践。

（七）教学设计的特点

《流浪者之歌》这节音乐课，是基于湖南文艺出版社编写的高中音乐教材鉴赏模块第四单元《音乐与时代》第五个教学内容《从古典走向浪漫》的知识结构所上的一节音乐欣赏课。它是遵循《普通高中音乐课程标准》中"弘扬民族音乐，理解多元文化""培养音乐鉴赏和评价的能力，形成健康向上的审美观"的精神和理念设计的，体现了"音乐欣赏课应遵循听觉艺术的感知规律，突出学科特点"的课程目标。在教学过程中，教师一直坚持：

（1）始终在聆听。

（2）解决了三个层次的聆听转化。课程结构逻辑性强，层层深入，符合音乐鉴赏的一般规律。

（3）用所学到的音乐规律（法）解决情感、美学问题（术）。

（4）注重培养学生的音乐鉴赏力，倡导高中阶段音乐鉴赏的个性化。从不同演奏家的版本比较到不同民族音乐性的比较，自始至终教师都在启发学生关注音乐本体。

（5）结合高中学生的学习特点，将音乐鉴赏学习与生活实践紧密联系，引导学生开阔视野，提倡培养个性化的音乐欣赏风格。

（6）教师语言能力强，适当的范唱及肢体动作展示凸显音乐课的特点。

（八）教学反思

（1）从教学目标看。教学目标关注了以下问题：学生的音乐兴趣、音乐作品的情感特征以及"音乐欣赏"学习与生活的联系。充分运用了比较的教学方法，通过比较作品不同的版本、演奏风格、民族背景，培养学生分析和评价音乐的初步能力。

（2）从教学过程看。教学过程中的每一个活动环节都是以教师引导学生感受、体验不同的音乐情绪以及分析吉卜赛的民族性格为主线的。围绕这一问题，教师让学生感受、体验、理解音乐，注重培养学生对音乐的分析能力，提高感知、理解、想象的能力。教师目的明确，教学逻辑性强。整个教学过程中学生和教师一直处于一种审美享受的过程中，师生的身心都有一种音乐上的愉悦感和满足感，应该说这是"以审美为核心"的教学理念的具体体现。

（3）从教学方法看。针对高中学生音乐欣赏的不足之处，教师采用了大量丰富的音乐素材，大胆地从版本比较上欣赏《流浪者之歌》，挖掘音乐背后的民族、文化深度。教会学生欣赏的方法。从视听上以及行为上都兼顾到了绝大多数学生，使不同能力的学生都能够在音乐课上获得活动的满足感和行为上的成就感。

（4）不足之处

①模唱环节重点不太突出，要解决的问题显得有些模糊，效果不是太明显。

②在课的设计上要更加突出："体验—探究—再体验"的教学模式。让学生更突出地体验音乐的美。在这节课上，前半节课关于知识的讲解较多，情景创设和体验的东西还不太够，课堂氛围对音乐的赏悦程度还不够，教师对理性的东西延展过多，感性内容不太够。

案例评析

本案例在北京市同课异构教学研讨会上进行了展示，针对高中生展开教学，教学重点在于运用比较为主的方法聆听、分析作品，完成对作品的美学鉴赏。本案例突出体现了教师如下能力：

（一）教师的学科专业能力

准确分析音乐作品的能力。

《普通高中音乐课程标准》中指出："音乐欣赏教学应以聆听音乐为主，引导学生在情感体验的基础上对音乐作品进行分析、比较和评价，使他们在欣赏音乐的实践活动中认识、理解、鉴赏音乐。"朱莉老师能够精准地分析作品的曲式结构、准确把握音乐作品的风格流派，熟练掌握音乐作品的创作背景。

（二）教师的教学设计能力

1. 精选教学内容，促进目标达成

教学中，教师不是"教"教材，而是"用"教材教。教学内容是蕴含在教材内容之中的，从教的方面说，它是指教师为完成教学目标而对教材所进行的教学化处理，这个过程既包括对现有教材的沿用，也包括教师对教材内容的"重构"。朱莉教师熟知学生实际学情，能够结合教材内容，精准地选择了不同演奏家版本的《流浪者之歌》及相关经典名曲，有效地引导学生对比其艺术表现的不同、深入体验音乐风格及演奏特点。

2. 遵循听觉艺术的感知规律，突出音乐学科的特点

高中音乐鉴赏模块教学内容标准指出："学生应从对音乐的聆听中感受到音乐的美，养成欣赏音乐的习惯；能认识到音乐要素在音乐表现中的作用；在欣赏中外优秀作品时，能感受、体验到音乐的民族风格、地域风格。"新课教学中，教师引导学生聆听《流浪者之歌》全曲，初步感知音乐中的吉卜赛民族性格，并设计了问题："你从音乐中听到了几种情绪？"演奏技术对艺术形象的塑造有何作用？接下来的主旋律的模唱引导学生体验小提琴演奏的旋律性，感受吉卜赛民族颠沛流离、世代流浪的民族性格。然后是对比不同版本的欣赏……教学环节的设计环环相扣、逐步深入，使学生在浓郁的音乐氛围中去领悟音乐之美。

（三） 教师的教学设施能力

1. 教学策略灵活多样

教师在导入环节中着民族服装，结合肢体动作和语言表达，成功创设音乐情境，引导学生进入吉卜赛民族音乐体验的氛围；在新授课阶段采用了聆听、体验的教学方式，让学生聆听、感受、鉴赏音乐，探究作品的情绪情感；用模唱旋律的方法感受吉卜赛民族的流浪、动荡、悲惨的生活状态。在拓展延伸阶段使用对比的手段，从不同程度、不同演奏家版本、不同民族之间的音乐差异分析作品，突出本课重点，解决难点。

2. 注重引导学生深入体验音乐特点

朱莉老师能够采用有效的教学策略，指导学生深入体验不同音乐表演形式的特点，引导学生深入理解不同音乐体裁和表演形式的差异。《普通高中音乐课程标准》中指出："以音乐审美为核心，在音乐教学过程中，强调音乐的情感体验，根据音乐艺术的表现特征，引导学生整体把握音乐表现形式和情感内涵，领会音乐要素在音乐表现中的作用。"本节课注重深入挖掘作品内涵，使教学内容的深度与广度符合高中音乐鉴赏课的要求。在教学过程中，通过对音乐欣赏基本知识与技能的学习，学生你赏视角与方法的交流，实现学生对作品音乐风格版本的自主探究，最终实现直觉聆听——理智聆听——情感聆听的鉴赏层次转化。

（北京市陈经纶中学分校袁衍明、杨再辉 评析）

主题二　表现模块

案例一　《男孩》①

北京市朝阳外国语学校　付晓敏

一、教学目标

（1）用自然、活泼的声音演唱《男孩》，感受歌曲所表现的青春气息和活泼、诙谐与风趣的情绪特征；

（2）学习并掌握切分节奏型、下滑音和顿音的知识，进行多种节奏练习，由易到难，解决"弱拍强音"的教学难点；

（3）辨别欣赏其他摇滚作品，感受并能表现摇滚乐的风格。

二、教学重点与难点

（1）教学重点：演唱歌曲《男孩》，初步了解摇滚乐的风格。

（2）教学难点：

①稳定节拍的练习；

②切分节奏型、下滑音和顿音的练习，"弱拍强音"的练习。

三、教学过程

教学阶段	教师活动	学生活动	设置意图	技术应用	时间安排
创设情境	1. 欣赏歌曲《红旗飘飘》，请大家跟着节拍点拍手，并思考歌曲的演唱者是谁 2. 欣赏歌曲《当兵的人》，请大家跟着节拍点踏步，并思考歌曲的词作者是谁 3. 欣赏歌曲《歌声与微笑》，请大家跟着老师做动作，并思考歌曲的曲作者是谁 出示答案。（1）演唱者：李杰；（2）词作者：王晓岭；（3）曲作者：谷建芬	聆听、拍手、思考 聆听、踏步、思考 聆听、律动、思考 看课件	从基本的恒拍练习开始，活跃课堂气氛。学习歌曲相关的知识，增强对歌曲的理解	音频课件	4分钟

---

① 本案例选自高等教育出版社《新课程音乐教学案例选评》（第二版）。

续表

教学阶段	教师活动	学生活动	设置意图	技术应用	时间安排
欣赏歌曲 分析歌曲结构	1. 欣赏歌曲《男孩》 2. 提问歌曲特点 3. 教师范唱歌曲《男孩》，请学生划分曲式结构 4. 歌曲曲式结构分析 歌曲结构为单二部曲式 曲式结构：A＋B	看课件、欣赏 回答：歌曲欢快、活泼、诙谐与风趣 再次欣赏歌曲 划分曲式结构 说出答案	导入课题，明确学习内容 初步感受歌曲风格 进一步感受歌曲形象，深入分析歌曲，培养分析能力	音频 板书 课件 钢琴	3分钟
教唱歌曲	1. 教唱歌曲 B 部分 提问：B部分哪里不好唱？ 出示难点，先唱简谱，再加歌词 要求： 用自然、流畅有气息支持的声音去演唱 正确演唱顿音和下滑音 提问：你记得4/4拍的强弱规律吗？用声音的音量告诉大家它的强弱规律 节奏练习 要求：强调弱拍 （1）x x x x｜0 x 0 x｜ （重音记号在第一小节第四拍和第二小节二、四拍。x读"哒"，0读"空"） 第一小节练习四遍；第二小节读出"空"，练习四遍；第三小节不读"空"，练习四遍 （2）x x x x x｜0 0 0 x x｜ （重音记号分别在两小节第四拍的两个八分音符） 第一小节练习四遍，第二小节读出"空"，练习四遍；第三小节不读"空"，练习四遍完整演奏：第一小节演奏两遍，接第二小节，再接第一小节 （3）x x x x x｜0 x x 0 x｜ （重音记号分别在两小节第二拍的两个八分音符和第四拍） 完整演奏：第一小节演奏两遍，接第二小节，再接第一小节 请一个学生读出稳定节拍 （4）x x x x x x x x｜0 x 0 x 0 x 0 x｜ （重音记号在第二小节每一拍的后半拍） 完整演奏：第一小节演奏两遍，接第二小节，再接第一小节；请一个学生读出稳定节拍	回答 看课件 学唱简谱和歌词 用强弱规律 说出节拍点 做节奏练习 思考、回答 讨论、分析、研究后回答： 强调了弱拍	在歌曲中正确演唱顿音和下滑音，解决教学难点 提示4/4拍应有的强弱规律，为后面对比"弱拍强音"做铺垫 通过改变强弱规律的节奏练习，从易到难，逐步体会"弱音强拍"，解决教学难点 强调重音往往放在弱拍上，解决教学难点 尽量调动学生的积极性，从他们的已知到应学的未知，才会印象深刻	钢琴 课件	21分钟

教学阶段	教师活动	学生活动	设置意图	技术应用	时间安排
教唱歌曲	提问：研究歌曲 B 部分的"哎咳"两个音强调了 4/4 拍强弱规律"强弱次强弱"中的哪拍？ 提问："摇滚"是什么？最喜欢摇滚的什么感觉？一般演唱摇滚时是什么表情？ 男孩，哎呀 提示：注意 5 – 3 的音准 出示音乐类型：摇滚 介绍摇滚乐： 摇滚是一种音乐类型，起源于 20 世纪 40 年代末期的美国，20 世纪 50 年代早期开始流行，迅速风靡全球 摇滚乐的伴奏，节奏强烈，轻重分明，重音往往是放在弱拍上，颠倒了强弱节奏的一般规律，旋律线有时充满了滑奏的装饰音，这样就产生了一种摇晃、滚动的感觉 1. 演唱 B 部分两遍，增加敲击、晃动笔袋的动作，体会"弱拍强音"和下滑音 2. 学唱歌曲 A 部分 提问：A 部分哪里不好唱？怎样能唱好切分节奏？ 出示难点，先唱简谱，再加歌词，强调切分节奏和空拍 要求： （1）用自然、流畅有气息支持的声音去演唱 （2）正确演唱切分节奏 总结歌曲特点：歌曲在弱拍的地方用强音表现，加上下滑音的运用，使歌曲带有明显的摇滚风格 3. 提问：作曲家为什么运用摇滚这种音乐类型来创作《男孩》？	看课件 做适当的笔记 边唱边做动作 学唱 回答 看课件 学唱简谱和歌词 看课件 总结 回答：男生有活泼、好动、喜欢运动等特点，用摇滚创作歌曲很合适	了解摇滚乐概念；再次了解摇滚乐及风格特点，强调教学难点，增加学生学习兴趣 帮助体会摇滚乐风格特点：重音往往放在弱拍上；滑奏 强调切分节奏，深入体会切分节奏在摇滚乐中的作用 加深理解摇滚音乐的特点，为之后的检测和拓展做准备 真正理解歌曲情感，达到"情感态度及价值观"的目标要求	钢琴课件	
检测和节奏练习	1. 播放一首猫王的摇滚乐 Lucy say don't，辨别音乐类型；通过拍手找到弱拍 2. 听写节奏 3. 练习听写的节奏 4. 全班分两个小组，一组演唱歌曲，一组为歌曲《男孩》做节奏伴奏 5. 提问：除了拍手、踏步等方式来配伴奏，我们还可以用什么方式？ 6. 分四个小组配着音乐读出四种衬词："Dong Ci Da Ci""Dong Bia""Chi""Beng"	辨别摇滚乐； 边欣赏边拍出弱拍 听写 打节奏 全班合作演唱歌曲 思考 读"衬词"	检测学生是否能听辨出音乐类型 巩固知识点 练习恒拍，培养合作意识 培养学生创新的意识 练习恒拍，培养合作意识，体会"读衬词"的伴奏方式	音频课件	10 分钟

续表

教学阶段	教师活动	学生活动	设置意图	技术应用	时间安排
拓展创编	为歌曲的 B 部分创编节奏伴奏 要求：节奏要体现出摇滚乐的特点，强调弱拍 1. 请三个学生在黑板上展示自己创编的节奏 2. 全班同学共同演奏二个学生的节奏	创编节奏 展示 互相学习	让学生亲身体验、感受、参与	课件 板书	6分钟
归纳总结	同样一首作品可以用多种不同的方式来表现，可以把它变得更好听、更美妙	听老师讲解	课堂内容继续延伸和扩展	课件	1分钟

案例评析一

本课教学内容选自人民音乐出版社课程改革实验教材第 15 册第二单元《男孩，女孩》。《男孩》这首歌创作于 1988 年，是作曲家谷建芬的代表作品之一，由青年歌手李杰在 1988 年中央电视台春节联欢晚会上演唱后，受到青少年的喜爱并广为传唱。歌曲是单二部曲式，活泼、诙谐与风趣，带有摇滚音乐的风格。

应该说《男孩》是一节比较有挑战的课，让初中的学生张嘴唱歌是令很多老师"头疼"的问题。因为这一阶段多数孩子（尤其男孩）正处在变声期，不能控制好自己的嗓音，音色不能统一。虽然经过小学阶段的音乐课学习，已掌握了基本的歌唱发声方法，在音色和技巧方面已经具备一定的能力，但能够引导学生主动参与音乐活动还需要教师进行精心设计。

本案例突出体现了教师的学科教学能力：

1. 教师"导"出情趣，激发学生兴趣

本课教学活动的设计充分体现了《义务教育音乐课程标准》中提出的"以审美为核心，以兴趣爱好为动力""面向全体学生，重视音乐实践"。在教学过程中，教师精心创设了和谐、互动、探索、创新的良好学习情境和氛围，激发学生积极主动地、全身心地参与到音乐实践活动中。教学过程层次清晰，各环节之间过渡自然。以演唱歌曲和节奏练习为主线，教学设计紧密围绕教学难点，内容丰富有趣，加大了学生演唱的兴致，帮助学生逐渐掌握音乐中"弱拍强音"的感觉和演奏方法。歌曲的 B 部分旋律相对简单，容易上口，节奏欢快，摇滚乐的特点明显，所以教唱歌曲从 B 部分开始非常正确。演唱 B 部分之后马上引出摇滚乐知识，学生的兴致一下被调动起来。在学唱 B 部分之后，还有一个笔袋敲击桌面的小练习，方法既简单，学生又容易接受，为导出摇滚乐的知识起到一定的铺垫作用。课堂中教师几次总结歌曲节奏的特点，分层次地、逐步地解决了教学的重点和难点。节奏听写和全班分组击打节奏的环节，由易至难，层次清晰，使学生的学习热情逐步升高，为拓展练习做了很好的铺垫。

2. 学生"动"中有静，强化基本技能

在本课教学活动中，学生积极参与教学活动，能够在"听、唱、写、创"的过程中理解音乐作品的特点。很多学生在下课后，主动找老师拷贝课件和音乐，表现出了浓厚的学习兴趣。本节课给学生留下了深刻的记忆，在第二节课上，学生带来许多摇滚音乐作品和自己创作的节奏。可以看出，在课堂45分钟的时间外，学生主动自主学习了很多知识，达到了很好的知识延伸，这一点非常宝贵。

（北京教育学院朝阳分院李磊　评析）

案例评析二

（1）选材及教法符合初中学生音乐审美心理特点，内容丰富，听、唱、写、创、评能结合全面。教学重点突出，如切分节奏学习、创作等，教学目标可以完成。创作是个好的学习方法，应予重视。

（2）教学拓展适度，学习内容集中。

（3）应注意调动学生积极性，启发他们讨论、思考，引导他们从已知到未知，表演、评价尽量减少教师系统传授或包办代替。

（首都师范大学曹理教授　评析）

案例二　《献上最洁白的哈达》①

北京教育学院朝阳分院　李磊

一、教学内容分析

（1）歌曲《献上最洁白的哈达》为2/4拍，宫调式，二段体结构。这首歌是藏族民间歌舞——弦子中的一首颇具典型性的歌曲。其节奏疏密相间，旋律优美细腻，结构严谨而工整，具有很强的抒情性及藏族民歌独特而鲜明的风格色彩。从歌词的内容上看，它采用了极富想象的比兴方法，表达了藏族人民向往北京和热爱伟大祖国的思想感情。

第一乐段（1～10小节），由两个乐句构成。其节奏具有疏密相间的特点。在旋律上，第一乐句第一小节及第二小节的第一拍，与第二乐句的开端是完全一样的。而两个乐句的

---

① 本案例选自人民音乐出版社《名优教师设计音乐课教案与评析》（八年级上册）。

后半部分则用相互呼应的方法变化了旋律，它们各自的句尾，一个落在属音（徵音）上，另一个落在主音（宫音）上，且均用带装饰性的倚音做收束，从而将藏族民歌独具特色的鲜明风格凸显出来。

第二乐段（11～19 小节），也是由两个乐句构成。其中的第一乐句（11～15 小节）明显地紧缩了节奏，歌词中的字密集起来，一字一音、一字两音的现象频频出现。这就与第一乐段的悠扬、舒展形成了对比，因而表现出一种抒情中含有兴奋的激情，也恰如其分地表达了藏族人民向往北京、热爱祖国的真挚情感。此乐段的第二乐句（16～19 小节）与第一乐段的第二乐句（6～10 小节）基本上是相似的，但句尾的旋律又是重复的，这样就使整个歌曲体现了统一中有变化、变化中求统一的美学思想。

（2）歌曲《天路》为 4/4、2/4 拍，羽调式，中速稍慢，《天路》二段体结构。是近年创作的一首极富藏族风格的抒情歌曲。歌曲表达了藏族儿女对青藏铁路通车的喜悦心情，更表达了藏族人民对祖国大家庭的赞美。

整首歌曲由羽（6）、角（3）构成的旋律框架，不仅使旋律风格浓郁，而且流畅婉转。同时一字多音和波音、前倚音等装饰音的使用更使歌曲充满了高原韵味。

第一乐段，由两个乐句构成。以第一人称开始，旋律基本在中低音区徘徊，用温和平静的独白、舒缓悠扬的旋律表达出一种蓄势待发的情感。

第二乐段，在经过一个 2/4 拍旋律的短暂过渡后，第二乐段明显与第一乐段的音区形成鲜明的对比，构成高潮。

二、教学目标

（1）通过演唱《天路》，感受、体验藏族音乐的风格。

（2）学唱《献上最洁白的哈达》，能用自然、平稳、有控制力的声音及委婉抒情的情绪，模仿弦子的风格演唱歌曲。

（3）伴随音乐体验藏族音乐舞蹈动作，激发学习民族音乐的兴趣，提高音乐审美能力。

三、教学重难点

重点：通过学唱歌曲、学习基本舞蹈动作等环节，感受、体验藏族民间音乐的独特风格。

难点：在演唱中体验并尝试表现藏族弦子的独特风格韵味。

四、教学过程

（一）导入

1. 教师演唱歌曲《天路》（鼓励学生跟唱）

提问：这首歌是什么？由这首歌联想到了哪些关键词？

（青藏高原　青藏铁路　雪山　藏族　韩红高亢嘹亮……）

【设计意图】基于对学情的了解，学生对这首歌曲都比较熟悉，所以设计这样有针对性的提问，开门见山，直入主题，可以充分调动学生积极性。同时，教师的现场范唱能够加深学生的感受，收到更好的效果，这是听录音无法比拟的。但教师一定要精心准备好，可以起到正确的示范作用。

教学建议：教师要能够灵活机敏地对学生的回答迅速做出反应，如：说到"韩红"，老师可以补充，她是一位优秀的藏族歌手，所以唱起这首歌来特别亲切、原汁原味。如果学生说出"草原"等不相关的关键词，老师可以引导学生回忆曾经学习过的《草原牧歌》等单元，由于地域特点的不同，草原的歌曲相对旋律更加平直，不会有大幅度的跳进。总之，要多方引导学生思考，而不是生拉硬拽让学生被动接受已有的答案。

教师根据学生的回答总结提炼关键词——雪域高原、藏族风格。

教师导语：

高原、雪山、白云、蓝天，还有布达拉宫、青稞酒和酥油茶——这就是西藏。

今天，我们进入一个新的单元的学习——《雪域天音》，让我们一起走进那美丽而神奇的西藏。

2. 简单介绍藏族音乐文化

出示 PPT，播放展示藏族风情、雪域风光的画面。背景音乐轻柔播放《献上最洁白的哈达》的伴奏音乐。

【设计意图】避免枯燥的讲解，使学生从视觉上产生直观的感受。播放背景音乐其实是潜移默化让学生熟悉歌曲，但音响一定要轻柔，不能喧宾夺主。

教师介绍：

藏族人民创造了灿烂的民族文化，在文字、音乐、舞蹈、绘画、雕塑、建筑艺术等方面，为后人留下了丰富的、珍贵的文化遗产。而藏族传统音乐具有品种多样、特色鲜明的特点。它包括民间音乐、宗教音乐及宫廷音乐三大类。其中以民间音乐居主要地位。

老师刚刚演唱的《天路》就是采用藏族民歌的元素做旋律素材，运用专业音乐创作手法创作的一首歌曲，表现了藏族人民对青藏铁路通车的喜悦之情，也表现了藏族人民对祖国大家庭团结和谐的赞美之情。还有《青藏高原》《洗衣歌》等也都是采用藏族民歌的元素创作的歌曲。

3. 教师带领全体学生再次演唱歌曲《天路》，体验藏族音乐风格

提示：这是一首比较熟悉的歌曲，要尽量放开演唱；藏族音乐与很多民族的音乐一样，都有着边歌边舞的特点，要尽情地用肢体语言表现。

4. 导入新课内容

演唱完运用藏族民歌元素做旋律素材的歌曲《天路》，今天，我们再来学习一首"原汁原味"的藏族民歌《献上最洁白的哈达》。

弦子、囊玛和堆谢，分别是藏族民间音乐的几种不同的歌舞音乐体裁。我们今天学习的这首歌曲是一首弦子。弦子发源于四川巴塘一带，由于演唱时常用牛角胡琴（藏语称比汪或比庸）或二胡伴奏，故被通称为"弦子"。

弦子是藏族青年十分喜爱的歌舞形式，是节日喜庆或日常娱乐时必不可少的项目。弦

子的音乐优美抒情，色彩浓郁，旋律极富歌唱性，乐曲结构较简练，可多次反复。有些较古老的弦子乐曲是词曲固定的，不能随意填唱他词。但大多数歌词可填入不同的弦子曲调演唱，或祝福吉祥如意，或赞美山河大地。西藏和平解放后，藏族人民的生活发生了翻天覆地的变化，为表现心中的喜悦之情，他们又编唱了许多反映新生活的歌词。我们演唱的这首《献上最洁白的哈达》就是这一时期重新填词而成的。

（二）演唱歌曲

1. 准确学唱歌曲

（1）初听歌曲，学生认真聆听，建立初步印象；

（2）复听歌曲，学习实践简单的舞蹈动作，随音乐加入身体的律动。

教师提示：藏族音乐歌与舞的联系十分密切，多是歌舞一体的（我国很多少数民族，还有世界很多民族和地区，如非洲的音乐也都呈现出这一特色）。所以，要边唱边伴随身体的律动。

教师讲解并示范动作要领：

身体微微前倾（这是由于藏族人民长期爬山、劳作并长期受奴役而产生的）；

腿部膝盖微颤、一步一靠、三踏一踢；

手臂随着步伐的变化以及重心的移动，而带动着松弛的、自由的顺势摆动。

【设计意图】打破常规，让学生从律动开始，充分体验藏族音乐的风格特点。

（3）第三遍，带着问题聆听歌曲：

①歌曲的结构是怎样的，分为几个乐段、几个乐句？

②歌曲的节奏、旋律有什么特点？有没有规律可循？

教师小结：

①歌曲为为 2/4 拍，宫调式，二段体结构。这首歌是藏族民间歌舞——弦子中的一首颇具典型性的歌曲，分为两个乐段，每个乐段由两个乐句组成。

提示：这首歌曲每个乐句都是由 5 小节构成。这也是藏族歌曲一个比较有意思的特点。我们平时接触到的歌曲大多是双数小节构成一个乐句，比较常见的是 4 或 8 小节一个乐句。而藏族民歌中很多都是单数小节构成乐句，比如一个乐句为 5 或 7 小节。追根溯源，这一特点的形成有两个比较主要的原因：一是民歌主要来源于民间，尤其是藏族民歌，是在即兴歌舞中创作产生的。其中很多歌舞是一领众和的形式，在领舞的随性变化与群舞的跟随过程中会产生一些延迟与错位，慢慢流传下来就成了一种习惯。二是审美习惯上的不同。藏族文化并不像我们汉族或很多民族以对称为美，所以不去刻意追求结构上的对称。

②歌曲的节奏疏密相间，旋律优美细腻，结构严谨而工整，具有很强的抒情性及藏族民歌独特而鲜明的风格色彩。在旋律上，第一乐句与第二乐句的开端是完全一样的，而最后一个乐句基本上也是相似的，句尾旋律是重复的。只有第二乐段的第一乐句明显地紧缩了节奏，与第一乐段的悠扬、舒展形成了对比。这样，就使整个歌曲统一中有变化，变化中求统一。很多的民歌和创作歌曲也都使用了类似的创作手法，比如《康定情歌》。请同学们回家之后再找找具有相似结构的歌曲。

【设计意图】以问题引领的方式，紧紧抓住学生的注意力，同时在每次的作品分析中都渗透这样的方法，不仅仅局限于一首作品的学习，而是举一反三培养学生的音乐思维习惯，使学生得到终身受益的方法。

（4）学唱 A 段第一、二乐句。

提示：要注意第一、二乐句"同头变尾"的特点，教师可带领学生用划旋律线的方式或用不同空间高度示意的方式加以体会；句尾长音暂不加入装饰音演唱；要不断强调歌唱的状态：笑肌提起、声音自然放松、按照乐句进行呼吸换气、击拍等；同时注意句尾长音时值的保持。

【设计意图】不断强调学习规范，巩固歌唱发声的方法。

（5）学生自主学唱 B 段第二乐句。

教师提示：B 段第二乐句与 A 段第二乐句基本上相似，句尾的旋律是重复的。

【设计意图】培养学生的自主学习能力。

（6）学唱 B 段第一乐句。

提示：这一句运用了完全不同的素材，节奏紧缩了，歌词中的字密集了，演唱时注意要将音与字对应好，动作幅度相应也加大些。

（7）在气息的连贯支持下，尽量运用自然、平稳、有控制力的声音演唱。

提示：注意一个乐句一呼吸；注意第二乐段的反复；注意轻声演唱，尤其是高音，结合以往学习的歌唱知识，适当加入假声演唱。

【设计意图】由浅入深、循序渐进，在实践中逐步加深对歌曲的感受。

2. 有韵味地演唱歌曲

（1）教师提示学生，歌曲完全按照谱面演唱了，但是风格上还有哪些欠缺？

小结：还缺了一点"韵味"。

（2）再次聆听则藏族男歌手旺多吉版《天路》以及藏族女歌手索朗旺姆演唱的《阿爸》片段，分析"藏族韵味"藏在哪儿？

鼓励学生大胆发言，教师小结：

①声音高亢嘹亮。这是与地域文化分不开的，正如俗话所说"一方水土养一方人"。

②最独特的是藏族歌曲特有的"振谷"演唱方法。"振谷"，意为"嗓间拐弯处"，即在"嗓间拐弯处"很有规律、很巧妙地演唱，是藏民族自古以来特有的演唱技能，就如"呼麦"是蒙古族音乐中的特色一样。

③带有很多装饰音和衬词。比如：呀拉索，还有扎西德勒、巴扎嘿等，都是藏族歌曲特有的衬词。正如维吾尔族歌曲的衬词是亚克西，都带有浓重的地方特色。

④带有即兴性，这也是很多民歌的特色。

⑤还有许多不太好归纳的小特色。

（3）教师带领学生尝试为歌曲增添"韵味"。

①逐一解决波音、前倚音等装饰音的演唱方法；

②在句尾长音加入装饰音，增强旋律连绵不断的意境；

③尝试在句尾加入"振谷"演唱方法，使歌曲更增添一些鲜明的韵味。

提示："振谷"不是每个乐句都要加，一般出现在句尾长音处，这首歌在第一、二、四乐句结尾的长音处可加上；"振谷"的速度不可太快，基本"一拍一振"即可。

④在句尾长音处加入"呀拉索"的衬词。

提示："呀拉索"为一拍，采用前十六后八的节奏组合，分别在第一、二、四乐句结尾的长音最后一拍加入。第一、二乐句力度稍轻，结尾乐句可连续两遍，力度加强，营造气氛。衬词由两三个同学完成即可。

教学建议：衬词的演唱者最好选择处于变声期的男生，这样即使歌曲演唱不好，念衬词的工作也会让他们积极参与。而且由于衬词也有节奏的规范要求，也使他们必须全神贯注才能接唱准确；力度的控制也是一种很好的声音练习。

（4）教师简介弦子的音乐特点，带领学生运用自然朴实的声音，并自由、即兴加入装饰音，适当加快一些速度演唱全曲。提示注意两个乐段情绪的对比，力争充分体现出藏族弦子优美、极富歌唱性的特点。

【设计意图】将难点逐一分解，再不断递进，同时将理论与实践紧密结合，才能收到较好的效果。

3. 尽情表现歌曲

（1）再次强调：藏族音乐歌与舞的联系十分密切，多是歌中有舞，舞中有歌，歌舞一体，构成了一种独特的民族艺术风格。

播放弦子的视频，讲解弦子的最大特点是边歌边舞，并以舞姿舒展而著称。舞时围成圆圈，男领舞者拉着弦子，其他人双手甩动长袖，边歌边舞，不同的乐曲配以不同的舞步。

（2）师生自由围成一圈，随歌曲的音乐边唱边跳，反复多遍，可以边舞边即兴产生不同的领舞者，鼓励每个同学尽情表现。

提示：要注意弦子的舞步是悠缓舒展的，歌曲音乐是悠扬婉转的，演唱时要求声音要有一定的控制能力，保持声音的平稳和连续性。

【设计意图】这一环节通过师生互动激发学生的热情，体验藏族音乐歌舞性的律动特点。

（三）小结

教师结束语：今天，我们伴着那曲调悠长、音域宽广、节奏自由、高亢明亮、带有浓厚的藏族文化印记的歌声，走进那令人神往的西藏——一片古老而神奇、广袤而雄浑的土地。在这片神秘而古朴的土地上衍生出的西藏民歌，是西藏民族几千年社会历史、时代生活、风土人情以及艺术演变的文化积淀结出的硕果。这节课我们仅仅是学习、体验了藏族弦子优美抒情的特色，下节课我们将进一步领略囊玛、堆谢等的音乐特色，去更多地感受藏族民歌独特而鲜明的风格色彩。

（四）布置作业

（1）复习歌曲，下节课进行个别展示。

（2）自己查找《天路》的歌曲录音，对照课本自主学唱，并适当加入今天学习的方法，丰富歌曲表现。下节课分组展示、比赛，看哪一组最能唱出藏族歌曲的"韵味儿"。

五、课后自评

通过这一节课的设计、实施，有如下思考：

1. 以新课标理念为理论依据

《义务教育音乐课程标准》在"课程性质与价值"中就有关文化传承价值明确指出："音乐是人类文化传承的重要载体，是人类宝贵的文化遗产和智慧结晶。学生通过学习中国民族音乐，将会了解和热爱祖国的音乐文化，华夏民族音乐传播所产生的强大凝聚力，有助于培养学生的爱国主义情怀。"在提到音乐课程的基本理念时，强调"弘扬民族音乐"，提倡"将我国各民族优秀的传统音乐作为音乐课重要的教学内容，通过学习民族音乐，使学生了解和热爱祖国的音乐文化，增强民族意识和爱国主义情操"。因此，课程的设计要紧紧围绕这一理念展开。

2. 应用"参与—体验理论"设计教学活动

"参与—体验"是苏霍姆林斯基全面和谐教育的核心，也是其精华之所在。他认为：教师要引导学生积极自主参与、亲身体验，要在引导学生积极参与学习活动的基础上，为学生提供独立思考、反思体验的时间和空间。

音乐教学注重学生的参与体验，让学生在丰富的音乐实践活动中感受、体验并表现。但八年级的绝大部分学生已进入变声期，因此参与意识和表现愿望往往比较淡薄，这就需要老师遵循学生认知发展的规律寻找学与教的最佳结合点。比如：本课导入环节创设的"问题情境"，以带着问题聆听的形式让学生欣赏音乐，可以使聆听更加专注而有效，恰切的问题更可以充分调动学生的积极性，启发学生积极思考，激发学生参与的兴趣。再如，分解难点、由浅入深、循序渐进的方式可以让学生放下思想包袱积极参与实践活动。还有，衬词的加入是兼顾那些不积极参与的学生。所有这些精心设计的、丰富有趣的教学活动无疑可以引导学生始终保持参与活动的热情，积极参与—体验。

案例三　《红河谷》[①]

北京教育学院朝阳分院　李磊

一、教学内容分析

《红河谷》是一首在加拿大、美国广为流传的民歌。歌曲为 G 大调，4/4 拍，一段体结构，由两个节奏相同的乐句构成，采用问答式旋律进行和前呼后应的手法，第一乐句结束于半终止，第二乐句结束于完全终止。速度为中速，节奏稳健，弱起节奏特点突出，富

有动感。旋律围绕主和弦的"1、3、5"三个音展开，朴实、舒展，以级进为基础，偶尔使用跳进。音域适中（两个声部的音域不超过一个八度），适于学生歌唱。同时书中选用的是一首二部合唱，共两个乐句，每个乐句弱拍起唱处两个声部同为"<u>5 1</u>"两音，全曲声部和谐，节奏一致，是学唱二部合唱的佳品。此曲有多种不同版本的歌词，教材中选用反映移居北美洲的先民拓荒创建家园历史的歌词，较其他歌词更有意义。

二、教学目标

（1）以积极的态度感受、体验北美洲音乐的风格特点；

（2）能够以二部合唱形式，用中等速度、平缓的呼吸、整体统一的声音演唱歌曲。

三、教学重难点

重点：能够相互倾听，并用自然、统一的声音准确演唱二声部。

难点：相互倾听，做到和声准确和谐、声部均衡。

四、教学过程

（一）导入

播放歌曲《红河谷》。

提问：听过这首歌吗？能说出曲名吗？能简单介绍一下歌曲吗？

之后，教师在学生回答的基础上进一步补充介绍歌曲。

《红河谷》是流传于北美洲红河一带的民歌，由于红河流经加拿大与美国，所以这首歌曲兼有加拿大民歌和美国北方民歌的风格特色，在加拿大南部和美国都有传唱。因此，有人称之为加拿大民歌，也有人称之为美国民歌。

《红河谷》的歌词版本有多种，这里采用的是较原始的版本。歌词富有生活气息，具有深刻的教育意义。歌词表现了移居于北美红河一带的人民，在这里垦荒种地、建设家乡，终于将野牛出没的荒原变成人们安居乐业的美丽家园。它回顾了人民艰苦创业的经历，并展望美好幸福的生活前景。

【设计意图】开门见山，直入主题。基于对学情的了解，学生对这首歌曲大多了解一些，设计有针对性的提问，充分调动学生积极性。

（二）练声

1. 辅助姿势的呼吸训练

2. 均衡呼吸的"u"母音发声训练

训练目的：稳定喉头，放松舌根、下巴，寻找混声位置。

3. o 母音的发声训练

训练目的：结合歌曲的句尾押韵进行训练，要求抬高口盖，打开腔体，归韵。

（三）演唱歌曲

1. 正确演唱主旋律

（1）再次播放歌曲，思考：歌曲的结构是怎样的？这首歌曲的音域特点、节奏特点又是怎样的？（此处教师根据学生情况给予一定提示，是四个乐句组成一个大乐段，还是两个乐句，还是其他。）

学生充分发表意见，教师小结：

歌曲为一段体结构，共两个乐句，每个乐句弱拍起唱处两个声部同为"$\underset{\cdot}{5}$ $\underline{1}$"两音，全曲声部和谐、节奏一致。每个乐句又由两个乐节构成，这两个乐节的节奏，除了结尾略有区别之外，其他部分节奏则完全相同，显示出歌曲旋律既统一又有变化的特点。歌曲速度为中速，节奏稳健，又富有动感，旋律朴实、舒展，音域不宽（两个声部的音域不超过一个八度）。旋律围绕主和弦的"1、3、5"三个音展开，弱起节奏特点突出。

【设计意图】可以让学生充分思考，避免教师"一言堂"。同时，教给学生分析音乐作品的方法。

（2）再次提问：根据以往的学习经验，在演唱歌曲时，应该在何处进行呼吸换气？能否给一个合理的建议？

教师总结：合理的呼吸是演唱歌曲的重要保证。一般歌曲的呼吸换气都是以乐句为单位，这样比较符合审美习惯。当然，有时为了突出高潮或戏剧冲突，还有一些音乐处理的特殊需要，也会有变化。

（3）要求每个人在乐谱上标出呼吸记号。

【设计意图】不只局限于这一首作品，更多的是教给学生一些方法，可以举一反三广泛应用的方法。

（4）带领学生用"lü"母音带唱歌曲高声部。

强调歌唱的状态：笑肌提起；声音自然放松；按照呼吸记号正确呼吸换气；击拍等。

【设计意图】练声并进一步熟悉歌曲的旋律。同时，不断强调学习规范。

（5）带入歌词演唱歌曲高声部。

这首歌曲歌词与音符基本上是一一对应的，没有一字多音的现象，只有第二乐段"美丽的"和"天"有一定变化，可单独进行练习。

演唱时注意始终保持统一、兴奋的歌唱状态，中低音区不松垮，高声区不喊叫。

2. 准确演唱二声部

（1）教师带领全体学生识谱学唱低声部旋律；

可以标记字母谱辅助练习

<u>s,</u> <u>d</u> d <u>d</u> <u>d</u> d <u>t,</u> <u>d</u>

【设计意图】加强基础练习，不断强调学习规范，并通过练习突破难点。

（2）找出歌曲中的所有和弦。

m	r	d	s	f	s	f	t,	d	r	m
d	t,	l,	d	d	t,	l,	s,	s,	s,	s,

（3）教师用科尔文手势带领学生先做音程模唱练习，再一组一组演唱和弦，解决音准问题。

（4）出示两条二声部练习，训练和声连接。

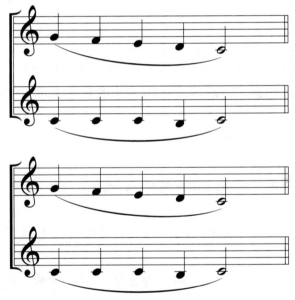

再重点练习两处和声连接：

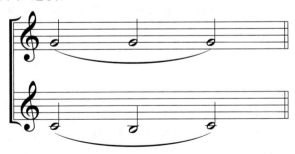

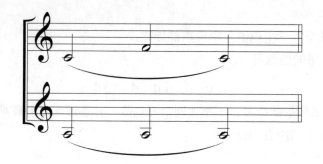

【设计意图】通过精心设计的和声练习，先突破难点，再循序渐进学习新知。

（5）教师弹奏钢琴低声部，演唱高声部；再弹奏高声部，演唱低声部，学生聆听二声部和声的感觉。

（6）全体演唱高声部主旋律，教师演唱低声部旋律，熟练后互换声部再练习。

要求：注意保持演唱的位置、轻声、相互倾听；放慢速度，每个和弦稳定了再往下唱。

（7）解决音准之后，分别用"lü"带唱全曲。

（8）加入歌词分声部演唱。反复强调：轻声演唱、相互倾听。

【设计意图】循序渐进，反复练习，建立合唱的基本规范，同时反复强调倾听的重要性。

3. 和谐、完整地进行合唱

（1）教师进一步提出要求：

注意起始句的准确进入，注意乐句的连贯，注意呼吸换气，注意相互倾听，保持声音的统一和谐，适当将声音放开些。

（2）教师再次强调本歌曲表现了北美洲先民拓荒创建家园的心声，要唱得朴实真切，感人至深。

（3）教师指挥学生演唱，力争做到用中等速度、平缓的呼吸、整体统一的声音深情地背唱。

【设计意图】帮助学生进一步理解歌曲内涵，启发演唱情感。同时用手势提示学生做到要求。

（四）小结

（1）回顾歌唱的基本方法、合唱的基本要求。

（2）简单介绍美洲音乐特点：

美洲由于地理环境的特殊，音乐也呈现出多种风貌。北美洲幅员辽阔、地域宽广，更多地呈现出印加文化的特征；而拉丁美洲地区（包括墨西哥、中美洲、加勒比、南美洲四个部分）的音乐文化由于经过近300年的殖民统治，因此受到欧洲音乐文化的影响，同时还有非洲黑人奴隶带来的非洲音乐，再加上当地的印加文化，拉美音乐呈现出印第安、欧洲、非洲文化交融的多彩音乐风格。

（五）布置作业

（1）每个同学都要准确背唱歌曲的两个声部。

（2）6～8人组成一个合唱小组，练习《红河谷》合唱，下节课进行展示。

案例评析

本案例突出体现了教师的学科专业能力和学科教学能力。

（一）教师的学科专业能力

合唱课的教学，要求教师不仅能够准确示范、演唱歌曲，还要具备准确听辨的能力，辨别学生的演唱是否准确，还要能够弹奏一个声部、演唱一个声部，给予学生完整的听觉感受。

另外，教师要能够在丰富的学科实践经历中，形成准确判断并有效解决实际问题的能力。

（二）教师的教学设计能力

1. 能够精准解读课标要求，结合教材分析学情，科学制定教学目标及重难点

本课依据《义务教育音乐课程标准》，以"理解多元文化"为理念进行教学设计。"世界的和平与发展有赖于对不同民族文化的理解和尊重。在强调弘扬民族音乐的同时，应以开阔的视野，学习、理解和尊重世界其他国家和民族的音乐文化，通过音乐教学使学生树立平等的多元文化价值观，以利于我们共享人类文明的一切优秀成果。"因此，本课紧紧围绕音乐本体，始终以音乐审美体验为核心，通过合唱实践的形式，扩展了文化视野，树立了平等的多元文化价值观。

2. 能够充分关注学生的认知水平

课堂教学是学生获得知识、教师传递教学理念和信息的主渠道。在教师指导和教授下的学生学习，就是要遵循学生认知发展的规律寻找学与教的最佳结合点。因此教师在课堂教学活动设计中要善于根据学生认知水平，包括学生的学习需求、学习能力、教学的内容和学习任务的难度，设计适当的教学活动。本课的教唱环节设计循序渐进、由浅入深，学生在老师的引领下逐渐突破难点，完成教学目标。

（三）教师的教学实施能力

1. 精心设计有效的教学活动，实现教学目标

《义务教育音乐课程标准》明确指出："音乐课的教学过程是音乐艺术的实践过程。因此，所有的音乐教学过程领域都应该重视学生的艺术实践，积极引导学生参与各项音乐活动，将其作为学生走进音乐并获得音乐审美体验的基本途径。"

有的教师为了追求课堂气氛，喜欢设计繁华热闹的课堂活动形式，常造成活动形式对活动内容的负面作用，学生或被形式所吸引而忘了活动本身的目的所在，或在热烈的氛围

中产生浮躁心理而不能静下心来思考和体验，成为无"思"的活动。

本课紧紧围绕演唱、聆听等教学内容，突出了简约、有效的活动设计原则，直接指向预设的教学目标，并紧紧围绕这个教学目标展开。

2. 教学活动能有效激发学生的学习动机

教师要能够根据演唱的歌曲难点及学生的生理发育特点选择合适的发声训练方法，发声练习曲选择得当，训练效果突出；在演唱过程中要敏锐察觉学生随时出现的问题并及时纠正。

音乐教学注重学生的参与体验，让学生在丰富的音乐实践活动中感受、体验并表现，但七年级的大部分学生已进入变声期，因此参与意识和表现愿望往往比较淡薄，这就需要老师积极地启发引导。本课的导入环节、学习演唱环节都是创设"问题情境"，以带着问题聆听的形式让学生欣赏音乐，可以使聆听更加专注而有效，恰切的问题更可以充分调动学生的积极性，启发学生积极思考，激发学生的学习兴趣，而丰富的教学活动又可以引导学生保持参与活动的热情。

3. 适当运用柯达伊教学手段辅助教学，提升和发展学生的音乐能力

虽说"音乐是以审美为核心"，但我们不能只满足音乐课堂气氛活跃了，学生活动起来了，更应关注学生学到了什么音乐知识，培养了什么音乐能力。因此，通过丰富多彩的实践活动不断巩固和加强基础训练就显得尤为重要。

本课适当运用了柯达伊教学手段来辅助教学，让学生反复熟悉、巩固音阶，感觉音与音之间的关系，逐步过渡，突破难点。当然，这样的练习只是辅助，不宜过多过难，贵在坚持。如果每节课都精心设计这样的一两个练习，不断地复习巩固，很快就会看到学生的进步，而困惑大家的音准问题不就迎刃而解了吗？学生的音乐才能不就在这样的实践活动中逐步发展和提高了吗？

（北京教育学院朝阳分院李磊　评析）

案例四　《猎人合唱》①

北京市第四十四中学　殷悦

一、教材分析

《猎人合唱》是根据韦伯的歌剧《自由射手》接近全剧结束时的一首男声合唱曲改编的歌曲。《自由射手》创作于 1821 年，正值浪漫主义萌芽初期，作品把传说与现实相结合，强调人的情感表现；音乐追求民族民间故事的内容和情趣，因而被认为是具有浪漫主

---

① 本案例选自人民音乐出版社《名优教师设计音乐课教案与评析》（九年级上册）。

义特征的德国民族歌剧的诞生，韦伯也被公认为浪漫主义歌剧的先驱。本课的学习涉及欧洲古典主义音乐风格的复习，能够帮助学生有效回顾之前莫扎特、海顿所涉及的维也纳古典乐派的相关知识。必须关注的是，音乐的风格特点不是简单地阅读或背诵文字介绍，而是在歌唱和其他音乐实践中，学生能更有兴趣感受和体验音乐文化发展的脉络，把之前所学的知识在更丰富的艺术形式——歌剧表演上融会贯通。

歌曲为 F 大调（男声合唱原调为 D 大调），2/4 拍，中速。歌曲节奏富于变化，尤其是德国民间舞曲音乐元素的加入使得节奏更富于弹性，旋律奔放有活力，和声上也发展了古典主义时期以主、属和弦为主体的风格，B 段副属和弦的进行使和声色彩更加丰富。

全曲采用不带再现的单三部曲式写成，其结构非常适合复习古典主义音乐相关内容。A 段和 C 段是比较典型的古典主义风格。

A 段：16 小节。号角式的旋律动机塑造了猎手英姿飒爽在林中狩猎的形象，后 8 小节的第二乐句是对前 8 小节第一乐句的完全重复，和声以主、属变化为主，乐句末尾利用重属和弦临时向属调做离调并解决在属和弦上的创作手法是典型的古典主义时期（包括巴洛克晚期）的创作风格。和声功能性强，弱起节奏贯穿始终。

B 段：16 小节。对行进中的景物描述，整体感觉抒情性强。演唱者经常在两个重复的曲调上做夸张的渐强或渐弱与前段形成对比。而配器在本段暂停了打击乐声部和低音声部，更加强调以柱状副属和弦的和声为主体导，与前后两段形成鲜明对比。

C 段：2 + 24 小节（包含 2 小节过渡）。该段是作品的高潮，主旋律的进行基本上都围绕着主和弦和属七和弦的分解和弦来创作，歌词上用衬词来表现猎人粗犷豪迈的个性，充满了欢乐气氛，后十六分音符和倚音的典型节奏起到了烘托情绪的重要作用，二声部的写作只有三个音"do、sol、si"，训练第七音级的稳定性是二声部合唱的难点。

二、课时目标

（1）学生乐于学习歌剧中的这首合唱歌曲，乐于了解有关歌剧的基础知识，初步认识合唱在歌剧中的作用。

（2）用富有弹性的声音有情感地演唱歌曲前两部分单声部，第三部分尝试用二声部准确歌唱，在歌唱中感受和体验作品的风格。

（3）在学习和巩固弱起节奏、连续后十六分音符及倚音唱法的基础上，通过和声训练练习唱准主、属和弦及转位。

三、教学过程

（一）导入

在《猎人合唱》的背景音乐中进入教室。

教师：音乐带来了什么样的情绪？

学生：激动、激昂、热情、奔放。

教师：你能听到什么乐器演奏和演唱形式？

学生：圆号和男声合唱。圆号引出号角性的旋律并贯穿全曲。

教师：这是森林中猎人的歌唱，他们在歌唱什么呢？表达了怎样的心情？

（二）新授

1. 出示课题《猎人合唱》

（1）教师出示第一、二乐句歌词的节奏谱，要求学生按节奏有感情地朗读歌词。

2/4 朝｜霞　飘在｜天空，马｜蹄　踏破｜山　峦，穿｜过　密密｜森　林，越｜过平｜原

（2）教师出示第三、四乐句歌词，请一名学生根据教师读出的节奏在黑板上画出节奏及小节线。

2/4 猎 狗声声 狂 叫，号角 四处 传 遍，大　家跃马　扬 鞭，奔　驰　向前。

【设计意图】参考课后练习，为演唱时清晰地咬字吐字做准备，并通过识读歌词节奏谱进一步练习节奏谱的书写。

2. 教师钢琴弹奏 A 段乐谱两遍，请学生分别用两种节奏敲击桌子或低音鼓与教师合奏，并选择用哪种节奏伴奏更好

第一种：

第二种：

学生更喜欢第二种节奏编配，富于动感和变化。

【设计意图】师生合作中反复聆听熟悉 A 段，为之后的准确演唱做好充分准备。

3. 完整聆听歌曲，为音乐旋律划分段落

A	B	C
（第 1~16 小节）	（第 17~32 小节）	（第 33~58 小节）

（1）随音乐完成 A 段歌唱。

（2）对 B 段提出要求，聆听的歌唱版本中有两处渐强和渐弱，在乐谱上标记出来。

（3）模仿演唱 B 段。教师要多示范，并用钢琴正确的和弦伴奏进行带唱，激发学习兴趣。

4. 完成 C 段合唱

（1）科尔文手势分声部视唱，两个声部交替做声部保持，训练学生注意聆听音程之间的变化。巩固低声部三个音的音准，唱准纯四度、大六度、小七度等音程，为合唱做好充分准备。

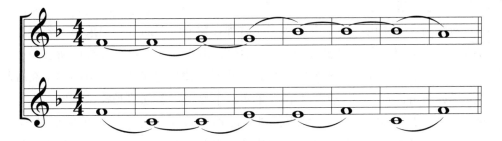

（2）教师弹奏第一声部，唱第二声部，学生集体跟唱二声部乐谱。

（3）分两个声部演唱，教师尽量放慢速度，弹奏和弦伴奏，高声部要求唱准倚音，与低声部节奏准确对应。

（4）以衬词"啦"代替乐谱完成两声部和声，特别注意中间减慢回原速的地方，教师以指挥帮助两声部速度完全统一。

（5）完整演唱 C 段。

5. 歌剧《自由射手》及作者韦伯的简介

（1）多媒体出示剧照图片，简述故事情节，简介《猎人合唱》的出处。

（2）歌剧片段鉴赏，与莫扎特《魔笛》或古典主义时期歌剧中的合唱进行对比，揭示特点——浪漫主义时期更强调人的主观情感，将神话故事人性化是时代的进步。

6. 完整演唱作品

（1）全体跟琴演唱。

（2）挑选部分学生到台前按舞台场景造型，之后扮演猎人的形象演唱。

（3）想象自己是森林中的一群快乐热情的猎手，体会歌曲的思想感情并完整演唱。

案例评析

本案例突出体现了教师的学科教学能力。

（1）教学设计层次清楚、结构严谨、能够有的放矢，特别是教学设计不仅仅局限于教材，而是在广泛发掘多个学习材料的基础上，将有趣味、有针对性的材料用于自己的教学中。例如，老师没有在演唱之前泛泛地将作品、作者进行简介，而是先让学生充分地感受作品、实践演唱作品，在实践体验之后，才将歌剧《自由射手》的作者韦伯和剧情做了简单介绍，而重点则放在欧洲古典主义时期的歌剧与浪漫主义时期的歌剧做比较上面，使学生对两个时期音乐文化的主要特征及风格有了基础性的认识和了解，这无疑对拓宽学生的音乐文化视野大有好处。

（2）教学目标简洁明确，非常有利于教师在教学中把握方向、掌握分寸、评价教学。

（3）教学实践活动丰富多彩。教师训练学生能够准确歌唱的方法丰富多样并且不断变化，以引起学生的关注和兴趣。各教学环节的设计由浅入深、由易到难，从唱节奏、编配伴奏的节奏型、科尔文手势训练两声部、师生分声部，到最后的学生二声部，每个环节都是精心设计、夯实基本功。

（4）对学情深入了解，教学方法得当。教师在歌曲学唱的过程中采用了分步递进的教学方法。如：按照节奏朗读歌词——引导学生画出八分音符及小节线的所在位置——教师出示 A 段乐谱并用钢琴弹奏旋律，以使学生对旋律加深印象——引导学生在教师的琴声中选择并敲击低音节奏，使学生在音乐实践中参与审美创造和审美判断——在完整聆听的条件下，要求学生感受、判断、划分歌曲的段落——跟随音乐完成 A 段的演唱……这种层层递进、步步深入的教学方法，一定会对学生提高演唱能力和审美能力大有好处。

（5）在歌唱（合唱）教学过程中注重音乐情感与审美价值观的渗透，突出学生为主体，重视音乐表现。在演唱时对节奏、音准的训练，让学生体验力度变化对音乐形象的影响，有感情带表演地唱歌词，都会令学生有更丰富的情感体验。学生对塑造角色、集体造型的艺术活动有浓厚的兴趣，热情高涨，也从中得到更多收获。

（6）能够借鉴并熟练运用柯达伊教学法解决识谱、节奏、音准、音乐表现等技术难点的方法，训练高效。能够熟练使用合唱训练方法进行音准、音程及和弦连接等技术训练，能使用规范的指挥手势带动歌唱，注重培养学生在合唱团队中倾听与合作的能力，对合唱团队的音色及声部平衡有较高的艺术表现要求。

（北京教育学院朝阳分院李磊　评析）

案例五　《感谢诗》[①]

北京市陈经纶中学　王帅

一、教学目标

1. 通过歌唱前的放松练习，为歌唱做好充分准备。

2. 通过节奏练习，加强对基本节奏型的掌握与运用能力；借助科尔文手势提高视唱能力。

3. 建立正确的歌唱习惯，培养用气息歌唱的意识，以及演唱时看指挥的习惯。

4. 完成二声部合唱作品《感谢诗》，充分感受二部和声的声响，为演唱多声部合唱进

---

① 本案例选自高等教育出版社《新课程音乐教学案例选评》（第二版）。

行技术储备。

二、教学重难点

重点：通过综合训练和二声部歌曲的演唱，逐步建立正确的歌唱习惯。

难点：正确运用歌唱呼吸的方法，演唱时相互倾听，使声部和谐均衡。

三、教学过程

（一）歌唱前的热身练习

协调性的放松律动练习《阿西里西》。

谱例1

阿西里西

贵州咸宁彝族民歌

【练习目的】

选择具有我们民族风格的小歌曲，开始歌唱课的协调模仿练习，做好歌唱前的热身运动。歌唱前的热身在歌唱教学中尤为重要，可以起到调整学生歌唱状态、调动学生歌唱情绪、活动学生歌唱需要的相关身体关节、放松肌肉、吸引学生的学习注意力、协调学生身体、培养学生的肢体表达能力的作用。

（二）发声练习

1. 气息与节奏练习

（1）吹气球的练习：练习学生歌唱时小腹的支持。

（2）fu、ci、si 的常用节奏呼吸练习。

谱例2

2. 气息的练习（du～～～～）

【练习目的】

锻炼学生小腹肌肉的弹跳能力，锻炼歌唱时气息与腔体的配合能力，培养学生用气息歌唱的习惯。

3. 学温顺的小猫叫

【练习目的】

练习学生的上口盖抬举，培养学生发声时肌肉做准备的习惯，练习高位置的"u"母音发声。

4. 音色的统一练习（声音接龙）

（1）训练学生指挥能力；

（2）练习合唱团起拍的预示；

（3）练习合唱团声音的想象。

【练习目的】

统一学生歌唱的音色，调整音准，练习对标准音音高的想象、对歌唱起拍的呼吸准备、音高想象、肢体表现等能力；还可以在这个环节，请个别学生来练习指挥，培养学生的指挥能力及看指挥歌唱的习惯。

5. u 母音的练习
谱例 3

6. u 母音二声部练习
谱例 4

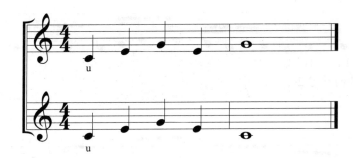

7. u 母音三声部练习
谱例 5

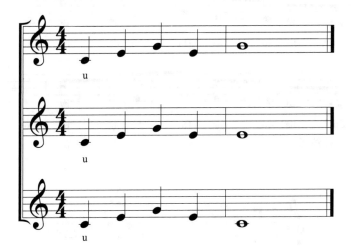

8. 逻辑重音的练习 1

谱例 6

9. 逻辑重音的练习 2

谱例 7

10. 三拍子卡农练习

谱例 8

【练习目的】

这一部分的发声练习，均为五度之内的音域，选择这些练习是为了告诉老师们在发声练习的时候，要特别注意音型的变化对学生歌唱能力培养的意义，重音位置的改变其实是音乐语言逻辑重音的变化，全面的发声练习可以很好地解决学生歌唱时的咬字、吐字、行腔、归韵等诸多问题。

（三）节奏练习

1. 单声部节奏与基本拍的变化练习

（学生双脚分别打出四分、八分节奏，手拍出下面的节奏）

2. 模记出下面的节奏，一声部正向拍击、二声部反向拍击，练好以后可以用五度音程唱出节奏

【练习目的】

练习学生对老师所给节奏的速度、力度、节拍、节奏的综合记忆能力；反向节奏练习，就更加有效地练习了学生的逆向思维能力，把学生听到的实际节奏与反向节奏合并，就出现了二声部节奏，同时拍出这两条节奏，就是很有效果的二部节奏练习；待学生完成后，可以再加以固定的音程辅助配合节奏练习，对合唱的音准、节奏会有很大帮助。

3. 二部卡农练习

（预备练习，可以用数数进行，学生熟悉后再拍手练习，逐步变成不规则节奏）

（1）拍击模仿练习。

谱例9

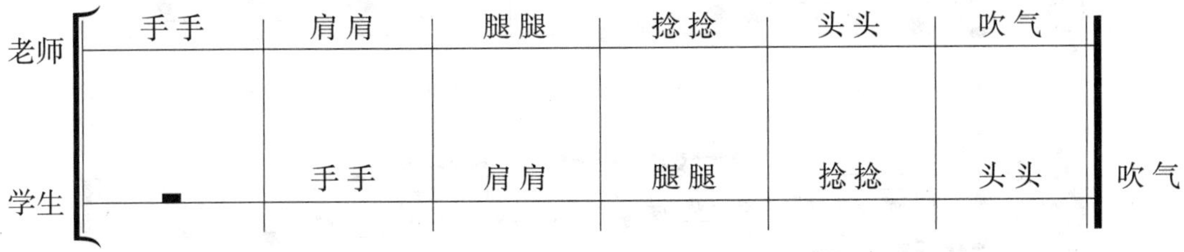

老师	手手	肩肩	腿腿	捻捻	头头	吹气
学生		手手	肩肩	腿腿	捻捻	头头	吹气

（2）数数模仿练习。

谱例10

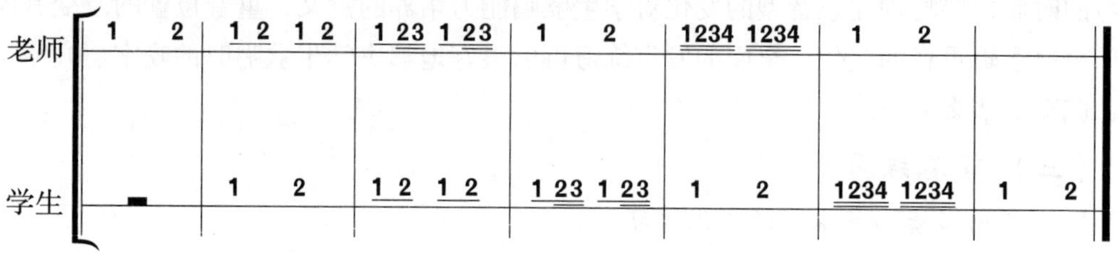

（3）节奏卡农练习。

谱例11

（4）旋律卡农模唱练习 *Tombai*。

谱例12

TOMBAI

Canon

Tom-bai tom-bai tom-bai tom-bao　tom-bai tom-bai tom-bai

Don don don　di li di li don,　di li di li don don

Tra la la la la Tra la la la la　Tra la la la la la la

【练习目的】

①培养学生看指挥、相互倾听的习惯，提高学生旋律瞬间记忆的能力。

②培养学生合唱中均衡音量的能力、融合音色的能力。

③协调学生的身体，提高多声部的协作能力，提高合唱的音准能力。

（四）音乐反向练习

（1）三和弦反向练习：老师唱：d－m－s；学生唱：s－m－d。（音高辨别）

（2）老师唱强；学生唱弱。（力度辨别）

（3）老师唱连音，学生唱断音。（线条辨别）

（4）老师唱明亮的声音，学生唱暗淡的声音。（音色辨别）

（5）老师靠前唱，学生靠后唱。（发声位置辨别）

（6）反和声练习。（每个人想一个音，互不交流，按照老师给出的节奏唱出来）

【练习目的】

运用对比，培养学生对音乐要素的辨别能力。这个练习学生非常喜欢，通过师生之间的相互模仿练习，对比完成力度、音色、声音位置、声音线条的变化，可有效地提高学生对音乐要素的掌控能力和表现能力，对于提高学生准确歌唱能力有很大帮助。

（五）唱练习

1. 科尔文手势练习

【练习目的】

解决合唱《感谢诗》的齐唱部分音程关系。

双手做该练习时，可以练习《感谢诗》的二声部处的和声。

2. 科尔文手势的转调练习（C－F；C－G）

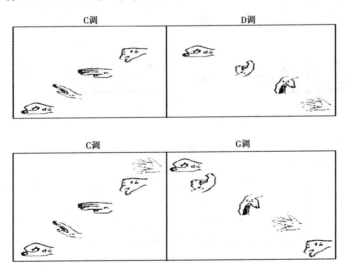

【练习目的】

通过转调练习，让学生进一步明确"固定音高，首调唱名法"的概念，可以用《两只老虎》来练习 C 调、F 调、G 调唱名的相互转换。

3. 音准练习

谱例 13

两只老虎

【练习目的】

从两个声部做起，本节课可以重点练习 C 大调与 F 大调，逐渐变成三个声部，要求轻声高位置练习。如果学生唱准了，再考虑用 C 大调 I 级三和弦来练习这首作品。

4. 三声部复调练习

谱例 14

Halleluja

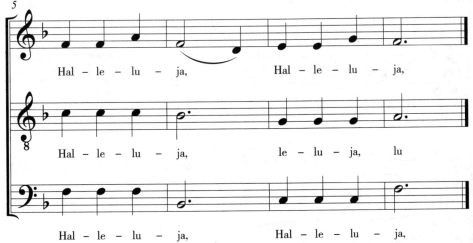

【练习目的】

培养学生演唱作品时的乐句意识，培养学生歌唱时声音的流动意识。

培养学生合唱时相互倾听的习惯，培养学生合唱时音量的协调能力。

（六）二声部合唱《感谢诗》

谱例 15

案例评析

　　本节课为北京市高中音乐课程《歌唱》模块教学研讨会的展示课，教学内容是陈经纶中学自编的校本课程教材《声乐与合唱艺术》。这门课程和教材曾荣获北京市基础教育优秀教学成果二等奖、朝阳区 2013 年教育教学成果提名奖。它为陈经纶中学普通高中学生从班级合唱零起点，经过短暂的教学周期，到实现"人人开口唱，班班能合唱"的教育目标，以至最终成为先后11次在捷克、匈牙利等国际合唱比赛中斩获金奖的"北京市金帆合唱团"发挥了至关重要的教学资源辅助作用。

唱歌是音乐教学中重要的内容。合唱这一形式又是歌唱教学的进一步提高。通过合唱训练，可以加强学生对于音乐的基本知识、基本技能的学习，可培养学生多声部听音视唱、多变的节奏组合和声乐技能；合唱必须要求发声方法基本一致，高音准确，咬字吐字清楚，音色的明暗和速度的疾徐控制自如，在感情表达上要高度统一协调，才能和谐一致，有利于培养学生与他人和谐相处和合作的能力；通过学习合唱作品还可以让学生了解到世界多元的社会文化背景，丰富学生的音乐文化知识，拓宽视野。在普通学校开展合唱教学，是实现审美教育、全面培养提高学生素质的重要手段。正如匈牙利著名音乐教育家柯达伊所说："合唱是非常重要的。由集体的努力所完成的音乐作品和带来的愉快，培养了高尚品格的人，这种价值是无法估价的。"

（一）本案例突出体现了教师的学科专业能力

2011年颁布的《义务教育音乐课程标准》中，增加了"在合唱中积累演唱经验，进一步感受合唱的艺术魅力"的表述。音乐课程标准发生变化，与此相对的是教学内容和方法手段也发生了变化，新教材从三年级起就将合唱纳入教学内容中，教材中出现了大量合唱的教学内容。这对教师的合唱指挥能力的要求也相应提高。特别是高中音乐教学，教师自身的基本功至关重要。

合唱教学能力中最重要的一项就是对于声音一定要有正确的概念，掌握科学的发声知识，具有正确的声音训练方法，最好还能有较强的范唱能力。特别是以中小学生为主体的合唱教学，要能够充分了解这一阶段学生的学情特点、嗓音特点，判断正确的歌唱声音，制定与成人不同的训练方法。

王帅老师有着跟随我国著名花腔女高音歌唱家、声乐教育家、歌唱家孙家馨教授学习声乐8年的基础，所以拥有敏锐的声乐听觉；而且在长期辅导学生声乐演唱和合唱的过程中，他潜心研究，积累了丰富的教学经验，具备了迅速有效解决合唱团音准与声音问题的能力。最重要的是，王老师能够将自己长期以来积累的实践经验进行提炼与再加工，逐渐形成了合唱前的准备、发声练习、和声训练、旋律训练、合唱作品的选择等多个方面的具体实施策略。其实，不少老师在合唱教学上、在排练中很有办法及经验，但无论他们的教学水平如何出类拔萃，教学成果多么丰富，如果不注重进行研究并提炼出成果，丰富的实践经验未能上升到理论层次，他们的先进经验与教学智慧就得不到推广与利用。

（二）本案例突出体现了教师的学科教学能力

北京市音乐教研员梁洪来老师在观摩本课后这样进行评价："高中的音乐教学讲究时效性，每节课教师都要有明确的教学目标及教学内容。教学方法要灵活多变，无论是'奥尔夫教学法'还是'柯达伊教学法'，老师都需要认真学习，扬长避短，再结合本校学生的实际情况进行运用。王帅老师的这节课就为我们音乐教师的教学展示了很多有效的'法术'，这些都是提高学生音乐技能的有效方法。"

柯达伊认为"音乐之根在于歌唱"。他倡导学习音乐的一切活动都要"从歌唱教学入手"，因为热爱歌唱是儿童的天性，歌唱是他们的身体和心灵共同的活动。发出歌声的不是喉咙嗓子，而是歌唱的孩子本人，是他们的整个身心。

纵观本课，没有任何烦琐的铺垫，教师从上课铃响的那一刻起，就展开了丰富多彩的教学活动，这些活动是以兴趣为起点，以任务为基础，而且每个教学环节衔接紧凑、环环相扣、层层递进。通过一系列有实效的、生动有趣的、有针对性的、符合学生年龄和生理心理特点的游戏、练习，在轻松愉悦、自由舒适的学习气氛中潜移默化地进行演唱方法的训练，解决了歌唱的发音吐字、歌唱的状态、气息的有效控制等难点问题，而且充分激发了学生学习音乐的兴趣和参与愿望，可以说达到了事半功倍的效果。

没有学科融合的生搬硬套、没有情感态度及价值观的生硬灌输，一切都在歌唱活动中自然解决。让学生感受歌唱带来的幸福感，又进行了歌唱能力的训练，还可以提前将作品中的难点进行分解，可以说真正达到思想、身体的双重"预热"。

（北京教育学院朝阳分院李磊　评析）

案例六　《青春舞曲》

陈经纶中学嘉铭分校　阎茜

一、教学目标

（1）"情感态度及价值观"目标：

①通过演唱和演奏感受新疆维吾尔族音乐的美，培养热爱民族音乐的情感。

②积极参与音乐实践活动，培养合作意识。

（2）"过程与方法"目标：通过吹奏、演唱等环节，充分感受、体验歌曲的旋律、节奏特点。

（3）"知识与能力"目标：

①模唱歌曲旋律。

②掌握切分音节奏、附点节奏。

③用口风琴吹奏《青春舞曲》B段旋律。

④用清新、自然的声音演唱《青春舞曲》。

二、教学重难点

重点：吹奏《青春舞曲》B段旋律，掌握演奏技法。

难点：在演奏中恰当、正确地运用转指技法。

三、教学过程

（一）导入新课

（1）教师演奏小提琴《新疆之春》。

演奏之后和学生探讨："听到这段活泼欢快的音乐，你们知道它是我国哪个地区的歌曲吗？"请学生回答，教师给予充分的肯定："新疆。"

同时板书——欢乐的新疆。

（2）教师再即兴拉奏歌曲《青春舞曲》，并介绍："新疆人民热情好客，对人礼貌大方，他们见面时总是以特有的扶胸礼'萨拉姆里空'（教师边说边做动作）进行问候，意思是祝福亲人朋友平安吉祥。请同学们也来做一做。"

【设计意图】突出体现"有效激发学习动机"这一能力要点。这一环节通过教师现场的演奏，带给学生直观感受，可以激发学生学习器乐的兴趣。

（二）学习《青春舞曲》旋律

1. 练声

【设计意图】提取歌曲旋律的骨干音，为歌曲创编发声练习曲，同时在练声中打开声音，提前解决部分音准问题。

《青春舞曲》发声练习1

《青春舞曲》发声练习2

2. 复习#F 的琴键位置

【设计意图】认识#F 的琴键位置，用正确的指型、指法来演奏。

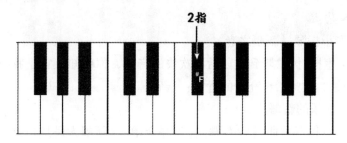

3. 复习 e 小调音阶及琶音

（1）老师弹奏 e 小调音阶，学生随琴演唱。

e 小调音阶：

（2）老师弹奏 e 小调音阶的 1~5 级，学生随琴演唱。

（3）老师出示 e 小调音阶的 1~5 级的键盘手位图，学生观察并思考指法。

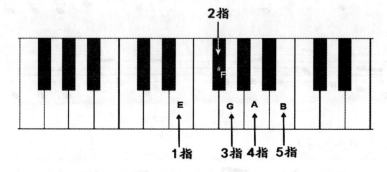

（4）学生用口风琴吹奏 e 小调音阶的 1~5 级音符。

（5）老师出示 e 小调琶音谱例，学生观察并思考指法。

e 小调琶音：

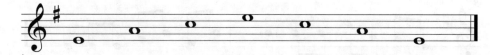

（6）学生用口风琴吹奏 e 小调琶音。

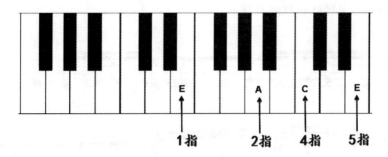

【设计意图】通过演唱、演奏、师生接龙吹奏等活动反复练习，解决歌曲中的难点。突出体现"强化重点突破难点"和"有效设计教学活动"两个能力要点。

4. 完整演唱歌曲旋律

老师弹奏歌曲旋律，学生边划拍边演唱旋律。个别音准问题及时调整。

青春舞曲

维吾尔族民歌
王洛宾　收集整理

（三）学习吹奏歌曲B段

（1）老师用口风琴吹奏歌曲B段。

（2）老师带领学生练习转指技巧，出示键盘手位图，重点讲解第二小节的指法。

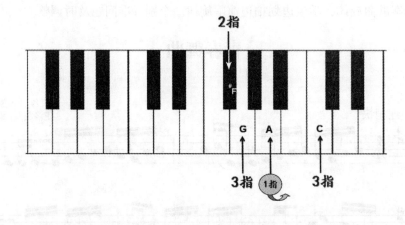

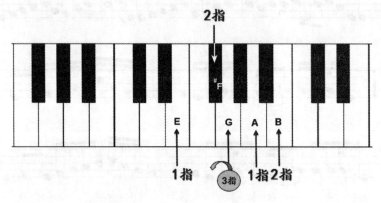

（3）学生反复练习，掌握附点节奏。

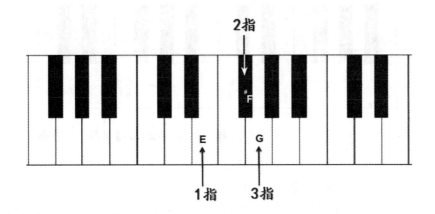

（4）学生自由练习，教师进行个别指导。

（5）老师带领学生练习转指技巧。

（6）学生自由练习歌曲 B 段。

（7）接龙练习：学生吹奏前半句，老师接后半句；再互换吹奏。

（8）学生演唱 A 段旋律，吹奏 B 段旋律，再尝试加入歌词演唱 A 段。

（9）完整聆听《青春舞曲》。

PPT：播放背景是新疆风光片课件，伴着《青春舞曲》的音乐，屏幕上出现新疆一幕幕美丽风光，学生在音乐中感受新疆的美丽风光，同时巩固对乐曲的理解，也为下节课进一步演唱歌曲打好基础。

【设计意图】这一环节通过口风琴的辅助教学，培养学生的音准感觉，扩充音乐体验形式，是本课的教学重点。

（四）学习吹奏歌曲 A 段

（1）再次出示 e 小调琶音的键盘图。

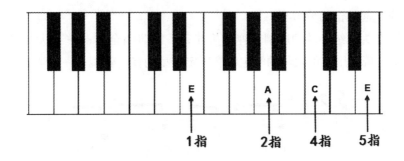

（2）重点讲解 A 段第三小节的弹奏指法，出示键盘手位图。

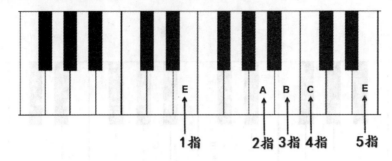

（3）学生自由练习，教师进行个别指导。

（4）接龙练习：学生吹奏前半句，老师接后半句；再互换吹奏。

（5）学生完整吹奏或演唱《青春舞曲》，结合自身情况选择吹奏 A 段或 B 段。

【设计意图】这一环节通过口风琴的辅助教学，培养学生的音准感觉，扩充音乐体验形式，是本课的教学重点。

（五）拓展练习

尝试加入手鼓为歌曲伴奏。

（1）老师过渡语："有歌必有舞，有舞必有达普！（边说边拿出手鼓实物敲击切分节奏）。切分节奏是维吾尔族音乐的典型节奏，今后只要听到维吾尔族音乐，绝大部分都可用这种节奏型来为歌曲伴奏。"

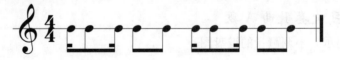

（2）大家一起拍击切分节奏。

（3）学生分为几组：教师用钢琴弹奏旋律；一组演唱全曲；一组从 B 段加入用口风琴为歌曲伴奏；班中用左手吹琴的学生吹奏固定音型的伴奏音型；一名学生打手鼓。

【设计意图】这一环节突出了"关注个体分层指导"的能力要点。

通过学生参与演奏、演唱，并让他们互评，增加了学生参与的积极性和团队合作的意识。学生自由选择演唱 A 段或是吹奏 B 段，特别是不放弃班中那名用左手吹琴的学生，请他吹奏老师编创的旋律为歌曲伴奏，老师弹拨小提琴，师生共同演奏、演唱。这也是本课预设的一个亮点。

（六）课堂小结，深化感受

老师："亚克西！大家演奏得真不错。新疆美，青春更美！美好的生活刚刚开始，等待着同学去寻找、去感受、去体验！最后让我们再一次祝福身边的每一个人平安吉祥——萨拉姆里空！"

案例评析

本案例凸显了教师优秀的学科专业能力及教学能力。

（一）教师的学科专业能力

（1）教师能够掌握简单的旋律乐器和打击乐器的基本知识、演奏技巧和演奏方法，能够熟练演奏口风琴或其他课堂打击乐器，能够根据所选乐器特点，运用适当的演奏方法表现乐曲的情绪。

（2）教师熟悉器乐作品的文化背景，恰当地运用新疆特色乐器达普为歌曲伴奏，充分体现作品风格。

（3）教师能够运用创作手法提取歌曲旋律的骨干音，为歌曲创编发声练习曲。

（二）教师的教学设计能力

（1）强化重点突破难点，有效设计教学活动。

本课能够基于音乐学科的课程标准、器乐作品的难易程度、深入的学情分析，确定教学目标，能够根据重难点进行器乐教学设计与指导，并能够创设良好的音乐教学情境与教学氛围引导学生参与演奏，充分调动学生演奏热情，较好地解决重难点问题。

（2）充分关注学生的现有水平，选择适合学生演奏的乐器。

在键盘乐器中，口风琴具有体积小、价格便宜、便于携带、简单易学的优势，适合独奏、重奏、合奏，是适合集体演奏的普及性乐器。课堂器乐教学是通过课堂集体教学形式进行的，演奏的形式也是以齐奏、合奏为主。口风琴演奏对于激发学生学习音乐的兴趣，提高对音乐的理解、表达和创造能力有着十分重要的作用。鼓励学生从自身实际出发，利用口风琴为歌曲伴奏，或演奏歌曲，力求在普遍参与中发展自己的特长。

（三）教师的教学实施能力

（1）教学活动有效激发学习动机。

《义务教育音乐课程标准》指出："音乐不具语义性的确定性和事物形态的具象性，只有通过聆听、演唱、演奏、综合艺术表现和音乐编创等多种实践形式才能得以实施。学生在亲身参与这些实践活动的过程中，获得对音乐的直接经验和丰富的情感体验，为掌握音乐相关知识和技能、领悟音乐内涵、提高音乐素养打下良好的基础。"本课力求通过这一课程的教学，让学生们通过聆听、演唱、吹奏、表现等教学环节的实践，切身了解与感受新疆维吾尔族音乐的特点，从而启发学生对民族音乐的兴趣，进而激发学生对祖国的热爱之情。

（2）关注每个学生，合理安排教学时间。

教师能够在关注全体学生的同时，注重对个别学生的辅导。在学生自由练习、教师进行个别指导的过程中，能力较强的学生可以达到更高的层次，其他学生也会有一定的提高，不但达到了分层教学的效果，还可以针对每个学生的情况进行有序的指导，合理高效地利用了时间。

（3）严格要求学生，注重提高学生的能力。

教师用演奏钢琴的手型和科学的指法要求学生演奏口风琴，在经过长时间的练习后，学生可以用较好的手型、正确的指法，自己识谱在钢琴上演奏。教师的定位越高，对学生越严格，学生的收获就会越多。长此以往，学生就会在潜移默化中增强识谱和演奏的能力。

（北京市朝阳外国语学校付晓敏、李红霞　评析）

案例七　《电钢琴乐队》

北京市第一五六中学　包雪松

一、教学目标

（1）"情感态度及价值观"目标：乐于参与管弦乐作品《森吉德玛》的音乐表现活动，乐于学习作品相关的知识技能，并能够感受到合奏的快乐。

（2）"过程与方法"目标：参与节奏训练、聆听音乐、唱奏主题、分析探究、在合奏中学习音乐的学习过程。

（3）"知识与技能"目标：

①进一步巩固稳定拍感、多声部节奏配合与表现；

②进一步加强对合奏的正确认识和良好控制，巩固呼吸提腕和控制力度的弹奏方法；

③学习第四乐句合奏部分，尝试完整合奏器乐作品《森吉德玛》，能够在弹奏中体会合奏带来的丰富立体的音响效果。

二、教学重难点

重点：在弹奏《森吉德玛》的过程中，多声部协调配合训练。

难点：

①节奏的准确弹奏；

②能够有一定表现力地弹奏乐曲，能够注意乐句力度的变化。

三、教学过程

（一）导课

阶段目标：运用不同节奏结合柯达伊节奏训练方法导入本课内容，继续巩固学生稳定拍感、节奏模仿、歌唱和多声部节奏配合，为完整合奏《森吉德玛》做铺垫。

具体步骤：

（1）稳定拍感练习；

（2）节奏模仿；

（3）歌唱律动；

（4）多声部节奏配合。

（二）新课

1. 教学环节 1

知识点：复习巩固。

阶段目标：此教学环节主要是巩固之前所学，弹奏《森吉德玛》片段，为完整的合奏做准备。

具体步骤：弹奏第一至二十八小节，注意稳定拍的稳定和声部之间的配合。复习呼吸的提腕的弹奏方法。

2. 教学环节 2

知识点：学生运用适当的演奏方法表现乐曲的不同力度。

阶段目标：此教学环节体现分层教学，根据学生演奏能力的差异分组，鼓励学生全员参与；弹奏中鼓励学生注意倾听及多声部之间的声部平衡。

具体步骤：复习重量弹奏的方法，学生体验、实践，尝试根据乐谱标记弹奏出不同的力度变化。

3. 教学环节 3

知识点：学习第四乐句部分内容。

阶段目标：此教学环节体现：借用虚拟课堂及之前已掌握的部分弹奏经验，学习这部分内容；新授部分的多声部合奏练习。

具体步骤：

（1）不同声部的弹奏练习；

（2）多声部合奏练习；

（3）完整弹奏全曲。

4. 教学环节 4

课堂反馈。

阶段目标：此教学环节主要是检验学习的时效性。

具体步骤：

（1）推选一组学生进行多声部合奏；

（2）学生评价，培养学生识读合奏谱的能力和立体的听辨能力；

（3）教师总结。

（三）拓展

完整欣赏《森吉德玛》，感受作品独特的音乐风格。

案例评析

本案例凸显了教师优秀的学科专业能力及教学能力，表现如下：

（一）教师的学科专业能力

为对学生进行及时和准确的指导，教师对作品必须非常熟悉，应深刻认识作曲与乐器法等音乐理论，具有敏锐的音乐分析能力、鉴赏能力和指挥才能，具有相当程度的键盘乐器演奏技能。简言之，只有素质全面的教师才能够适应这种新的教学需要，才能够最大限度地发挥电钢琴"器乐合奏"课的效益，才能够更多地培养出优秀的学生。

（二）教师的教学设计能力

1. 选择适合学生的乐器，提升音乐能力

一间普通的教室里可安置多架电钢琴，教师统一安排教学内容，集中讲授重点和难点，然后学生们各自戴上耳机在自己面前的琴上练习，互不干扰。教师可以利用声控系统随时检查并有针对性地对学生进行个别辅导，从中既可发现学生练习中的共性问题，做统一讲解演示，又可组织学生相互观摩、共同研习技法。

2. 在合奏中学习音乐，提高学生演奏能力

电钢琴音高统一，无须调音，有可调控的丰富音色，这就为开设器乐合奏课提供了条件。教师可将器乐合奏课的曲目进行分声部处理，组织学生进行齐奏、分声部（或分手）合奏等练习，从一个新的渠道培养学生感受、赏析、表现音乐作品的能力。这种集体授课与个别辅导相结合的教学形式，可大幅度提高键盘教学的效益。

（三）教师的教学实施能力

1. 培养学生的节奏感，注重稳定拍感练习

节奏在演奏教学中是不可或缺、非常重要的一部分，同时也是具有一定训练难度的内容。节奏训练要求精确性的掌握和对不同风格的把握，就精确性的掌握这点来说，应该包括对在不同速度中不同节拍的精确性掌握，以及在不同节拍中各种节奏型的精确性掌握，有了对这些内容的精确性掌握之后，才能对不同风格的节奏类型有所把握。而不管是要准确地抓到节拍还是节奏型，都需要有稳定的拍感作为基础，那么对于稳定拍感的训练无疑在演奏的节奏教学中是应该排在首位的，也应该是最重要的一个环节，不应该被

忽略。

2. 能够将多种适宜的教学方法融会贯通地运用到课堂教学中

在导入环节中教师运用不同节奏结合柯达伊节奏训练方法导入本课内容，巩固学生的稳定拍感、节奏模仿、歌唱和多声部节奏配合，为完整合奏《森吉德玛》做铺垫。并且在教学环节 2 中体现分层教学，根据学生演奏能力的差异分组，鼓励学生全员参与；弹奏中鼓励学生注意倾听及多声部之间的声部平衡。能够运用多种互动形式组织学习，高度关注学生的学习表现，敏锐捕捉教学中出现的问题并能够灵活处理。

（北京市朝阳外国语学校付晓敏、李红霞　评析）

案例八　《让我们准确歌唱——五度内音程的识读乐谱训练》①

北京教育学院朝阳分院　李磊

一、教学目标

（1）积极参与"听""唱""写""创"等音乐活动，循序渐进提升综合音乐能力。

（2）举一反三，巩固 D 大调的乐谱识读，d～s 五度内音程的音准，以及四分音符、八分音符、四分休止符的三种节奏组合。

（3）运用手势、字母谱、模唱、接唱等形式，锻炼准确歌唱。

（4）通过二声部卡农、平行三度关系的和声演唱，进行初步的合唱能力训练。

二、教学重难点

重点：采用灵活多样的练习方式，反复进行音准、节奏的训练，提高学生读谱视唱、准确歌唱的能力。

难点：准确演唱 d～s 五度内音程，准确演唱三度和声。

三、教学过程

（一）综合训练

1. 准备练习

（1）放松肩颈与节奏练习；

（2）肢体律动与节奏练习；

---

① 本案例在中国特色品牌学校共同体主办的"新课程改革背景下，课堂教学策略分享交流会"上进行过同课异构展示。

（3）模拟声音练习。

【练习目的】

①放松精神，协调身体，调动歌唱情绪，激发学习热情，尽快进入学习状态。

②为后面的练习、创编活动做好充分准备。

2. 节奏训练

（1）节拍器给出稳定拍，复习二分音符、四分音符、八分音符的准确击拍；

（2）节奏模仿；

（3）节奏卡片识读（包含四分音符、八分音符、四分休止符三种节奏组合）；

（4）节奏接龙；

（5）教师击打节奏组合，学生判断是哪一首作品（歌曲《粉刷匠》）（可标出每个乐句第一和最后一个音符，帮助学生进行正确判断）。

【练习目的】

①训练学生的节奏感，特别是稳定拍的控制；

②有意识地渗透三种节奏组合，提前解决部分难点。

3. 音程关系与音准训练

（1）随柯尔文手势练习 d～s 的上下行音阶。

（2）旋律音程训练，看手势唱出 d～s 范围内相应的二、三、四、五度音程。

（3）三度和声音程训练。

【练习目的】建立初步的和声听觉，为后面的学习提前做铺垫，解决部分难点。

（4）随科尔文手势唱歌曲《划船》。

【练习目的】举一反三，巩固 d～s 的音准。

（5）旋律听记：歌曲《小蜜蜂》。

边听边教给学生听记的方法：

①将节奏、节奏型记录下来；

②听乐曲的大致结构、是否有重复的乐句，可用 A、B 等符号记录；

③对应节奏标出字母谱或者五线谱；

④检查、整理乐谱。

【练习目的】培养音乐记忆力，帮助学生提炼总结识读乐谱、听记乐谱的方法。

（二）学习作品

（1）出示作品，分析与《小蜜蜂》的相同点：

①都是 d——s 五个自然音级组成的歌曲；

②都是 D 大调、2/4 拍；

③都包含以下三种节奏组合，且第二和第三、四小节的节奏型完全相同；

④音乐结构基本相同，第一、二小节和第三、四小节都是完全重复，最后一个乐句都是第一乐句的完全重复。

【设计意图】由已有的认知自然过渡，充分体现学习的循序渐进；培养分析作品的能力。

（2）看谱，击打节奏。

（3）伴随稳定拍，默唱全曲，培养内心听觉。

（4）识读乐谱（遇到问题教师随时提示）。

（5）以两小节为一个短句，师生交换顺序接唱。

【设计意图】反复演唱、巩固音准，加深音乐记忆，又增加趣味性。

（6）边唱边擦去乐谱，直至背唱全曲。

【设计意图】锻炼音乐记忆力。

（7）二声部卡农演唱（间隔一小节）。

【设计意图】建立相互聆听的习惯，进行初步的合唱能力训练。

（8）上方三度构成和声，放慢速度演唱二声部（根据学生现场情况而定）。

【设计意图】培养和声听觉，巩固三度音程的和声概念并准确演唱。

（9）分组创编固定节奏（根据学生现场情况加以提示）。

【设计意图】要求"手脚并用"，训练学生的节奏感，培养创编能力和音乐综合表现能力。

（10）完整呈现作品。

【设计意图】通过难点的逐个解决，将音乐要素层层叠加，将作品内容、形式不断丰富，使得音乐综合能力不断提升。

（三）拓展练习

识谱演唱《布谷》。

【设计意图】

（1）仍然是 d～s 五度内音程的练习，节奏型也基本相同，既是学习、巩固，也是对学习效果的检测。

（2）作品由2/4拍变为3/4拍，是学习的进一步拓展延伸，也为新知识的学习进行铺垫。

（四）布置作业

尝试识谱演唱教材八年级下册第一单元《卡农歌》。

案例评析

本案例凸显了教师优秀的学科专业能力及教学能力。

（一）教学内容丰富，设计思路清晰

作为音乐老师也许都会有这样的困惑：小学从第一节课就开始唱歌，二年级开始进入二部轮唱（合唱初步），经过那么长时间的学习仍然唱不准、仍然不识谱。而唱准是会唱歌的第一步。

《义务教育音乐课程标准》中指出："乐谱是记载音乐的符号，是学习音乐的基本工具。"可见，学生具备一定的识读乐谱能力，更有利于他们参与音乐表演、音乐创作等活动。北京的新版教材全部采用五线谱，如何利用每周仅有的 45 分钟的学习，指导学生掌握识读乐谱的"诀窍"，无疑成为课堂教学中必须面对和解决的一大难题。

"它山之石可以攻玉"，我们可以借鉴世界先进的教学体系来解决我们音乐教学中的一些问题。

柯达伊音乐教育体系是当今世界上影响最大的音乐教育体系之一。柯达伊音乐教学法，对学生读谱能力和音准能力的培养非常有效，以系统丰富的教材培养学生的听觉、读写、视唱等全面的音乐能力，这也是区别于其他教育体系的突出特点和重要内容。柯达伊认为："听觉只能在通过读和写的音乐体验中得到开发。正如学校里教授图画是视觉的教育一样，教授音乐是听觉的教育。不能对读写熟练掌握，音乐就只能是神秘的、难以理解的、抓不住的东西。只有依靠坚实的读写技巧，才能使掌握音乐实质变成可能。准确、流畅地视唱单声部是获得音乐体验的最基本的先决条件。"

柯达伊认为读写训练合乎逻辑和教学规律的要求是"从简单开始，然后向复杂前进"。所以，在教学内容的设计上，围绕这首匈牙利民歌作品，又复习和拓展了 5 首曲目，还进行了相应的基础练习，包含了音高、节奏、节拍、调式、曲式等一系列音乐要素，而且从感性到理性、从已知到陌生，由听觉表象为主附带视谱的学习，进入完全的视谱学习，都充分体现了循序渐进、顺序性原则，符合学生的认知发展规律。其最终的目的只有一个，就是将音准"刻槽"，加深记忆（思维记忆、肌肉记忆）。

（二）以学生情况为本，制定多样学法

从教师与学生的关系上看，教师是学生学习的促进者、激发者和培养者。

1. 渗透式指导法——创设情境激发动机

创设丰富的教学情境，激发学生的学习动机，培养学生对音乐学习的浓厚兴趣，调动学生学习的积极性。

2. 矫正式指导法——习惯养成，发展能力

指导学生形成良好的学习习惯，发展学习能力。

3. 归纳式指导法——温故知新，循序渐进

温故知新的本质是化难为易，由于变简单了，学生就能学会，而学会了，学生便容易激发学习的兴趣和信心，这样学习就能进入良性循环的机制：学会—兴趣—愿学—学会……相反，如果学生读不懂、学不会，就会越来越没兴趣，这样学习就进入了恶性循环：学不会—没兴趣—不愿学—学不会。

4. 迁移式指导法——举一反三，学会学习

学生在学校期间的"学习"，最重要的是"学会学习"，目标是学会"运用"。特别是每周仅一节的音乐课，我们要实现用有限的课时、讲有限的规律，解决学习无限的作品时遇到的问题。

（三）教学方法灵活多样

参与体验法——通过亲身参与"听""唱""写""创"等音乐活动，循序渐进提升综合音乐能力。

示范模仿法——通过讲解、范唱和聆听，获得具体、生动、真实的感性知识，并通过师生模仿、相互模仿等手段参与音乐实践活动。

比较发现法——在对比聆听中辨别节奏、音高、力度、速度等的变化。

自主探究法——激发主动探究意识、同伴互助和团队合作意识，给予充分的主动思考的空间。

（四）为达成教学目标、解决教学重难点，合理选择教学内容

首先，教师选取这首作品旨在借助匈牙利的柯达伊教学体系对学生进行歌唱和识读乐谱能力的基础训练。达到了教师能力标准表现领域中识读乐谱的优秀标准：能够借鉴世界先进的教学方法，将多种适宜的教学方法融会贯通地运用到课堂教学中。柯达伊教学法强调一切从歌唱入手，学生通过演唱几百几千首民歌，巩固音准概念，更潜移默化地进行民族音乐文化的熏陶，传承母语文化。

其次，虽然本课内容不是教材内容，但可以和教材中的作品《卡农歌》进行连接。

再次，《义务教育音乐课程标准》中明确指出："音乐教学是音乐艺术的实践过程。因此，所有的音乐教学领域都应强调学生的艺术实践，积极引导学生参与演唱、演奏、聆听、综合性艺术表演和即兴编创等各项音乐活动，将其作为学生走进音乐、获得音乐审美体验的基本途径。"教师对教学内容进行了精心的设计，制定了教学目标，力求指向性明确，达成度清晰。

（五）准备练习精心设计、巧妙转换

本节课首先设计了一些实用有趣的、有针对性的练习，激发学习兴趣和参与愿望，集中精力迅速进入演唱状态。之后，借鉴了柯达伊教学法中常用的"从熟悉的曲目入手"，从固定节奏型导出《粉刷匠》的学习；又复习巩固了具有相同音域和部分节奏的《划船》；之后，听记跟这两首歌有很多相似之处的《小蜜蜂》，并讲解听记的方法与要点；从《小蜜蜂》又自然过渡到新授课的学习，并让学生自己找规律，总结作品特点；之后，通过默唱、接唱、背唱、卡农唱、三度和声唱以及加入固定节奏唱等，不断丰富作品，将前面学习过的准备知识层层叠加，一步步加深难度，也就是对作品的更加深刻的认识。当作品完全熟悉之后，再进行拓展，演唱变拍子的《布谷鸟》和增加难度的《卡农歌》，这两首作品也可作为学习效果的检测。

（六）新授课学习形式丰富、层层递进

丰富多彩的活动紧紧围绕音乐本体，而且充分体现了循序渐进的教学原则。

（1）手势带唱。科尔文手势是准确歌唱的重要辅助手段，目的是帮助学生理解首调唱名体系中音级之间的高低关系、调式音级倾向，使抽象的音高关系变得直观形象。它是教师和学生之间进行音高、音准的调整、交流的一个身体语言形式。

（2）默唱。学生伴随着稳定节拍看谱默唱，是内心听觉的锻炼。

（3）接唱。师生间的接唱，一是丰富演唱形式，二是吸引学生集中注意力，三是感受音乐句式的感觉。

（4）背唱。背唱在音乐学习中非常重要，学生们对音乐的欣赏和理解就需要经过记忆、思维，把连续出现的瞬间结合为一个整体印象。好的音乐记忆是一种重要的音乐能力，也是积累民族音调的一个重要途径。

（5）卡农唱。柯达伊认为，歌唱卡农是发展多声部歌唱的最好的准备。通过卡农训练建立合唱感觉。

（6）二声部合唱。在现有旋律的上方进行平行三度的和声构唱。

（7）加入固定节奏唱。训练学生的节奏感，培养创编能力和音乐综合表现能力。

（七）拓展训练温故知新、合理转化

新知识的学习过程是通过新知识的习得阶段，到知识的巩固和转化阶段，最后是知识的迁移和应用阶段。

应该说，这一节课所有的练习、实践都是在围绕音乐的核心能力进行技能训练。而这一部分曲目选择一首《布谷》，既是对前面知识的复习巩固，也是对学习效果的检测；而节拍发生了变化是学习的进一步拓展延伸，也为新知识的学习进行铺垫。

（北京市朝阳外国语学校付晓敏、李红霞　评析）

案例九　《匈牙利民歌》[①]

北京市昌平区石油附中　韩雪

一、教学目标

（1）知识与技能：
①拍击并记写节奏，背唱歌曲，锻炼学生的音乐记忆能力。
②解决难点音程音准，识读五线谱。
③记写 D 大调 d、r、m、f、s 五个音级。
④尝试与老师一起进行多声部演唱。

---

① 本案例在中国特色品牌学校共同体主办的"新课程改革背景下，课堂教学策略分享交流会"上进行过同课异构展示。

（2）过程与方法：借鉴柯达伊教学法通过听、唱、写、创等环节学习本课。

（3）情感态度及价值观：了解与歌曲相关的文化内容，激发学习这首歌曲的兴趣，培养学生对生活、音乐的热爱。

二、教学重难点

重点：用自然的声音、直声演唱歌曲《匈牙利民歌》。

难点：

①边做手势边背唱整首歌曲。

②与老师一起进行多声部演唱。

三、教学过程

（一）热身练习

1. 气息激活

注：学生根据教师要求，进行声音训练及律动。

2. 声音预热

注：教师弹琴，学生根据教师要求，进行声音预热。

【设计意图】热身分为四个重点内容，即身体、气息、耳朵、声音的预热。歌唱之前教师会带着学生做一些伸手、拍肩、扩胸、跳跃等运动，以唤醒整个身体，把身体当成是一样乐器，让全身都融入歌唱中。呼吸是歌唱的动力，在热身的同时让呼吸也进入有序平稳的伸展中，可以慢吸慢呼或者闭着眼睛静静感受呼吸的进行并放松身体。当身体和呼吸得到预热时，设计通过一些练声曲帮助学生找到准确的发声状态，在练声的同时也不要忽略对学生耳朵的训练。

3. 节奏预热

【设计意图】通过以上练习，学生掌握了歌曲中的节奏，尤其是休止符；过渡到音高模唱。

（二）学唱《匈牙利民歌》

（1）通过模唱学习歌曲。

①感受强弱；

②感受跳音与连线；

③感受不同的演唱位置（前与后）。

【设计意图】重复会让人觉得无趣，而无趣、没有意思会阻碍学生对旋律的记忆。所以，通过不同的方法、游戏的方法，让学生熟悉旋律。

通过简单的旋律，让学生感受强弱对比、跳音与连线的对比，感受发声器官的运用。

（2）用接龙的方法让学生熟悉歌曲。

①学生看老师手势，有规律地进行师生轮唱。

②学生看老师手势，即兴演唱。

③一个音一个音进行演唱。

【设计意图】培养学生看老师手势的习惯，锻炼学生的音准能力，加强趣味性。

（3）背唱歌曲。

（4）边做手势边背唱歌曲。

（5）记写 D 大调 d、r、m、f、s 五个音级。

【设计意图】通过科尔文手势，在空间把所唱音的高低关系体现出来，使抽象的音高关系变得直观、形象，更有助于学生把握难点音程的音准。音域较高时也会造成学生的音准问题，所以在唱法上要求学生运用身体能量进行配合。只有把基础的问题解决好，学生才能把歌曲唱好唱美。

（三）演唱卡农

（1）学生唱一声部，教师唱二声部。

（2）将学生分为两个声部进行演唱。

（3）学生边做手势边进行二声部演唱。

【设计意图】歌曲节奏明快，旋律既简单又优美动听，便于学生进行多声部的训练。多声部演唱应该从卡农开始，训练学生的听觉能力、音准能力、相互配合的能力。

四、学习效果评价设计

1. 评价方式

本课以形成性评价和教师评价贯穿整个教学过程。在识读五线谱、节奏模仿、歌唱状态等方面的评价方式为学生自评、互评。

2. 评价量规

评价内容 ＼ 评价等级	A	B	C
4/4 拍节奏的准确掌握			
基本节奏的准确掌握			
直声演唱方法的掌握			
良好的歌唱状态			
音乐的表现力			
D 大调 d、r、m、f、s 的记写			
多声部的演唱能力			

案例评析

本案例凸显了教师优秀的学科专业能力及教学能力。

（一）教师的学科专业能力

1. 熟练掌握科尔文手势，有效解决难点

本节课，教师熟练运用科尔文手势，边做手势边背唱歌曲。在演唱音程时，双手分别做手势，使抽象的音高关系变得直观，有助于学生把握音程的高低关系，为学生的正确演唱起到很好的示范作用。

2. 与学生进行二声部演唱，培养多种音乐能力

教师在课堂与学生多次进行二声部的演唱，要求教师具有良好的音乐能力，既能把自己声部的音准节奏唱准，又能和学生演唱的声部配合上，同时还要聆听学生演唱的正确程度。这种训练方式不但锻炼教师个人的基本功，还可以训练学生的听觉能力、音准能力及相互配合的能力。

（二）教师的教学设计能力

1. 教师能够指导学生进行乐谱识读

本节课从导入环节开始对学生进行了"节奏预热"，使学生掌握歌曲中的节奏，尤其是针对休止符的训练。整节课借鉴了柯达伊教学法，教学环节逐层递进，始终围绕运用听、唱、写、创等方法和手段提高学生的音准和节奏能力。

2. 精准解读课标要求，合理选择教学内容

《义务教育音乐课程标准》中明确指出："乐谱是记载音乐的符号，是学习音乐的基本工具。"学生具有一定的识谱能力，有利于参与音乐欣赏、音乐表演和音乐创作等实践活动。本课选用了一首只有四个乐句共五个音的歌曲，歌曲既符合音乐知识与技能严格序进的要求，又保证了一定的趣味性。教材内容把知识技能的学习与音乐作品紧密地结合起来，做到在音乐中学习识谱，同时又在识谱中学习音乐。

3. 教师能够根据学情准确制定教学目标

本节课教师通过对学情的分析——具备识读乐谱的能力，能够准确表现稳定拍，能够基本准确听辨、记写音乐节奏等，确定教学目标并进行正确表述，并能够创设良好的音乐教学情境与教学氛围引导学生参与教学活动，充分调动学生学习热情。

（三）教师的教学实施能力

1. 教师能够指导学生准确听辨旋律并模唱

教师演奏学生模唱，教师范唱学生模唱，都是很好的方法。本课通过模唱学习《匈牙利民歌》，在模唱中感受强弱，感受跳音与连线，感受不同的演唱位置。模唱的方式既让学生学会了旋律，又不让学生感到枯燥无趣。

2. 运用柯达伊教学手段辅助教学，提升和发展学生的音乐能力

柯达伊教学法是全世界最负盛名的音乐教学法之一，柯达伊教育思想已经在世界各地产生了广泛的影响，得到了广泛的运用，并取得了非常好的教学效果。柯达伊提出："一是培养社会技能和艺术才能平衡的儿童；二是使儿童长大成人之后，能具备这样的音乐才能：看到乐谱就能想到声音，读谱和记谱就像说话和写字一样。"柯达伊教学法中识谱的教学方法科学、严谨、有序，是非常值得我们学习、借鉴并应用于我们教学之中的教学方法。本节课教师和学生均运用了科尔文手势，进行了多种合作式练习。学生在二声部卡农练习中，不仅可以享受到音乐的快乐，同时也可以培养听觉辨别力和音乐记忆力，学会相互倾听与相互配合。多声部的演唱从练习卡农开始相对简单，这种教学方法值得推广。

（四）教师的教学评价能力

教师应适当运用奖励、表扬等评价手段对学生识读乐谱的准确给予肯定，树立学生的自信心。本课以形成性评价和教师评价贯穿整个教学过程，在识读五线谱、节奏模仿、歌唱状态等方面进行学生自评和互评，及时有效地检测学生课堂学习的效果。

（北京市朝阳外国语学校付晓敏、李红霞　评析）

主题三 创造模块

案例一 《我和你》①

北京市第八十中学 刘颖

一、教学背景

高中音乐创作模块开设的意义不是要培养出多少专业音乐创作人才，而是要通过音乐创作的学习，在潜移默化中培育学生美好的情操、健全的人格，让学生在音乐审美体验中享受音乐美。

对于高中"音乐与创作"选修模块的教学内容，课标要求的课时计划是 18 学时。在这有限的 18 学时中，如果将教学目标仅落在知识的讲授上，学生将不可能由衷地产生对音乐创作的浓厚兴趣。因此，我认为在这有限的 18 学时里，最重要的是要引导学生以自然的方式走进音乐创作的乐园之中，让学生在其中享受点滴创作的快乐，启迪学生智慧的火花，陶冶学生美好的情操，让他们在音乐创作中沉浸，在相互学习中协作，在音乐探究中发展，在创作过程中成长。

实践证明，虚拟课堂的学习给学生提供了无限的思索和深省的空间，学生们在思辨过程中提升了精神境界和对问题的深刻感悟能力。

例：在师生共同经历了一段时间的虚实结合的音乐创作学习后，虚拟平台上的一个帖子引起了学生们热烈的讨论，同时也引发了教师对新课程背景下教育教学的深思："为什么要学习音乐创作，音乐创作能给你带来什么？"马昕同学回帖中写道："创作是一种自由的、无拘无束的学习，而我更愿意称这个自由的、无拘无束的'学习'为享受。享受有两方面：物质与精神。许多人都在追求物质的享受，说实话，我也不例外，谁敢说自己想成天住在贫民窟里，在那里生活，我想此项概率为零。但是相比之下，精神的享受境界要高于物质的享受，创作音乐就是一种精神上的享受、一种洗礼，就像把自己关在小黑屋里的感觉——宁静，自己好像与世隔绝，真正拥有一片属于自己的精神领地，让音符在脑海中跳动，让音乐在脑海里回荡。"王田同学的跟帖是这样说的："音乐是人类共通的语言，它产生自人类的劳动，最初的音乐来自人类的劳动号子，表达了人们的某种心声。纯粹的音

---

① 本案例选自人民音乐出版社《名优教师设计音乐课教案与评析》（八年级下册）。

乐是一种天籁之音，是人类某种情感的最完美的表达。人的喜怒哀乐，都能用某种恰当的音乐形式来加以充分宣泄。所以，音乐创作也就成了人们进行情感交流、引起共鸣的一种重要的艺术创作形式。"

高中音乐创作模块教学充分体现了学生学习的过程，从聆听别人的作品，到自己动手进行音乐创作，从内心发出的声音，到将声音转化为有形的音乐作品，这是个质的飞跃。

例：今天的课题为《我和你》，虽然只是这一个课题，但对学生们的创作影响是十分有意义的。例如张子武同学，他是个酷爱音乐、很有音乐灵感的学生。课题布置了没多久，他就到办公室找老师请教。第一次，他拿着最初创编的《我和你》请老师听，并问："创编这首作品的主题用几拍子（2/4、3/4、4/4）才能与作品相一致呢？"我们一起听了一遍，没有回答他（此时无评价），见我没有评价，他主动要求自己回去改，我同意了，并回答他："我们都回去想想，然后再交流。"要按照传统的教学习惯，我会给出他所要的答案，如节拍、和声、创作技法等，可是我忍住了。随后，他运用网络互动平台与老师探讨，经过几次修改，目前已有了一首较为完整的创编作品。我想，音乐创作知识对于学生们固然重要，对于高中学生或是对专题有兴趣学习的学生，应给他们更多的自主探究的空间，使他们在探究中不断完善，而不是采取让学生顺手得到结果的简单的学习方式。

网络虚拟化的学习方式为各个学科、教师、学生搭建起了多层面的平台，尝试了高中学生教育教学的新思路、新方式和新方法，特别是教师的创新精神，因材施教、因地制宜的能力尤为重要。每所学校、教师、学生的情况不同，如果我们只考虑学生的基本素质或是其他外在的条件，而不去找内因，那将阻碍教育前进的步伐。比如，北京市第八十中学的学生，自身条件比较好，大部分同学有较好的音乐能力，他们会方便、有效地通过使用音乐创作软件或是各种乐器等获得所需要的音乐。而一些不具备条件的学校就不能进行这样的模块教学了吗？回答当然是"不"。在经济欠发达的地区，学生们也能进行音乐创作，他们会用自己所长，在教师正确的指导下，一样感受音乐带给他们的美好。电影《凤凰琴》表现的升旗仪式场景，老师用一支竹笛、一把口琴演奏《国歌》，一样庄严神圣。音乐学习的形式、方法是多样的，而所要达到的教学目标是一致的。虚拟课堂以崭新的学习方式为学生开辟了新世界，给学生的自主学习提供了无限的网络空间，让喜爱音乐的学生能够自由驰骋，主动地参与音乐的学习，从而为他们将来具有创新精神、可持续发展奠定了良好的坚实的基础。

（一）教学内容分析

本课时教学内容来自高中虚拟课堂网络学习课程原创音乐专栏，以北京奥运会主题歌《我和你》为主题，进行音乐创编活动。学生经过虚拟课堂的学习，在初步了解、掌握和运用创作的知识和方法的基础上，带着对音乐的热爱，对北京奥运会的记忆，再次体会歌曲的内涵，用自己喜爱的音乐形式展开创作活动。

（二）学生情况分析

教学对象是虚拟课堂音乐创作 3 班，本课的授课对象是通过网络选修报名进入班级学习中来的高中学生。学生通过虚拟课堂、网络互动和现实课堂相整合的教学新方式来完成学习过程。经过一个学期的学习，学生已具备了简单音乐创作的知识和方法，能创作出具有个性的小型音乐作品。目前学生们充满了对音乐创作的热爱和对现实课堂的期待。

（三）课前技术准备

虚拟课堂网络平台、本课教学专用课件、教学说明。

二、教学目标

（1）"情感态度及价值观"目标：学生通过虚拟课堂的学习交流，以《我和你》这首北京奥运会主题歌为创作的主题，展开创编活动。现实课堂与虚拟课堂的结合，激发学生学习音乐创作的热情，使学生从心中迸发出对音乐创作的向往。

（2）"过程与方法"目标：学生通过虚拟课堂的自主学习，体会歌曲《我和你》的内涵及价值。在现实课堂中对学生创编作品进行分析，学习音乐创作的方法，了解不同的创作形式，给学生提供展示的平台。

（3）"知识与技能"目标：了解作曲家创作歌曲的过程，对学生个人作品创编产生启发，师生共同探讨音乐创作的规律。

三、教学重难点

重点：通过虚拟课堂教学成果的展示，学生在改编、创作、分析音乐的过程中，深入体验创作中的情感价值，拓展知识的深度和广度。

难点：

（1）学生改编作品的分析与探究。

（2）在学生创作过程中，保护学生建立起的对音乐创作的热爱，在肯定学生的成绩的同时，用科学的知识和方法去指导学生进行创作活动。

四、教学过程

教学环节	教师活动	学生活动	设计意图
课前预备	师生共同演唱歌曲	演唱歌曲，在歌声中寻找对奥运会的回忆与激发学生学习的热情	创设音乐情景
课题展示	《我和你》	—	—

续表

教学环节	教师活动	学生活动	设计意图
虚拟课堂	展示虚拟课堂网络平台中的教学帖，扼要说明作曲家的创作过程	学生通过虚拟课堂了解作品的原创作者的创作经历，由学生代表发表感言	体会原创作者的创作过程，在现实课堂中进行交流学习
编创作品展示及探究分析作品	聆听学生的作品及学生的创作思路 分析学生创作作品所使用的基本创作手法。主要运用音乐主题的发展手法，包括严格模进与自由模进和节奏重复的不同本质内涵	学生甲：二胡曲《我和你》创作展示，简单分析作品的创作手法。学生结合个人爱好，融合对《我和你》的理解，设计用二胡这种民族乐器体现中国音乐的风格 学生讲述音乐创编的过程，将虚拟课堂中所了解和学习到的音乐创作的基本手法，运用到创作之中	现实课堂中的展示来源于虚拟课堂的教学活动中，师生共同努力探索的结果
	聆听学生用电脑创作的音乐《我和你》，使用作曲软件——西贝柳斯 分析学生创作的作品，从引子开始。聆听作品引子部分，除采用不同音色之处，最为主要是确定了作品的调性 从调式、和弦、旋律、伴奏、曲式等方面进行分析	学生乙：电脑音乐《我和你》创作展示，谈创作的过程和思路 学生边听教师分析作品边思考，在分析过程中师生相互探讨创作的方法，讨论创编作品的优势与可改进的地方	师生共同进行创编作品的分析。在探索学习的过程中，学生提升创作的专业知识和对所学知识的灵活运用程度 专业知识的学习落实于学生的创编作品中，知识来源于学生在探究过程中出现有待于解决的问题
评论编创作品	学生对两首不同表现形式的改编作品进行评论	学生交流	—
情感表现升华	师生共同欣赏和演唱歌曲《我和你》 在音乐创作中可以加入个人的特长与爱好，在创作过程中要主动寻找音乐知识和技能做支撑。投入情感，热爱的程度才会有质的提升，才会有对音乐热爱的延续	学生在现实课堂中，能与老师和同学们一起来感受音乐，一起歌唱，一起体验音乐带给每个人的震撼演唱歌曲《我和你》	音乐教育以审美为核心，主要作用于人的情感世界。知识和技能是情感的支撑。虚拟课堂的沟通及与现实课堂相结合，师生更多地体会到心灵沟通的快乐，在音乐的世界中，同呼吸、共命运
虚拟现实结合	教师总结：通过现实课堂的学习，继续完善《我和你》的创编作品。进入下一阶段的课程学习。回归虚拟课堂展开丰富而生动的音乐创作活动	学生认真倾听教师的总结	学生对下一阶段的学习产生期待和向往
虚拟课堂拓展思考	原创音乐专栏—— 为什么要学习音乐创作？ 音乐创作能给你带来什么？	学生在规定时间内完成虚拟课堂网络专帖回复	在虚拟课堂中继续引领学生学习音乐创作，从专业知识、技能及情感等方面对学生进行吸引，使之产生对音乐创作的追求

附：教学实录：音乐创作之我见

所属论题：原创音乐专栏——为什么要学习音乐创作？音乐创作能给你带来什么？

班级：音乐创作模块三班

指导老师：北京市第八十中学 刘颖

网址：http：//www．bjecr．net/item？topicid＝5332

| 姓名：
苏子滢
昵称：
萃之梦
星值：88
级别：
小星星
主题：3
回帖：10 | 说实话，当时听到有这个选修课，首先想到的就是 ZUN，虽然这种想法傻了点，可能这就是我学习音乐创作的初衷。ZUN 是东方 project 系列游戏的作者（为我最爱的单机游戏打广告……这是 STG 面向型弹幕射击游戏，有剧情的射击游戏，画面漂亮、弹幕有艺术感且华丽、人设经典、音乐更是十分杰出），ZUN 一人负责东方系列的全部创作，从剧本、编程到画面、音乐，可谓是相当的强悍，他也是我很佩服的少数现实生活中的人物。只要是玩过"东方"的人，都不会忘记那杰出的音乐。采访中 ZUN 说，他学习谱曲就是从初中选修课开始的，当时我就想他能学会，为什么我不能（因为他有天赋，这个我不见得有，我知道），于是凭着对 ZUN 的崇敬以及对东方系列的爱，我义无反顾地参加了这个选修课。

同时，我喜欢艺术，最喜欢的是绘画，虽然没人教过我，但凭着我 8 年的经验以及对漫画的爱，现在能略微画出点模样；我也喜欢写作，写诗、写些散文，至于小说，一直在写，但由于爱和时间不足，目前更接近于漫画……回归正题，我喜欢音乐，喜欢听音乐（从小到大，从古典到重金属，从乡村到摇滚，都有我喜欢的，但唯独流行音乐，尤其是现在流行的那些什么周杰伦之类的，我 0.0 000 001 的兴趣都没有），喜欢唱歌（虽然小的时候严重五音不全……慢慢好些了，上了高中以后竟然被选入合唱队，回家之后差点把我妈笑死），喜欢闲得没事干哼些歌（可能都没什么调），有的时候听到震撼的好歌，会感到有灵魂和身体上的震撼，并且偶尔会对喜欢的音乐做些纯兴趣、相当业余的研究。

嗯，说了这么多，最后一点就是，希望能创作出自己的音乐（然后可以作为自己的小说的插曲？写作、画插图，再加上音乐，编成情景游戏我估计我这辈子都不行了），这也是向 ZUN 学习。

PS：为什么我不把第二段放在前面呢？因为我最先想到的是第一段……这个帖子写得很随便，但叙述的就是我学习音乐创作的真实原因。

附上东方弹幕截图 2 张，音乐都太大了传不上来。

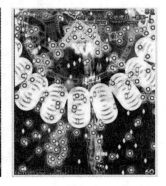

以上，也作为我对东方系列的宣传……

啊……忘了写音乐创作给我带来什么了。

补上：说实话，到目前为止，还没有带来什么，因为我还不太会用音乐来表达自己的感情，并且对于基础的乐理知识我连小学生可能都不如，对乐器的了解，也只是知道小提琴和钢琴都是什么声音，所以我的音乐创作还是维持以不顺利为主，以还可以为辅，很成功没有的状态。

比较顺利的时候，当创作出一段听起来还不错的音乐时，或仅仅是成功地把平常哼的音乐写出来时，都会觉得有那么一点点成就感，会想：啊……这就是我的作品？有点高兴。现在更多的是我对音乐的喜爱而不是成就感鼓励我继续学习下去，并且我也希望能学到更多，完善我的音乐，更好地表达我的情感。 |

[楼主] Posted：Posted：2009－02－24 22：25：52 |

续表

姓名： 张子武 昵称： 晨曦子午 星值：115 级别： 小星星 主题：4 回帖：23	**空山无人水流开花** 对于音乐创作，我的确不知道该从何说起。 我儿时潇洒惯了，始终没想着要去学些课外的东西，所以我的音乐基础并不好。当初报名的时候，也只是凭一时冲动，索性把大名一填，接下来就不知所措了。 我对音乐有种莫名的感觉，它是一种能直接和心灵交流的语言，而不用我们去判断、去辨别。总觉得作为一个人不懂音乐就是一种遗憾。平日里听流行、听摇滚、听 R&B、听 RAP……听了各种风格的作品。无论哪一种，都是心灵最原本的感情，并没有高低贵贱之分。我总是想，倘若听音乐是为了显示自己的修养的话，那就太虚伪了。 音乐止，思绪未止，自己对音乐的感觉仿佛有些一言难尽，殊不知一切尽在不言中，对音乐的感受只能呈现出一个表面，却并不能完整地倾诉给别人。自己对音乐的热爱，也就并不满足于只是听听罢了。 有时听到强烈的节拍，便不想再让它停下，心中的傲然之气便会凌空而上，一切都不会使我屈服，这就是为什么我不敢再写作业时听音乐，我放不下。倘若曾听到忧伤婉转的曲子，便总想再听一遍，再听一遍。虽然每听一遍，内心都会被它侵蚀，越来越深，直到沉寂，再也听不见旋律，再也感知不到世界的存在。就像《琵琶语》，一种平静的愁，静如止水，却不知千丈之下，有何样波痕，也是轻轻地荡开，不会告诉任何人。每听一遍就会更加忧怕，仿佛琵琶之语，亦是心语。 所以，时常空然遐想，自己何时能有如此才华，去创造一些自己的感情。 事实从来都赶不上我的想象，似乎脑海中已经有了那样一个模糊的情景，一段模糊的旋律，看不透的美妙，却表达不出来。这是很痛苦的。 可能，当初我参加音乐选修，只是由于这一节。 我并不妄想参加一期甚至三年后会有什么成就，只是抱着一种态度——玩。可这种玩并不是随意的，我从来都是很认真地对待每一件事。只是觉得这样自己会离音乐的原本更近一些，就算自己的音乐并不成熟、并不好听，没关系，我能在别人的音乐里找到自己的影子，然后去感受自己的心灵，去品味自己的感受。 这便是我为何要来参加这些网络的课。 或许当音乐启蒙的时候，人们对它并没有一个清晰的认识，或许只是一个叫喊、一声呼唤、一句祝福、一声欢呼，这些溪流的汇聚，便是碧波无垠、霞光万点，便是"沧海月明珠有泪，蓝田水暖玉生烟"，便是独自在青林翠竹间体味自然的韵、山水的情，轻抚一张古琴，淡淡一笑。 这便是"空山无人，水流开花"，极琴心之妙境，亦是极天籁之妙境。音乐的美便是在此。 ［楼主］Posted：2009 - 02 - 25 19：08：49 |
姓名： panyue 昵称： 向远方的 娃娃 星值：22 级别： 小星星 主题：1 回帖：1	学习音乐创作，其实是圆了妈妈的一个梦想，她非常喜欢音乐，但她小时候是学不起的：一是没钱，二是没人教她。对于我来说，音乐创作是一个兴趣爱好，从小受音乐熏陶的我，一直希望可以在音乐的天空中飞得更远一些，所以我就学了。 音乐创作可以表达我的心情，可以抒发我自己的情感，还可以传递我的感情。在心情舒畅时，随便哼上一段小曲，快乐的，轻松的，然后再把它记录下来，这就是一首小曲，一首表达我心情的小曲。 总之，在进行创作时我是快乐的，这就够了，因为音乐创作享受的就是快乐的过程。 ［楼主］Posted：2009 - 02 - 25 21：16：22 |

续表

姓名： 程曦 昵称： 程曦 星值：42 级别： 小星星 主题：2 回帖：1	音乐创作——我的最爱 　　从小我就十分喜爱音乐，每当听到一首首优美的旋律，我都把它当作最美的音乐细细聆听、欣赏，没事干就哼一两句，使我的生活充满了趣味。说起创作音乐，那是我小时候直到初三都不敢想的事，创作音乐在我的印象中是十分崇高的，若谁能创作音乐，我就会佩服得五体投地。当我听说自己竟然能加入音乐创作组，心中无限的热情立刻被激发出来。我想这是我很早以前心中无限憧憬和渴望的，只是未曾发觉，现在终于实现了。当我第一次创作出自己的曲子，心中充满了无限快乐，感到十分充实与满足。同时，这是我情绪、感情所表达的另一种方式，是无法用语言表达的。我想这正是它所带给我的，它将成为我生活中的一部分。
	[楼主] Posted：2009 - 02 - 26 21：51：45 |
姓名： 马昕 昵称： 瞳 星值：40 级别： 小星星 主题：2 回帖：0	享受 　　开始没有任何目的地报名参加了这个选修课，只是觉得好玩，创作是一种自由的、无拘无束的学习，而我更愿意称这个自由的、无拘无束的"学习"为享受。 　　享受有两方面：物质与精神。许多人都在追求物质的享受，实话说，我也不例外，谁敢说自己想成天住在贫民窟里、在那里生活，我想此项概率为零。但是相比之下，精神的享受境要高于物质的享受，创作音乐就是一种精神上的享受、一种洗礼，就像把自己关在小黑屋里的感觉——宁静，自己好像与世隔绝，真正拥有一片属于自己的精神领地，让音符在脑海中跳动，让音乐在脑海里回荡。为什么这么说呢？不管你是在大街上，还是在你的卧室里，甚至在卫生间里，当你脑海中出现一种旋律时，那时的你是最纯洁的，因为你不被任何事物所干扰，你的一切全都属于音乐，脑海里没有任何杂质。 　　我第一次创作时，就是在从学校回家的路上，一边哼着不成调的音符，一边跳着，哼的东西很简单，但是心里却是很开心，因为这是第一次哼的东西还能凑合听，于是快跑回家，用笔记录下了曲调，旋律很简单很简单，但是心里十分激动，因为这是第一次将哼的曲子写下来。迫不及待地拿出黑管来试吹，五个音有三个不协调，但是这些小挫折根本不能阻止我前进，刚刚燃烧出来的激情怎能这样熄灭呢！还记得那天爸爸叫我吃饭，叫了好几声，我都没听见，他过来敲门，我一边答应着，屁股却一点没有要离开椅子的意思，爸爸见状也就不叫我了。随后工作就简单多了，将谱子打在西贝柳斯上，最后按下播放键时，还是像刚刚做好曲子时的激动，虽然这个旋律在我的脑子里已经"腐烂"了！！！ 　　音乐创作是一门技术，更是一门艺术，对于我来说，它早已不再是叫我谱个曲子、叫我弄两个音符的课程，而是一种享受生活的方式，当我心情不好时，叫上三五好友，拿出我自己原创的音乐听听，不比开着 BMW、听着 blue，独自流泪强吗？ 我爱创作 music，because I love life！！！
	[楼主] Posted：2009 - 02 - 26 23：21：55 |
姓名： 王田 昵称： 纳西比亚 星值：30 级别： 小星星 主题：1 回帖：3	My thought… 　　音乐是人类共通的语言，它产生自人类的劳动，最初的音乐来自人类的劳动号子，表达了人们的某种心声。纯粹的音乐是一种天籁之音，是人类某种情感的最完美的表达。人的喜怒哀乐，都能用某种恰当的音乐形式来加以充分宣泄。所以音乐创作也就成了人们进行情感沟通交流、引起共鸣的一种重要的艺术创作形式。 　　当代社会随着物质文明与精神文明的飞速发展，音乐成了人们生活中必不可少的要素。从高雅的古典音乐会到风靡世界的街舞，人类的一切娱乐活动都离不开音乐，它特有的节奏感。 　　学习好音乐创作也就掌握了情感表达的技巧与尺度。因此，我们很想学创作。但是，事实上，我们更是出于一种兴趣。 　　音乐创作是不同的思维模式（方式），是一种很有创造性的活动。事实上，每个人心中都有自己的音乐，但是不会将它表达出来，这样学习音乐创作就必不可少了。创作音乐的能力可以提高生活质量、个人素养，重要的是它为现代人沟通提供了很新颖、自然的渠道。 　　以上为创作音乐的意义及原因。

	好处，现在应该也很明晰。呵呵……
	另外，对于音乐课我也想写一些个人的看法。
	"想起那段在琴行的日子，阳光充沛的夏日周六午后，老师教我一段，我就到门口对着门外的阳光弹琴。再往后一点，我在众琴围绕中练琴，老板在里面和一些职业玩琴的人闲聊，我边练又边听着……"
	这是我的一位朋友写的自己学习音乐的场景。
	我个人学琴都是在室内，一对一，专门学弹琴，然后去考级，以测试学习成果。这和现在的考试制度很一致。而这位朋友的学习方式我很欣赏。
	阳光——自然——自由——快乐！在这样的环境下，谁不会好好学习，努力做教委们苦心列出的必要技能？很多人不好好学习，就是一种逆反心理，他们厌烦啊。这样创造良好的环境是很重要的。这环境不只是硬件，还有"心"。音乐教学要把握住心的联系，心与心连在了一起，任何事都会有动力、有能量！
	"老板在里面和一些职业玩琴的人闲聊，我边练又边听着……"
	这可以缩到课堂里吗？无疑这很有用！
	希望我从这位朋友的经历里分析的对您的教学有所帮助。
	另外，虚拟课堂，用数学老师的话说："别吓唬人！"说虚拟，没那么神秘。这种课堂不就是老师学生一同交流吗？只是它为学生的思考提供了充分的空间，同时给学生表达个人看法提供了宽广的平台。如果让我选，我一定选虚拟课堂。但是，虚拟课堂也要有和现实课堂的结合。比方说，您讲些伴奏的帖子，我们有的地方不是很懂，面对面便是必要的了，等等。
	如果您能看下来，说明您很坚强……我很语无伦次……海涵……
	［楼主］Posted：2009 - 02 - 27 22：00：30 ｜
姓名： 梁爽 昵称： 将逝 星值：76 级别： 小星星 主题：3 回帖：6	将近10年前的某日，管乐团招兵买马之际，当初还是小P孩的我毫不犹豫地报了打击乐，因为，简单……后来，接触了POP、ROCK&ROLL等之后，也偶尔自己瞎哼哼几句，随便编点歌词什么的，再后来，也只停留在这个水平了……所以既然有了音乐创作的机会，就能把以前的随性之作写成正式一点的作品，就算是提升一下档次，用于自娱自乐……仅此而已。
	［楼主］Posted：2009 - 03 - 01 12：15：59 ｜
姓名： 张博轩 昵称： 魔之音律 星值：34 级别： 小星星 主题：2 回帖：2	高中以前没有接触过类似的课程，更不必说网络论坛形式的了。刚开始报名的时候感觉很有趣，想到能编出属于myself的音乐当然感到fantastic，于是就下定决心要报名学习这个选修课程。 音乐创作首先能让我充分抒发自己的感情，给了我一个自由的空间。其次，能够让我有一个细细品味音乐美妙旋律的机会。音乐创作还能让我把握住当下的灵感，掌握住当下的力量。
	［楼主］Posted：2009 - 03 - 04 20：33：52 ｜

续表

姓名：安楚娴 昵称：sa-ber 星值：40 级别：小星星 主题：2 回帖：0	以前连音乐创作都很少接触，更别说以网上平台的形式。我一直都很喜欢音乐，以前也学过钢琴。虽说不太会音乐创作，但对音乐的热情始终是有增无减。在音乐中我能不再压抑自己，舒缓心情。于是抱着三分好奇七分热情，学习音乐创作。 　　音乐创作的过程是快乐的，完成一首属于自己的曲子会感到很满足。音乐创作不仅能提高我对音乐的认知，更多的是提高了我对音乐的兴趣。
	［楼主］Posted：2009 - 03 - 04 21：39：37 |
姓名：杨天玥 昵称：Yu-eYue 星值：90 级别：小星星 主题：2 回帖：21	究竟是 why？ 　　我喜欢创作很偶然。在此之前，我对创作没有感觉，也没兴趣。但当音乐老师建议我参加这个选修课之后，当我创作完我的乐曲之后，便有一种很强的充实感。之后便发觉，创作乐曲比文字更能表达心情。于是我很少时间写博客，便把更多的时间放在音乐创作上。我觉得音乐创作很有用，它不但是流露心情的一种方式，还能掌握更多的本领与技巧。
	［楼主］Posted：2009 - 03 - 05 17：38：41 |
姓名：邢艾雪 昵称：i.★Snow☆ 星值：52 级别：小星星 主题：2 回帖：4	my idea：学习音乐创作是因为觉得很新鲜，希望自己能够多一些专长，多一些有关音乐的知识，也许今后能够向这方面发展。 　　音乐创作能够让我将心里最想说的话，表现在一首曲子里面，将音符与思想感情融合，听到自己创作出来的曲子，会觉得亲切，而且还很有成就感。
	［楼主］Posted：2009 - 03 - 05 19：22：53 |
姓名：辛琪 昵称：.ī麥|兜´ 星值：48 级别：小星星 主题：2 回帖：0	我觉得我之所以想创作音乐，是因为我认为音乐是一种很好的抒发自己情感的方式，比语言更加含蓄和深刻，而且更能充分体现出创作者当时的心境或是写一段旋律的目的。我想，音乐的魅力大概就在这里吧。它可以成为人与人之间沟通的载体，可以使人们相互了解，体会对方的心境。因为简单的音符可以勾勒出我们的心。
	［楼主］Posted：2009 - 03 - 05 19：50：53 |
姓名：王梓旭 昵称：曦 星值：72 级别：小星星 主题：3 回帖：2	选择音乐创作是因为——其实不是一两句话能说清。仔细想一想，可能主要是对音乐喜欢的缘故，音乐可以给予我很多感动。 　　文字的美丽不能把事物表达得完美；图像太过于具体，缺乏想象空间，而音乐却能把美妙的事物描绘得十分动人，又留下了大量想象空间，显得自由……我想音乐可以寄托一个人的心思，甚至灵魂。
	［楼主］Posted：2009 - 03 - 05 20：33：24 |

续表

姓名： 李法然 昵称： 酬芹 星值：50 级别： 小星星 主题：2 回帖：1	乐为诗表表诗魂 　　我平日爱写些诗词，总以诗人自居，而音乐是诗的载体。音乐往往能表现出诗句以外的、语言所表达不出来的内容、思想、感情。譬如说我初读《葬花吟》时，觉得有些味同嚼蜡，冗长而无味。可电视剧《红楼梦》中，《葬花吟》一经王立平配乐，立刻显现出一种独有的哀伤与愁绪，将林黛玉当时的凄苦与孤寂展现得淋漓尽致，再读《葬花吟》原诗，也能体会出以往所体会不到的内涵。这样，一半是满足好奇心，一半是为诗增彩，我投入了音乐写作。
	［楼主］Posted：2009－03－05 20：54：02 │
姓名： 史图博 昵称： 老江湖 星值：92 级别： 小星星 主题：3 回帖：12	因为爱，所以爱 　　我非常喜欢唱歌，每逢听到美妙的歌曲，我都会急急忙忙下载下来学习弹唱，到处哼哼，偶尔哼跑调了，便自己开始续曲，一切都凭感觉来，这些创作经常能够把自己感动。 　　这种在平时冒出来的旋律，有的很古典，有的很流行，大部分都很随意，所谓随意不是乱编，而是表达当时的情绪，其中不乏好听的，以前没有能够记录下来真是遗憾。 　　幸好有音乐创作这门学科，能够让我们掌握这种第三外语，音乐创作如同照相机一样，能够把你生活的点点滴滴记录下来，与照片不同，它是更加唯美，更加个性化。 　　我爱我的音乐，所以我爱创作！
	［楼主］Posted：2009－03－05 21：16：55 │
姓名： 许嘉琪 昵称： 圣潆渊 星值：20 级别：小星星 主题：1 回帖：1	关于音乐创作，当时我们五个好朋友每天都在一起写小说、写诗，当然也有歌词，都是为我们的小说写的。我们最大的愿望就是有一天我们可以唱自己的歌，写自己的文字。所以我们每个人都在学。我们渐渐发现音乐与文字是相通的，或许最初它们是一体的，不断地我们的一首首歌词、在小说中灵光一闪的歌词，都真正变成了曲调。那时，我们体验到了前所未有的快乐。在初三的毕业典礼上我们唱了自己的歌，那些只属于我们的歌。我们真正感觉到文字与音乐结合的重要性。所以，我报了这门选修课，为了我的每一篇小说，以及我们当初在一起时最美好的梦想。每次作词、作曲的时候就好像回到了当初那些澄澈毫无杂质的日子……
	［楼主］Posted：2009－03－05 22：57：27 │
姓名： 刘睿婧 昵称：ws ＿na 星值：30 级别： 小星星 主题：1 回帖：3	一开始只是因为自己有兴趣，而且还可以修学分，两益的事情相信谁都不会拒绝；不过，慢慢地我发现这其中有很多值得我学习的东西，当然最根本的原因还是兴趣；后来，我老师的"课"也深深地吸引了我…… 　　（这大概就是所谓的渐渐"着道"了吧？呵呵～～） 　　任何可以让我从中找到快乐的事情，我都不会错过！！！——在音乐的世界里，我可以感受到和平常不一样的世界！可以感受所有情感，自己创作时，也可以试着表达出那些情感……现在，我已经可以更好地理解音乐了。 　　没想到都这个时间了啊……不过晚上写东西有时是很有感觉的，嘿嘿～！比如JJ喜欢在浴室创作啊（其实貌似是卫生间的说～～），我要向他学习！！！！！！！！
	［楼主］Posted：2009－03－05 23：09：30 │

续表

姓名：黄璐然 昵称：小黄 星值：75 级别：小星星 主题：2 回帖：4	谁见过彩色的乐谱 很简单，为心中的那点灵犀。婴儿的音乐是妈妈的臂弯，是轻轻柔柔哼出的催眠曲；小时候音乐是幼儿园里的小朋友手舞足蹈，是老师说，"来，跟着音乐，看谁演的小猫咪最可爱"；毕业时，音乐是泪汪汪的眼睛，懵懂地看着不复返的童年。长大，不再计较糖果、玩具的得失；不再耍小孩子脾气，不跟你玩儿了的时候，反而多了些用哇哇大哭无法掩盖的伤感，那就是成长的痕迹吧。 没有人教给我们怎样去爱上音乐，但你会发现我们人人都有像口头禅一样挂在嘴边的旋律，会时不时地流露出来。这就是你听到戴黑框眼镜的书呆子同桌哪天哼了一句下课铃；耍酷的男生整日塞着耳机，一步三晃；其貌不扬的单眼皮女孩会把喜欢的歌词精心地抄在本本上，配着青涩的校园时光走过。 有谁见过彩色的乐谱？没有人想过要费力把黑白的音符染上色彩，用花花绿绿的视觉效果展示它们的姿态。 我想，那只是因为每个人心里，都会给一段旋律浸上自己的色彩，这种灵犀，无可比拟。

［楼主］Posted：2009-03-13 22：29：45 |

教师回复帖：

（1）"文字的美丽不能把事物表达得完美；图像太过于具体，缺乏想象空间，而音乐却能把美妙的事物描绘得十分动人，又留下了大量想象空间，显得自由……"我同意。音乐是自由的，音乐创作同样是自由的，它从我们心中流淌而出。

（2）是音乐将我们师生从陌生人变成了音乐的朋友；是音乐将不熟悉的同学变成了一群要去追逐音乐的朋友；是音乐将我们联系在一起，让我们感到生活的美好！

（3）音乐会产生在生活的每一个瞬间，当我们有意识要留住它，音乐将成为永恒；当我们不经意间将它错过，音乐仿佛是天边飘过的那朵浮云。送你一首混声合唱《金黄色的云朵》。

（4）看了学生的发言，好像在我的脑子中，也涌动着那些彩色的音符，那些跳跃的旋律。感动，是音乐带给我们师生共同的创作灵感。

高中音乐选修课——音乐创作模块为普通高中学生再次开启了音乐之门，学生的话语中表现出他们对音乐的热爱，对音乐创作的渴望。学生们希望自己成为创作型的"音乐人"，用自己创作的音乐去记录、去抒发情感，去获得认可，去展现不同的个性。而我们教师只能用我们对音乐的执着去感染他们、带动他们、包容他们。不是只守着已知的教学内容，用一些条条框框去约束他们，而更多地给予学生们的是由他们去思考、去学习、去尝试。师生形成了和谐的教学氛围，满怀对音乐的爱去参与到音乐创作之中。

新时期、新理念、新思想，教育的任务不正是要培养有创新意识的人才？虚拟课堂搭建起音乐创作课的舞台，在这个舞台之上，将任由师生们共同展示音乐、表达音乐、创作音乐。只有教师观念的改变，才能更好地去引领学生进入更高的艺术境界。

案例评析

本案例凸显了教师优秀的学科专业能力及教学能力。

（一）教师的学科专业能力

（1）本课主要以学习《我和你》音乐创作的手法及规律为主。教师注重学生在改编、创作、分析音乐的过程中提升音乐欣赏能力。

（2）教师熟悉音乐软件编创知识，能够熟练运用音乐软件创编音乐并能够指导学生。

（3）教师能够根据学科特点有效指导学生的创作方法和思维方法，提高学科素养，这一专业技能在作品分析及作品展示环节中得以充分体现。

（二）教师的教学设计能力

1. 设计以学生为主体的教学内容，引领学生进行有目的的创编

本课教学内容来自高中虚拟课堂网络学习课程原创音乐专栏，是以北京奥运会主题歌《我和你》为主题，进行音乐创编活动。通过教师的引导，学生能够利用教师提供的材料（《我和你》）、方法（展示网络平台中的教学帖）进行创编的研究。

2. 科学运用创作手法，有效指导学生创作

能够指导学生运用作曲手法进行创编，在作品分析环节中出示学生的乐谱引子部分、主题部分，根据学生运用的乐器、和声等加以讨论得出哪种效果更好。

（三）教师的教学实施能力

1. 能够运用多种教学方法，提升学生的音乐能力

能够将多种适宜的教学方法融会贯通地运用到课堂教学中，能够运用多种互动形式组织学习，尤其在课中使用了虚拟课堂，学生在现实课堂中展示虚拟课堂的学习过程，为学生搭建了展示音乐才能的新舞台。值得一提的是，本课虽然是为高中音乐创作模块而设计，但是对于初中二年级学生开展类似音乐创作教学，在虚拟课堂、网络互动和现实课堂相整合的教学新方式等方面具有一定的参考价值。例如，分别展示学生改编的作品《我和你》，在共同分析的过程中探讨音乐创作方法，获取创作经验，提升学习热情。之后，通过了解作曲家创作《我和你》的创作过程的教学，使学生对作品的理解更为深刻，在潜移默化中提升了学生的音乐能力。

2. 巧妙解决创作过程中课堂生成性问题

生成性教学不是随意的、纯粹自发的课堂行为，需要教师有意识地创设学生自主支配的时间与空间，鼓励学生质疑问难，有机地整合课堂上各种不同的信息，引发学生一系列行为的变化，其中，教师的课堂教学策略就成了至关重要的组成部分。在出示学生引子部分的创作谱之后，教师开始针对学生的创作进行相关的提问，了解学生创作的想法。之后，师生共同探讨创作的作品的优势与可改进的地方。学生的活动全部在教师的掌控之中，教师根据教学内容以及学生的知识、认知发展信息，有目的、有意识地采用一些教学方法、技巧，促进学生有效地生成学习，从而促进学生的知识和能力的提升。

3. 利用虚拟课堂的形式开展教学，激发学生学习兴趣

在这种虚拟课堂上，教师能够以新的学习方式转化与学生的关系。老师既是教师，又是朋友，还是网友，以此激发出学生学习音乐创作的热情，促使学生从心中迸发出对音乐的向往，并在潜移默化的过程中培养学生美好的情操、健全的人格，在音乐审美体验中享受音乐的美。学生经过虚拟课堂的学习，在初步了解、掌握和运用创作的知识和方法的基础上，带着对音乐的热爱，对北京奥运会的记忆，再次体会歌曲的内涵，用自己喜爱的音乐形式展开创作活动。

（四）教师的教学评价能力

能够培养学生良好的创编习惯，引导学生参与教学评价，尤其在评论两首不同形式的改编作品环节，学生能够分层级有深度地评价自己及他人的创作作品。

（北京市朝阳外国语学校付晓敏、李红霞 评析）

案例二 《歌曲创作》

清华附中朝阳学校 焦瑶

一、教学目标

（1）"情感态度及价值观"目标：学习歌曲创作的基本方法，培养学生对音乐创作的兴趣，激发学生想象力及创造力。

（2）"过程与方法"目标：

①通过分析作品《但愿人长久》，探讨歌词与曲调的结合关系。

②通过分析作品《我和你》《北京欢迎你》《天亮之前》，探索歌曲创作的方法与技巧。

（3）"知识与技能"目标：

①歌词与曲调的关系。

②歌曲创作的技巧——模仿、改编。

二、教学重难点

重点：学习歌曲创作的技巧，激发学生音乐创作的兴趣，感受创作乐趣。

难点：歌曲旋律的创作。

三、教学过程

（一）导入

同学们，大家好！今天我们研究学习的内容是歌曲创作。歌曲的创作过程一般有两种情况：先有词再谱曲和先有曲再填词。一般的情况是先有词再谱曲。

当我们拿到词后，为了能更好地谱曲，我们需要做到：

（1）熟读歌词，找到歌词内在的节奏韵律，做好节奏布局。

（2）熟读歌词，理解歌词表达的思想情感，确定歌曲的情感表达。

【设计意图】

①语言导入，清楚明了，使学生了解本课的学习内容。

②提出词是歌曲创作的重要部分，复习上节课内容，为下面的内容做好铺垫。

（二）歌词与曲调的关系

在歌曲创作中，处理好歌词与曲调的关系是十分重要的。它们之间有着什么样的关系？现在让我们通过一首作品来了解一下。

出示《但愿人长久》的谱例。

分析歌词的声韵与曲调的关系。

★ 教师演唱歌曲

★ 教师朗诵歌词

处理好声韵与曲调的关系，对生动表达词义、增强歌曲美感、听清词义有着积极的作用，处理不好就会形成"倒字"。

什么是"倒字"？

★ 教师改变一段旋律，请学生感受。

★ 教师演唱"不知天上宫阙"，"宫阙"变为上行旋律。

【设计意图】

①通过作品分析，学习歌曲创作中如何处理好歌词与曲调的关系。

②运用对比的方法引导学生感受，提高音乐分析能力。

（三）旋律的创作

当我们了解感受了声韵与曲调的关系后，就要进入旋律的创作了。对于旋律创作，我们应该如何入手呢？下面我们分析几首作品，感受作曲家是如何进入歌曲创作的。

★ 出示谱例《我和你》与《满江红》

教师演唱两首作品。

对比讲解。

★ 出示谱例《北京欢迎你》与《水牛儿》

对比讲解。

★ 播放两段音乐视频：电视剧《五号特工组》片尾曲《天亮之前》，南斯拉夫电影《桥》的主题歌《啊！朋友再见》

问：两首歌曲曲调之间有什么关系？

★ 创作的手法——改编

【设计意图】

①提供学生创作方法。

②感受创作不是凭空想象、天马行空，创作的灵感往往来源于优秀的民族民间音乐。

（四）音乐实践

为《花季十八》谱曲。

根据学生在课前找好的歌曲，学生可通过这首作品进行模仿写作，也可根据作品改编或在原有曲调上填入新词。

　　★ 把写好的歌曲输入"TT 作曲家"。

　　★ 使用"TT 作曲家"软件，为歌曲编配伴奏。

【设计意图】检测学生的学习情况。

（五）展示活动

分小组展示。

【设计意图】激励学生提高自信心。

（六）学生评价

学生对每组作品做出评价，最高分值为五颗星。

（七）结课

全班共同演唱推选出的歌曲结束本课。

案例评析

（一）教师的学科专业能力

焦瑶老师比较熟悉音乐软件编创知识，能够熟练运用音乐软件——"TT 作曲家"来为歌曲编配伴奏，为学生的歌词改编锦上添花，起到了很好的教学展示效果。

（二）教师的教学设计能力

1. 有效指导学生的创作方法，培养学生的创作能力

学生根据教师提供的材料、方法进行创编，在老师的指导下，通过整节课的学习，学生较好地掌握了改编、模仿这两种创作方法，从学生展示环节中就很好地体现出来，学生以课前找好的音乐片段为依据展开创作，并且大胆进行创新，丰富了歌曲表达，展示了学生的创造能力。

2. 教学内容合理，教学思路清晰

教师先引领学生进行歌词创作的研究，通过各种对比让学生明白什么是"倒字"，之后学习歌曲创作中歌词与曲调的关系，再逐渐展开旋律创作的研究，最后进行创作实践。教学设计环环相扣，思路清晰，时间分配合理，因此学生能在有效的学习之后进行大胆的创作，并且有充足的时间来完成作品。

（三）教师的教学实施能力

1. 利用现代信息技术更好地为课堂服务

由于电脑音乐在应用时变幻莫测、方便快捷，学生在学习中感到新鲜、好奇、神往，增强了学生学习音乐的主动性与能动性。而电脑音乐的多功能性，让学生在学习中感受到音乐的魅力，如音色的变换；还有电脑音乐的智能化使传统音乐理论技法得以简化，使学生的学习充满乐趣与轻松，提高了学习兴趣。这些都是传统教学无法比拟的，也是本课教

学较有优势的地方。

2. 运用比较式的教学方法提高课堂效率

本课教学中大量使用比较式的教学方法，从歌词"倒字"对比，到歌词与旋律关系的比对，有效地提高了教学效率，使学生的学习条理清晰，能够由浅入深地学习，为后面的创作实践提供了良好的保证。

3. 激发学生学习兴趣，培养学生良好的创作自信

本节课运用了小组展示的方式进行课堂成果的汇报。小组展示这一环节既可以检查学生对知识的理解、掌握情况，又可以检查各小组的合作互助情况，同时也可以为锻炼学生的心理素质提供一个展示的平台，它应当是课堂中比较关键的一环。小组汇报展示是一个动态的、多元的过程，需要教师加以指导和引导，要根据具体的教学内容灵活多变地确定汇报展示的形式，使汇报展示成为课堂的一大亮点。在平日的教学工作中，教师应注重对学生的激励与肯定，使一些胆小的学生抛开胆怯与害羞，勇敢地展示自己，从而逐渐树立学习创作的信心。

（四）教师的教学评价能力

在本课的评价环节中，教师请学生为每组的作品做出评价，最高分值为五颗星。通过互评，学生对每组作品的认可，表现了学生对自己原创音乐的鼓励与肯定。学生们互相评价时往往是站在同一个高度来看问题，这样更直接，也更容易被学生所接受。学生在评价别人的同时，自己也会加深认识，甚至对问题的理解能上升一个层次，从而提高学生的比较和分析能力。互评更有利于调动学生的学习积极性，使学生成为学习的主人。互评能提高自主学习的能力，使学习的整个过程都确实以学生为主体，充分发挥学生的主观能动性。学生在互相评价、共同讨论的过程中，学会了互相帮助、互相激励、互相交流、互相启发，也学会了合作，并在合作中发展，与此同时，学生通过各种评价正确认识自我、完善自我，还可以促进人格的发展。

（北京市朝阳外国语学校付晓敏、李红霞　评析）

案例三　《桑塔·露琪亚》①

北京市第一零一中学　郑燕莉

一、教学目标

（1）通过学习歌曲《桑塔·露琪亚》，加深对威尼斯船歌的印象。

（2）将声乐曲《桑塔·露琪亚》改编为器乐曲，并在电子合成器上演示及评价，进

---

① 本案例选自人民音乐出版社《名优教师设计音乐课教案与评析》（七年级上册）。

一步增强创造的乐趣与信心。

二、教学过程

（一）设计演唱形式

听赏《桑塔·露琪亚》（男高音独唱）录音，让学生为这首歌设计一个新的演唱形式。

学生讨论：请几名学生发表自己的观点，教师板书大家认可的结果。

实践活动：按照学生设计的演唱形式进行演唱。

教师小结：通过上一节课学习演唱《桑塔·露琪亚》这首威尼斯船歌，我们接触到了欧洲的一些船歌，并感受到了它们所具有的威尼斯船歌的风格和特点。

（请学生回忆威尼斯船歌的特点；旋律优美，浪漫抒情，节拍为 3/8 拍，节奏富有摇动感。）

船歌的音乐体裁在其他国家和地区也有，但由于民族不同，所形成的风格也有所不同。下面我们会接触到。

（二）将声乐曲改编成器乐曲

船歌的体裁最早只是声乐曲。我们在上一节课中讲过，它是由威尼斯船工哼唱的当地的一种民歌——barcarolle 演变而来的。由于威尼斯具有独特的地理环境，它是亚得里亚海的重要港口，也是地中海贸易中心之一，南来北往的游客和商人很多，威尼斯的船歌也由此得到了发展。同时，威尼斯船歌也影响了整个欧洲的音乐文化，以它为创作素材的器乐曲也应运而生。

今天，我们也来尝试一下，把《桑塔·露琪亚》这首声乐曲改编成器乐曲。

1. 欣赏

我们先来欣赏两首船歌。

（1）首先欣赏的《船歌》是根据奥芬·巴赫的歌剧《霍夫曼的故事》第二幕中的一首二重唱改编的。请注意听它的主奏乐器、伴奏乐器及典型的伴奏音型。

（请一名学生说出伴奏音型并板书。如果出现错误可请其他同学更正。）

（2）再欣赏柴可夫斯基的钢琴套曲《四季》中的《六月》，它是一首船歌。请注意它的节拍和节奏特点。

（请一名学生写出节奏型。）

教师小结：以上两首作品中，我们感受到了主奏乐器、伴奏乐器的音色及典型节奏型的运用，都是为了表现乐曲抒情浪漫的特点。

2. 创作活动

（1）请学生选择适当的节奏型并板书。

（2）请学生运用电脑课件，选择自己满意的主奏乐器和伴奏乐器，并谈谈自己的设想，供大家思考、讨论和评价。

（3）教师小结、归纳学生的创作结果，并请一名学生与教师合作，用电脑与合成器演示学生的作品，听其音响效果。

（4）教师展示自己改编的作品，并分层讲解创作意图。

①从电脑作曲系统中调出所用的乐器音色。

②用调音台分段分析主奏乐器与伴奏乐器及音型的各种组合，让学生感受到这些组合使乐曲在音色上、和声织体上都形成了对比，使这首乐曲的声音色彩更加丰富，更符合它的特点。

③完整地听一遍教师改编的器乐曲《桑塔·露琪亚》。

3. 小结

今天我们尝试了用各种乐器音色及音型的不同组合方式，将声乐曲改编成器乐曲。当然，音乐创作远不止这些。大家运用简便快捷的现代化手段，将抽象的理论概念、枯燥的技能训练，还原到可闻可感的音乐中去。

案例评析一

这个案例是根据郑燕莉老师的教学实况整理的。这次的创作是在唱歌教学之后、欣赏作品的过程之中进行的。随着学生的创作尝试加深了对歌曲《桑塔·露琪亚》的体验，加深了对船歌节拍、节奏、音型的体验，加深了对人声音色、乐器音色表现力的体验，提高了运用各种手段表现音乐的能力。在创作初始，学生学习从多角度分析创作的重点、关键，逐步建立起解决问题的框架顺序。在创作深入阶段，学生充分运用创造性想象，在广阔的思维空间进行发散性思维活动，尽可能提出流畅性、变通性、独特性的观点，教师组织学生利用聆听评价的方法，以聚合性思维加以综合集中，选择出创作的最佳方案。这整个过程均是"教学民主"的体现，是学生能力提高的过程。

（首都师范大学曹理教授 评析）

案例评析二

本案例凸显了教师优秀的学科专业能力及教学设计能力。

（一）教师的学科专业能力

（1）能够掌握简单乐器的基本知识并能够熟悉音乐作品的文化背景，熟悉器乐作品的发展，能够将声乐作品与器乐作品很好地融通，指导学生创新。

（2）熟悉音乐软件编创知识，熟练运用音乐软件编创音乐。

（二）教师的教学设计能力

1. 根据重难点进行器乐教学设计与指导，调动学生的创作热情

本课的第一次创作，通过欣赏以男声独唱形式演唱的《桑塔·露琪亚》之后，组织学

生为这首歌设计新的演唱形式：如前 16 小节由男声或女声独唱，从第 17 小节开始齐唱，或男声独唱、女声哼鸣伴唱……学生逐一试唱并加以评价。教师创设了良好的音乐教学情境与教学氛围引导学生参与创作，充分调动学生热情，良好地解决重难点。

2. 能够熟悉音乐作品，巧妙设计教学内容

本课的第二次创作是组织学生将声乐曲《桑塔·露琪亚》改编为器乐曲。先通过聆听柴可夫斯基创作的《四季》中的《船歌》及根据歌剧《霍夫曼的故事》第二幕中一首二重唱改编的船歌，分析船歌的节拍节奏特点，由学生说出其主奏乐器、伴奏乐器、伴奏音型等。然后组织学生利用电脑课件选择自己满意的主奏乐器和伴奏乐器。可见，教师熟悉教材中的音乐作品，能够深入分析教材，巧妙地将声乐曲改编成器乐曲，开阔了学生的音乐视野。

（三）教师的教学实施能力

（1）教师能够合理安排教学时间，根据学生情况运用恰当的教学策略，合理选择教学资源和设备，准确引导学生表达船歌的内容，以解决教学难点。

（2）能够根据学情选择合适的教学方法。本课既运用学生与教师合作用电脑和电子合成器展示学生创作的成果的方法，也有教师展示自己创作并用电子合成器演奏的《桑塔·露琪亚》的方法。学生在教师的指导下，进一步修改完善自己的创作，并在创作的基础上根据作品风格准确表现作品的情感，达到很好的教学效果。

（四）教师的教学评价能力

（1）教师能够运用激励及评价策略对学生将声乐曲改编成器乐曲给予肯定，培养学生的审美情趣。

（2）教师能够培养学生良好的学习习惯，引导学生参与教学评价。

（北京市朝阳外国语学校付晓敏、李红霞 评析）

案例四 《中国民族五声调式学习》

北京市第八中学 李存

为了学习中国民族五声调式音阶结构，感受五声调式风格，练习运用电子琴的黑键弹奏及创作五声调式的旋律。其步骤是：

第一，分组视唱四首五声调式旋律的歌曲，每组各唱一首，要求找出旋律中出现的音，从旋律结束音开始排列出音阶。如《八月桂花遍地开》（1 2 3 5 6 i）、《草原上升起不落的太阳》（6 1 2 3 5 6）、《太阳出来喜洋洋》（2 3 5 6 1 2）、《小白菜》（5 6 1 2 3 5）、《泗州调》（3 5 6 1 2 3）等。师生共同分析上述旋律由几个音组成（五个），与大小调音阶比少几个音，（少 fa、si 两个音。）小结：这五个音 do、re、mi、sol、la 在我国五声调式中分别称为宫、商、角、徵、羽。

第二，学生在电子琴的黑键上试奏，找出 do 音的位置（学生进行多次尝试后，逐渐找到ｄｏ音的位置）。请一名学生在讲台的键盘图上标出简谱１２３５６。组织学生逐一弹奏五声调式音阶。小结：宫、商、角、徵、羽均可以作为主音，分别组成音阶，因此可以组成五种五声音阶，它们叫中国民族五声调式。

第三，看谱欣赏古琴名曲《梅花三弄》片段。体会其风格（优美、高雅……）。

第四，进行创作练习。由学生念北京童谣《小皮球》，教师在黑板上记出简谱节奏。由四名同学编为一组，在电子琴的黑键上按《小皮球》的节奏进行旋律创作（每人一句）。分组展示创作成果，或唱或弹，其余学生拍节奏，教师在黑板上记谱。然后请学生说出所创作的旋律其调式名称。

第五，由教师在电子琴的黑键上弹奏《梅花三弄》，请一名学生在电子琴的黑键上拍击节奏。请学生讨论：音响效果如何？（不错）为什么？（因为五声调式中没有 fa、si，所以声音较为和谐）

小结：中国五声调式没有 fa、si 两个音，只用 do、re、mi、sol、la，音调自然和谐。

第六，作业，两名同学为一组，共同创作一首五声调式旋律的曲子（分上下两句共 8 小节），一个人弹旋律，一个人伴奏。

案例评析一

这是一节利用电子琴为学具学习中国民族五声调式的课，也是一节利用创作方法学习掌握五声调式风格特点的乐理知识课，体现了教师能力标准中创作中的学科文化素养：能够根据学科特点有效指导学生的创作方法和思维方法，提高学科素养。教学中利用学生在电子琴黑键上创作旋律、教师用电子琴弹奏《梅花三弄》、学生击黑键进行伴奏的形式，让学生感受五声调式的风格特点，应当说是极富创造性的。以学生熟悉的童谣为学生创作旋律规定统一的节奏，教师代为记谱等办法，应当说是为学生创作减少难度的好办法。

教学中的创作环节，使乐理知识学习与音响实践紧密结合，在学中创，在创中学，这样学生所获得的知识和能力才是符合音乐审美特点的，是具有感染力和深刻印象的。李存老师这节课的设计与枯燥、说教式的教学形成了鲜明的对比，谁个优、谁个劣不言自明。

（首都师范大学曹理教授　评析）

案例评析二

本节课凸显了教师优秀的学科专业能力及学科教学能力，表现如下：

（一）教师的学科专业能力

（1）教师能够掌握简单的旋律乐器（电子琴）的基本知识、演奏技巧和演奏方法，并能够熟练演奏这一乐器。

（2）教师能够运用正确的作曲手法进行简单谱曲、编配和声等，并能够通过识读乐谱判断调式创编简单的同调式旋律。

（二）教师的教学设计能力

（1）教师能够基于音乐学科的课程标准、教学内容的难易程度、深入的学情分析，确定教学目标并进行正确表述。

（2）教师熟悉教材内容，能够深入分析教材，精准把握教学重难点，能够指导学生运用作曲手法编配和声、旋律。

（3）学生能够利用教师提供的材料、方法进行创编，能够根据要求创编中国五声调式，并能够用乐谱记录。

（三）教师的教学实施能力

（1）能够合理安排教学时间，根据学生情况运用恰当的教学策略，合理选择教学资源和设备，准确引导学生创编中国五声调式，非常好地完成预定的教学任务。

（2）能够根据学生的实际情况，逐步提出学习要求，熟悉多种学习策略，有计划地进行策略性知识的教学。

（3）能够将多种适教学方法融会贯通地运用到课堂教学中，能够运用多种互动形式组织学习，高度关注学生的学习表现，敏锐捕捉教学中出现的问题并能够灵活处理。

（4）能够运用教学方法，巧妙地解决创作过程中课堂生成性问题。充分调动学生的创作热情，较好地解决重难点。

（四）教师的教学评价能力

（1）能够准确判断创作手法，并能针对出现的问题予以正确的指导，实施评价主体的多元化和评价方式的多样性。

（2）能够运用激励及评价策略对学生的创作给予肯定。

（北京市朝阳外国语学校付晓敏、李红霞　评析）

案例五　《为歌曲编配简单伴奏》

湖南省长沙市长郡中学　王珏

一、教学目标

（1）在学习、实践和探究的过程中，尽情感受音乐的美和奇妙变化；充分发挥艺术想象力；进一步提高、发掘自身的创造力。

（2）对为旋律配伴奏产生主动学习和研究的兴趣，树立独立为旋律配简易伴奏的信心。

（3）通过主动学习和探究掌握为旋律配简易伴奏的基本方法，能独立进行为旋律配伴奏的实践。

二、教学重难点

重点：选配和弦，选配伴奏音型。

难点：在音乐实践过程（选配和弦和伴奏音型）中，如何进行合理的选择和创作以达到提高伴奏艺术性的效果。

三、教学过程

（一）新课导入

展示《小星星曲谱》（视频展示仪）。

教师提问：有什么办法让这样一段简单的旋律听起来更丰富、更有表现力？（同时单手在钢琴上演奏《小星星》旋律）

学生思考回答问题。

教师总结：最有效的方法之一就是为旋律配上伴奏（在钢琴上弹奏几种风格各异的《小星星》伴奏）。

学生欣赏、体会且结合个人观点对其艺术效果进行评价。

教师导入：这些丰富的变化使得音乐生动起来，也仿佛让人有点眼花缭乱；但只要我们掌握其中的诀窍，这一切并不复杂。让我们一起学习——"为旋律配简易伴奏"。

【设计意图】

活跃思维，从感性上认知伴奏在音乐表现中的作用，激发学生的学习兴趣，提高学生学习的主动性。

（二）选配和弦

（1）《小星星》。展示《小星星》曲谱，引导学生分析作品的结构（全曲由六个长度相同、节奏相同的乐句组成）。

教师安排学生分组听辨和弦。

教师在钢琴上弹奏（配和弦形式）。

学生听辨、记录、讨论并回答问题。

【设计意图】

寓教于乐，从教学一开始就让学生进入主动学习和探究的状态。

（2）师生共同讨论、检查并在谱例中进行标记，展示标记后的曲谱。

教师提问，引导学生归纳为旋律配和弦的规律法则。问题一：选配的和弦与相应的旋律音之间的关系是什么？问题二：谱例中选配的和弦有哪些？问题三：为何可以只选这些和弦？

同步展示总结规律（多媒体课件）：①旋律音包含在那个和弦中。②为简单的旋律配伴奏可以只用Ⅰ、Ⅳ、Ⅴ级。

学生思考、回答并总结。

教师与学生共同总结《小星星》中Ⅰ、Ⅳ、Ⅴ和弦常用连接模式。

展示和弦连接模式（多媒体课件）：Ⅰ—Ⅳ、Ⅰ—Ⅴ。

展示《重归苏莲托》片段曲谱（视频展示仪）。

教师在钢琴上弹奏选配和弦。

学生听辨、回答并总结第三种和弦常用连接模式：Ⅰ—Ⅳ—Ⅴ—Ⅰ。

【设计意图】

始终调动学生学习的主动性，层层深入。学生在主动学习、总结、探索、实践中逐步掌握为旋律配和弦的相关知识且具备为旋律选配简易和弦的实践能力。

（3）展示《雪绒花》曲谱，教师组织学生对《雪绒花》进行实践，学生为其选配和弦。

学生展示答案，师生共同从理论和音响实践（钢琴展示）进行分析，总结出最后答案，以及配和弦时的常见问题：①和弦变化频率；②和弦外音的处理；③中间乐句和终止乐句和弦选配的选择。

（三）选用伴奏音型

教师在钢琴上演示各种伴奏音型的实例：

（1）《义勇军进行曲》片段（柱式音型）。

（2）《乘着歌声的翅膀》片段（分解音型）。

（3）《祖国，慈祥的母亲》片段（分解音型）。

（4）《祝酒歌》片段（半分解音型）。

（5）《蓝精灵》片段（半分解音型）。

学生体验其音响效果并总结出各种伴奏音型的适用风格和特点。

教师组织学生分组为《雪绒花》设计伴奏音型，组织学生进行讨论并做适当的鼓励性和启发性点评。

学生分组讨论与设计，每组派一人在钢琴上进行演示——讨论和交流。

【设计意图】

学生以感受性、体验性学习方法来主动学习和总结伴奏音型的相关知识，并通过实践和讨论进一步提高自己为旋律配简易伴奏的实践能力。

（四）课堂小结

教师提问：除了和弦与音型，在伴奏中还存在什么因素？

学生思考、回答。

教师小结课堂内容，激励学生对伴奏艺术进行更深入的探究。

【设计意图】

提问的方式引起学生发散性思维的思考，培养学生进一步进行学习和音乐实践的兴趣。

案例评析

（一）教师的学科专业能力

（1）兴趣是最好的老师，教师在导入环节设计了"在钢琴上弹奏几种风格各异的《小星星》伴奏"的环节，一方面展示了教师良好的个人教学基本功，一方面极大地激起了学生学习的兴趣，既让学生从感性上认知伴奏在音乐表现中的作用，又让学生明确本节课学习的主要内容就是为旋律配伴奏，大家一起来学习，并没有多么复杂。

（2）教师能够运用正确的作曲手法进行简单谱曲、编配和声，把选配和弦、选配伴奏音型作为整节课的教学重点。

（二）教师的教学设计能力

1. 精准解读课标要求，合理制定教学目标及重难点

《义务教育音乐课程标准》中明确指出："教师应将学生创造力的培养，贯穿于不同的教学领域。音乐教学的各种实践活动，提供了开发学生创造性潜能的空间。"在本节课，教师总是先抛出一个问题，然后学生进行一系列的活动：听辨、记录、讨论、总结、探索、回答问题。教师给出的答案只有"规律和法则"。可见教师非常重视音乐实践中的创造过程，充分发挥学生的想象力和创造力，没有用"标准答案"或"统一模式"束缚学生。

2. 能够根据教学内容及学情整合教学资源

教师能够根据课题《为旋律配简易伴奏》选择适合学情的教学资源，《小星星》是一首学生非常熟悉及喜欢的歌曲，利用这首歌曲学习伴奏知识，充分调动了学生的学习积极性。学生能够利用教师提供的材料、方法创编和弦并记录。

（三）教师的教学实施能力

1. 设计多种教学方法，充分调动学生兴趣，培养学生的音乐能力

教师能够将多种适教学方法融会贯通地运用到课堂教学中，能够运用多种互动形式组织学习，高度关注学生的学习表现，敏锐捕捉教学中出现的问题并能够灵活处理。本节课以学生为主体，在充分调动学生学习兴趣的基础上，运用了多种教学方法，培养了学生的音乐能力，如听辨和弦的能力、记录和弦的能力等。学生能够在对比聆听之后体验其音响效果，总结出各种伴奏音型，并且还能主动探究其他伴奏形式。

2. 紧紧围绕教学内容和重难点，实现教学目标

在选配和弦的过程中，教师先分析《小星星》的常用连接模式，总结出两种常用连接，之后再用《重归苏莲托》来进行知识的梳理，总结出另一种常用连接。教师紧紧把握住教与学的契机，用《雪绒花》进行课堂检测和总结，由浅入深，层层深入，让学生的知识逐渐迁移，做到了活学活用。

（四）教师的教学评价能力

本节课学生在学习了如何选用伴奏音型为歌曲配伴奏之后，进行了分组讨论与设计，每组派一人在钢琴上进行演示——讨论和交流的活动。老师把时间和空间还给了学生，让学生有充分的时间去展示他们多姿多彩的学习过程。课堂展示的应该是学生学习活动的过程与方法，而不是教师本身具体的教学方法与技能；应该是学生的活动成果，而不是老师课前预设的唯一且统一的所谓"标准"答案，尤其是创造课不能有统一的答案；应该是学生的精彩互动与对话，而不是教师的个人口头表达水平；应该是学生活动的质量，而不是老师组织活动的数量。

（北京市朝阳外国语学校付晓敏、李红霞 评析）

主题四 音乐与相关文化

案例一 《虚拟与写意——感受京剧做功之美》[1]

北京市和平街一中 朱莉

一、教学目标

（1）感受、理解京剧艺术的写意美，了解中国戏曲艺术在世界文化领域中的价值，树立表演自信心，增加对传统文化的珍爱之情及传承的责任感。

（2）用对比法了解京剧与默剧在表演体系中的异同；用体验式方法学习旦行的几种表演动作，提高对京剧艺术的模仿能力与创造能力；用探究式方法了解京剧是一门具有虚拟性和想象特点的舞台艺术，最终领略到国粹代表的中国传统文化精髓的美。

（3）欣赏几段京剧做功经典的戏曲片段，能区分虚拟性艺术在京剧舞台上的运用；学习并体验旦角基本动作的舞台程式；能够从手、眼、身、法、步"五法"入手评价京剧表演的特点，加深对京剧写意特点的理解。

二、教学重难点

重点：通过京剧动作的学习与实践感受京剧舞台表演的虚拟性，体验其在戏剧表演体系中的写意美。

难点：

（1）对京剧表演中旦角的舞台虚拟性动作进行学习与模仿。

（2）深入理解"京剧是一种虚拟的、想象的舞台艺术"。

---

① 本案例选自高等教育出版社《新课程音乐教学案例选评》（第二版）。

三、教学过程

教学环节	教学内容	教师活动	学生活动	教学设计意图
导入	1. 出示几张舞台剧照，讨论这两种舞台表演形式——引入默剧与京剧 2. 播放这两张剧照所属的舞台视频：法国比佐的《考试作弊》和中国梅兰芳的《贵妃醉酒》 3. 师生共同分析、比较这两种表演艺术	分发学案，请同学们结合图片、视频内容（演员表演手段、舞美、道具、艺术境界、美学意义等）对这两种表演风格进行欣赏与判断	学生欣赏思考回答问题	看、辨、思，比较东西方两种表演体系的实践效果，知道虚拟性、写意性是中国京剧区别于世界其他表演体系的最大特点
感一感京剧中的"做"	了解京剧的虚拟性	PPT展示一段京剧舞台表演视频，直观感受京剧舞台表演的虚拟性，初步认识该表演风格的四种表现形式：空间环境的虚拟、时间的虚拟、人物行动的虚拟、舞美道具的虚拟	通过视频快速了解京剧艺术的特点并对虚拟性这种特点有初步认识	思考舞台表演艺术与生活的联系
	欣赏几部经典重做功的京剧剧目	《打渔杀家》——摇桨行船 《拾玉镯》——穿针 《三岔口》——夜晚打斗 《杨门女将》——骑马上山 请学生在欣赏后将这四个片段所表现的虚拟方法进行归纳	欣赏体会京剧动作的虚拟性，思考并分类，直观感受京剧表演的写意美	检测：学生用所学京剧虚拟性的相关知识对课上戏曲片段中的各类做功进行表现形式上的分类（突出重点）
学一学京剧中的"做"	尝试体验表演的虚拟性	1. 教师假设一个剧情"小花旦开门闻花摘花"，请三组同学上来分别用生活动作、哑剧动作、京剧动作把剧情动作表现出来	分组按照教师要求进行自主体验	通过导入环节的看、辨、思，学生对两种表演的理解从实践上升到理论。但京剧艺术是一门言传身教的艺术，如何更准确体验京剧动作虚拟的写意美，怎样把动作程式做到位，这就需要教师的点化——门道了（抛出难点）
	教师带领学生学习旦角中的动作	2. 怎样才能一眼辨识出这是京剧特有的"做"？在京剧表演中如何"做"好？准确表现动作的虚拟性，手、眼、身、法、步的协调配合是关键 3. 学习几个基本的京剧动作（云手圆场、开门关门、上楼下楼）	1. 模仿严格按照身段"八要"的要求练习到位 2. 个人实践展示、师生互评、他评。	我们的动作和眼神是源于生活的，但不是生活的照搬，一举一动都要舞蹈化、规范化，借此来体验京剧表演的动作美、程式美和虚拟美（解决难点一、二）

续表

教学环节	教学内容	教师活动	学生活动	教学设计意图
学一学京剧中的"做"	老师带领学生学习旦角的动作	（1）教师讲解动作要领并分解示范 （法术：手为势、眼先引、身行气、头微晃、步宜稳——取自戏曲理论集《梨园原》身段"八要"） （2）教师在纠正演示动作过程中加入欧阳予倩等戏剧大家对京剧艺术的解读：京剧艺术是圆与流的统一，京剧的总体和主流是"圆"。这与中国文化内涵一致	3.全体同学遵循身段"八要"与圆润的美学标准共同完成见面行礼动作	中国京剧最大的特色之一是造境。它用众多的美的综合，表现出一种现实世界中并不存在的"境"。中国京剧不是"照样写生"，而是"借情造境"。学生用这种造境过程亲身感受京剧艺术最与众不同的美（解决难点二）
品一品京剧中的"做"	—	教师播放两段《贵妃醉酒》——闻花身段视频（梅兰芳版/李胜素版） 一位是近代京剧艺术流派的缔造者，一位是当下梅派艺术的传人，也可以说是集大成者。学生从同一出戏的两个版本的比较中，细品梅先生的一句话"学我者生，似我者亡"，细细品味两大名角的舞台魅力	—	培养学生的艺术鉴赏与表达能力（发现美、表达美）
课后作业布置	继续练习巩固所学习的台步、开关门、骑马等舞台动作			

案例评析

本课执教者是北京市和平街一中朱莉老师。本课曾在 2015 年北京市高中教学研讨会上进行过展示，是结合湖南文艺出版社实验教科书《音乐与鉴赏》《音乐与戏剧表演》而设计出的一节艺术实践课，是一节充分体现教学模块的功能和价值、满足学生的不同兴趣爱好和发展需求、丰富学生艺术体验的课。它遵循《普通高中音乐课程标准》中"以审美体验为核心""弘扬民族音乐，理解多元文化""探究生活与戏剧的关系，学习不同的戏剧所依据的美学精神和美学传统"的精神和理念设计而成。

（一）教师的学科专业能力

（1）熟悉教材内外音乐与舞蹈、美术、戏曲、曲艺、戏剧等姊妹艺术间的联系与区别，准确把握不同艺术的主要特征。

从本课的设计可以看出教师的艺术素养和文化知识储备很丰富，只有拥有较高的专业技能才能较好地完成本课的教学。教师将中国戏曲与西方戏剧进行对比，这就更加突出中国戏曲这种独具魅力的表演体系的特点，也即本课主题——虚拟与写意。

（2）掌握典型戏曲、曲艺的风格特点，能够有韵味地范唱主要曲种代表作中的重点段落。

从教师引导学生体验京剧做功的环节可以看出，教师对于京剧的程式化表演有较深刻的认识，对于京剧动作的表演有一定掌握。教师的亲身带动可以最大限度地引起学生的学习兴趣，学生通过亲身实践可以更深刻感受京剧程式化表演的美，也更深刻体会京剧虚拟性、写意性的意义。

（二）教师的学科教学能力

（1）能够通过巧妙的设计在欣赏、表现、创造等教学活动中融入相关文化知识的教学，体现出教学的深度与广度；能够巧妙结合音乐材料的教学对相关姊妹艺术的特征进行深入讲解；通过归纳、对比等丰富的教学体验活动，有效地进行分析和实践活动。

教师在导入环节中运用大量的视频素材，通过比较直观的视听手段让学生感受到京剧的审美特点以及京剧特有的程式化表演。再对比西方的默剧表演，帮助学生对比两种表演形式的特点，进而更加深刻理解京剧的虚拟性和写意性。在之后的教学环节中，教师连放四段视频，让学生深入体会京剧的虚拟性这一特点。实践环节中教师借助学生实践体会的时机，加入欧阳予倩等大师对京剧的解读，将京剧艺术与中国文化内涵相统一，这样十分巧妙地将教学实践与文化传统相结合，让学生留下深刻的印象。

（2）能够通过相关文化的教学使学生对中国传统戏曲、曲艺，以及中国民族民间歌舞等艺术形式产生浓厚兴趣及深入学习的愿望，进而生成强烈的民族自豪感。

本课贯穿了"以审美为核心"的教学理念，通过对京剧审美特点的教学使学生感受、理解京剧艺术的写意美，并且通过与西方默剧的对比，让学生了解中国戏曲在表演上区别于其他艺术的独特魅力和艺术价值，进而生成民族自豪感以及进一步学习的强烈愿望。

（北京市第八十中学韩旭 评析）

案例二 《蝶恋花·答李淑一》

上海市延安中学 孙丹青

一、教材分析

《蝶恋花·答李淑一》是毛泽东同志写于1957年的一首纪念亡妻杨开慧的悼念词（杨开慧逝世于1930年），其用词瑰丽而富于遐想，1958年苏州弹词演员赵开生将其谱成弹词开篇。该作品融合了苏州弹词的各派旋律、吸收了戏曲板腔体的唱腔，并运用了富于装饰性的旋律和极具张力的节奏，表达了伟人对革命先烈的缅怀之情和崇高敬意。作者以这种创造性的表现手法将苏州弹词推向全国，《蝶恋花·答李淑一》成为苏州弹词的一张亮丽的名片。

该作品是本单元教学的第三课时。基于前两课时的教学铺垫，该教学内容能使学生围绕南北曲艺进行对比性学习，有利于他们对不同地域的音乐文化进行更好的感受与理解，因此教材的内容为教法的选用提供了思路。

二、课时目标

（1）通过对弹词《蝶恋花·答李淑一》的欣赏学习，体验苏州弹词的词风曲韵，品味作品的精神内涵；初步认识苏州弹词的审美价值与文化价值，进而对中国悠久的曲艺音乐能够予以积极的关注。

（2）在聆听、学唱等过程中，了解苏州弹词这一曲艺曲种的音乐风格、表演形式，进一步认识地方曲艺与地域文化之间的密切关系。

（3）通过"认知—探究—实践—讨论"的递进式教学流程，进行民主性、开放式、互动型的音乐学习；以"表演形式"为拓展内容，进行南北曲艺的对比性学习。

三、教学过程

（一）导入

播放电视剧《四世同堂》主题曲《重整河山待后生》。

教师：这首歌曲具有哪种音乐体裁的风格？又具有哪种曲艺的韵味？

学生：曲艺、京韵大鼓。

教师：又说又唱的曲艺是我国民族音乐的重要组成部分，因此它具有浓郁的乡土气息和强烈的地方色彩。如果说京韵大鼓敲出了激情似火的北方风韵的话，那么，还有一种拥有同等地位的曲艺形式，则流淌出了柔情似水的南方风情，它就是被称为"曲艺活化石"的苏州弹词。让我们到"音乐教室"，一起来聆听弹词开篇《蝶恋花·答李淑一》。

【设计意图】作为音乐课，听觉切入是十分重要并行之有效的教学方式，《重整河山待后生》以"既听又看"的音乐性，第一时间抓住了学生的注意力。用它作导入，既有知识的铺垫，又能为后面对比南北曲艺的拓展性学习埋下伏笔。

1. 音乐教室（认知）

（1）作品简介（播放配乐诗朗诵《蝶恋花·答李淑一》）。

教师：这是一代伟人毛泽东所作的诗词《蝶恋花·答李淑一》。蝶恋花，古代词牌的名称，分上下两阕，一般用来填写多愁善感的诗词内容。这首诗抒发了什么情感？表现了什么内容？李淑一又是谁？毛泽东为何要用这样的文学体裁作答李淑一？让我们先把课外的自学做欣赏前的铺垫吧。

①学生简介诗词背景。

②教师简介弹词创作背景：1958 年，苏州评弹演员赵开生被这首浪漫的诗词深深打动，遂创造性地运用评弹的曲调为诗词谱曲。为表现革命者的浪漫情怀和高尚情操，曲作者在弹词的旋法表现中融入了时代歌曲的演唱技巧，使得原本难以顺畅的弹词演唱、难以倾诉的音乐情感得以酣畅淋漓地表达，作品因此也被多次配以大型交响乐队伴奏及合唱队伴唱，开创了曲艺演唱之先例。

2. 作品赏析（以问题逐层推进）

教师：那么这首弹词到底具有怎样一种魅力呢？让我们带着问题进行赏析。

①教师：作品的演唱运用了哪些装饰音？它们出现在歌词的哪些地方？这些装饰音对旋律的进行起到什么作用？（出示乐谱，播放送音频）

学生：（略）

教师归纳——

前倚音："杨""君""柳""九""刚""所""捧""花""舒""袖""空""忠""魂""人""雨"。

后倚音："上""霄"。

下滑音："失""骄""轻""顿"。

上波音："报""曾""飞"。

颤音："杨""柳""泪"。

以上这些装饰音对旋律进行了修饰，使得旋律更加柔美悲切，充分表达了伟人对逝去亲人的缅怀之情。

学唱弹词——

内容：上阕首句"我失骄杨君失柳、杨柳轻飏直上重霄九"。

要点：此句为散板，要利用气口的停歇，唱好装饰音，唱出曲艺的韵味。

②教师：作品运用了哪种方言演唱？它们有什么发音特征？跟《重整河山待后生》相比，这种语言听上去给你什么感觉？（播放送音频）

学生：（略）

教师归纳——

运用了苏州方言进行演唱。

苏州方言有很多特点，其中最有特点的发音有——

尖团音："骄""君""霄""九""讯""酒""且""间"；

园油音："柳""九""有""酒""袖"（每句句尾均押韵为园油音）。

鼻边音："我""君""轻""娥""魂""人""曾""顿""倾""盆"。

俗称吴侬软语的苏州方言给人的感觉是纤细柔和、儒雅隽秀。

学讲方言——

内容：下阕首句"寂寞嫦娥舒广袖，万里长空且为忠魂舞"。

要点：要对应所学的具有典型发音特征的词语进行学讲，如尖团音"且"、园油音"袖"、鼻边音"魂""舞"；另有"寂""嫦"的浊辅音声母可机动教授。

③教师：作品的上下两阕分别是怎样表达作者情感的？

学生：（略）

教师归纳——

上阕以"散板""中板"的板式起首，凸显了旋律的起伏，表达了作者激动无比的情感，如"直上"与"重霄"以大跳的音程，唱出了革命者的豪情壮志；下阕以舒展的慢板形象地唱出了嫦娥在万里长空为忠魂翩翩起舞的意境，如"魂"字韵母的拖腔处理，抒发了作者对烈士的崇敬缅怀之情。末两句则急转笔锋、直抒豪情，如"忽报""伏虎""顿作"的强音处理，"雨"字行腔的渐强气息，这些都大大突破了苏州弹词温文尔雅的本色，仿佛是难以抑制的革命激情汹涌澎湃，特别是末句的京剧倒板，以磅礴的气势为全曲音乐形象的完成、情感的升华起了画龙点睛的作用。

学生试唱——

内容："倾盆雨"。

要点：这是全曲最有难度的一句，时而高亢，时而低回，拖腔音量由弱到强，故演唱时要特别注意气息的控制以及尾音的甩腔。

④教师：依照歌曲的词风曲韵，说说苏州弹词有何审美特征与人文风格？

学生：（略）

教师归纳——

苏州弹词是一种发源于江苏苏州，流传于长三角地区，以叙事为主（第三人称）、代言为辅（第一人称）的说唱艺术。作为地方曲艺，它具有"音韵细腻委婉、语言秀媚儒雅、词风轻歌慢捻"的美学特征，这一特征与江浙的自然风景（农田沼泽）、园林建筑（亭台轩榭）的人文风格是极其吻合的，它代表的是江浙地区细腻婉约的美学特征与文化品格，也凸显了该地区人与人之间和谐相处的价值观念，其词风曲韵具有较高的审美价值和较深的人文含义。

【设计意图】欣赏课的主要任务是审美和认知，"音乐教室"即学习音乐文化的栏目。该环节以师生互动的形式，引领学生体验音乐美感、获取音乐文化，从而使学生的听赏具有更明确的目的性和指向性。该栏目中的"学唱"与"学讲"原则上可放在后面的"音乐舞台"栏目去实践，但为了避免作品内容的后置分散，提前到了"音乐教室"来操作，这样可以使内容紧凑，有讲有练，提高教学的有效性。

2. 音乐超市（探究）

（1）对比南北曲艺的"表演形式"。

教师：刚才我们体验了苏州弹词的词风曲韵，那么这一曲艺的音乐表演形式是怎样的呢？它与上次我们所学的京韵大鼓有何区别呢？我们不妨到"音乐超市"找寻它们的踪迹，进行一下南北曲艺的大比对。

①苏州弹词的表演形式（播放《蝶恋花·答李淑一》视频）。

学生：（略）

教师归纳——

苏州弹词的音乐表现特征可概括为"说""噱""弹""唱""演"几方面。

说：讲述故事、刻画人物。

噱：逗人发笑。

弹：琵琶、小三弦。

唱："单曲体""联曲体""板腔体""综合体"（各概念见教学参考书）。

演：有说有唱，自弹自唱，形式有单档、双档、三人档、多人挡。

《蝶恋花·答李淑一》是一首弹词开篇，故而淡化了"说"与"噱"的戏剧因素，而突出了"弹""唱""演"的音乐成分。

②苏州弹词与京韵大鼓的对比（播放骆玉笙版本的《重整河山待后生》视频）。

教师：根据刚才对苏州弹词表演形式的归纳，对照《重整河山待后生》，我们能否找出代表南方弹词的苏州弹词与代表北方鼓词的京韵大鼓之间的区别呢？（出示空白下表）

学生：（略）

教师归纳——

整理学生答案填入下表：

对比 曲种	唱腔风格	表演形式	伴奏乐器
京韵大鼓	激越高亢 苍劲有力	自持板鼓 一人站唱	书鼓、大三弦、四胡
苏州弹词	柔美纤细 婉转抒情	双档居多 自弹自唱	琵琶、小三弦

（2）了解各地曲艺的说唱形式。

教师：曲艺是说唱艺术，说和唱自然是它的表现灵魂。说唱的形式是丰富多样的，有只说不唱的、以说为主的、以唱为主的、似说似唱的、有说有唱的，甚至还有说、唱、舞兼容的走说走唱。那么同学们能不能根据教材中的"说唱集锦"音响来竞猜一下呢？（播放重新编辑的各地"说唱集锦"）

学生：（略）

教师归纳——

只说不唱：南北评书。

以说为主：相声、独角（脚）戏等。

以唱为主：京韵大鼓、天津时调、福建南曲、四川清音、青海平弦、内蒙古好来宝等。

似说似唱：快板书、锣鼓书等。

有说有唱：苏州弹词、河南坠子、宁夏坐唱。

走说走唱：东北二人转、凤阳花鼓等。

【设计意图】曲艺是音乐中的大门类，"音乐教室"的认知是有限的，故而拓展性质的"音乐超市"栏目由此而生。该环节在引领学生感知苏州弹词的音乐特征与了解其文化价值后，对表演形式进行了纵向的拓深，并对曲艺种类进行了横向的拓宽。为了紧扣教材、延续知识，拓深的表现形式对接了教材中"实践与创造"的"南北曲艺对比"，拓宽的曲艺种类对接了教材中的"说唱集锦"。

3. 音乐舞台（实践）

（1）家乡曲艺展示。

教师：我国地域广袤、民族音乐资源丰富，曲艺品种多达 300 余种，它们遍布在祖国的大江南北。那么，当同学们熏染于家乡的艺术土壤时，你们有没有关注过家乡的曲艺？在今天这个"音乐舞台"上，我们就把课前自学的成果做一下交流吧，我们来说说家乡的故事、秀秀家乡的曲艺。

①老师带头示范表演"上海说唱"——《金陵塔》。

②学生将课前准备好的曲艺段子进行表演。

可根据自己的条件，选择以说为主的传统曲艺，如相声、快板；也可根据自己的爱好，选择只说不唱的现代曲艺，如"海派清口""脱口秀"等。

【设计意图】新课程要求新教法，师生互动是其中的要点，"音乐舞台"栏目就是专门为学生展示才艺而搭建的"舞台"。从"作品模唱"到"家乡曲艺展示"，音乐的实践从课内延伸至课外，学生的实践能力则得到了递进式的提升。

4. 音乐茶室（讨论）

（1）"书场评说"之场景模拟。

教师：通过刚才的学习，我们已经了解到曲艺是中国的传统音乐，并且已经感受到这一文化的博大精深。但是不可否认的是，改革开放以来，包括曲艺在内的很多传统音乐都受到了流行思潮的冲击。因此，在本课的最后，我们有必要围绕"传统曲艺如何发展"的话题到"音乐茶室"去畅所欲言。

①场景模拟。请一男一女同学上台，男同学手执三弦，女同学怀抱琵琶，在苏州弹词的音乐声中，以弹奏姿态同步模拟苏州弹词的表演。

②主题议论。在苏州弹词的音乐背景下，在台上同学的象征性演奏下，全班同学模拟书场的观众或茶馆的茶客，进行主题性的议论或辩论。

③观点引导。教师模拟服务员来回斟茶，参与每一组的聊天。

观点归纳：曲艺是中华艺术之瑰宝——曲艺应该受到尊重和保护——曲艺的传承要靠创新发展——新生的曲艺必将拥有旺盛的艺术生命。

（2）"终场创演"之观点亮相。

教师：茶馆的气氛很浓厚，大家的辩论很激烈。老师不禁跃跃欲试，想以一段自编的唱词亮出自己的观点（卡拉 OK 伴奏下，老师以茶馆演员身份编唱以下内容的弹词）。

鼓词弹词和评话，

传统曲艺显文化。

与时俱进谋发展，

新生艺术放光华！

【设计意图】文化的认识是有主观认同性的，对于传统文化的认识更是褒贬不一。"音乐茶室"栏目为学生提供了发表见解的场所，它体现的是"互动""合作""民主""探究"的新课程理念。模拟书场又避免了枯燥的说教，学生可以以当事人的身份真情谈吐。当然，为了"民主集中"，最后老师的观点导向也是必不可少的。

5. 总结

教师：民族音乐根植于民间土壤，具有鲜明的地域性，曲艺是民族音乐的重要组成部分，当然就存在着地域间的文化差异。苏州弹词，南方曲艺的代表，它所折射的正是该地区独有的自然景观和人文精神，聆听这些弹词雅乐，人们分明品味到了传统艺术的幽幽芳香、中华文化的迷人气韵……

【设计意图】总结是导入的呼应、教学的概括，承接导入的思路、重申课题的主旨，"弹词""人文""审美""文化"成为总结的关键词。它引导人们从古朴的声音体验转为更多地关注由这种声音带来的价值取向。

案例评析

（一）体现出音乐课程性质的三个方面

（1）人文性。音乐是文化的重要组成部分，是人类宝贵的精神文化遗产和智慧结晶。无论从文化中的音乐，还是从音乐中的文化视角来看，音乐课程中的艺术作品和音乐活动，皆注入了不同文化身份的创作者、表演者、传播者和参与者的思想情感和文化主张，是不同国家、不同民族、不同时代文化发展脉络，以及民族性格、民族情感和民族精神的展现，具有鲜明而深刻的人文性。

（2）审美性。"以美育人"的教育思想与我国的教育、文化传统一脉相承，是培养德智体美全面发展的社会主义建设者和接班人的教育方针的有机组成部分。通过音乐教育培养和提高学生感受美、表现美、鉴赏美、创造美的能力，使他们陶冶情操、发展个性、启迪智慧，丰富和发展形象思维，激发创新意识和创造能力，全面提升素质。

（3）实践性。音乐音响不具有语义的确定性和事物形态的具象性。音乐课程各领域的教学只有通过聆听、演唱、探究、综合性艺术表演和音乐创编等多种实践形式才能得以实施。学生在亲身参与这些实践活动过程中，获得对音乐的直接经验和丰富的情感体验，为掌握音乐相关知识和技能、领悟音乐内含、提高音乐素养打下良好的基础。

将苏州弹词这一艺术形式生动地介绍给学生，可以使学生较为全面而真实地了解和体验我国民族优秀的传统音乐，熟悉并理解和热爱祖国的音乐文化，增强民族意识，培养爱国主义情操。

（二）体现出教师的学科专业能力

（1）在教师的学科能力方面：本课教师具有较为丰富的音乐相关文化知识储备，对音乐作品及相关文化有自己独到的解读；对教材有深入的研究，能够准确把握弹词的主要艺术特征；比较熟悉曲艺的历史、种类、流派、代表人物及代表作，能够准确分辨出曲种，并对其中的典型曲种可演绎；理解和掌握了曲艺的风格特点，能够有韵味地范唱；并能够熟练运用综合艺术的表现手段，指导学生进行有创意的艺术实践活动。

（2）在学科的人文素养方面：本课教师能够主动收集、涉猎相关姊妹艺术的知识与技能；在以音乐为主体的条件下对相关姊妹艺术有独到的见解；能够主动探寻音乐与社会生活的紧密联系，搜集丰富、有创意的材料及案例进行整理和运用。

（三）体现出教师的学科教学能力

（1）在教师教学设计能力方面，本课教师能够密切关注学生音乐相关文化的学习，能够通过高品质的音乐作品或高水平的音乐实践活动进行相关文化的高效教学；能够通过巧妙的设计在欣赏、表现、创造等教学活动中融入相关文化知识的教学，体现出教学的深度与广度；能够巧妙地对教学内容与其他学科进行关联拓展，在以音乐为主体的情况下进行生动有趣的学科综合教学实践活动，并探究学科的整合。

（2）在教师教学实施能力方面，本课教师能够巧妙结合音乐材料的教学对相关姊妹艺术的特征进行深入的讲解；通过丰富的教学体验活动，有效地进行分析和实践活动；能够通过相关文化的教学，使学生对中国传统曲艺形式产生兴趣及深入学习的愿望，进而生成强烈的民族自豪感；能够准确把握学生的兴趣点，巧妙地将社会生活中出现的音乐内容与课堂教学进行有效结合，增强音乐的实践性，拓展学生音乐视野。

（3）在教师教学评价能力方面，本课教师能够选取教学重点知识与技能及学生感兴趣的音乐材料，通过听、唱、说、演等方式检验学生的学习成果；能够将教学评价原则在教学评价中进行合理的应用，准确了解教学的实际效果。

本课教学建议：可安排2课时，教学语言的表述可再精练一些；多让学生模仿，多让学生用耳朵去捕捉信息，通过模唱体验苏州弹词演唱的韵味，避免老师唱独角戏。理论的支撑是基础，但不能替代学唱本身所带来的乐趣，中国传统音乐中的口传心授也自有其价值。

（北京市第八十中学刘颖　评析）

案例三　《走进维吾尔族舞蹈》①

新疆乌鲁木齐第二十三中学　何眉

一、教学目标

（1）能掌握维吾尔族舞蹈的基本体态和动律，并主动探索维吾尔族舞蹈与生活的关系。

---

① 本案例获得第六届全国中小学音乐课评选活动一等奖。

（2）能学会维吾尔族舞蹈中赛乃姆舞蹈的三大步法的基本动作，并在学习基本动作的过程中，进一步加深对基本体态和动律的肢体体验。

（3）能用所学动作创编一个小组合。

（4）能了解维吾尔族舞蹈的主要分类。

二、教学重点

（1）初步掌握维吾尔族舞蹈的基本体态、基本动律。

（2）学会赛乃姆舞蹈基本动作节奏、风格。

三、教学设想

在民族民间舞蹈的学习中，风格及动律的把握非常重要，本课是通过研究生活与舞蹈的关系，来进行基本动律及体态的学习，也就是说，不是为了学动作而学动作，而是通过对生活、对当地风俗的了解，联系到舞蹈动作的学习，从而使学生理解为什么要这样做，以便于他们更加迅速、准确地把握舞蹈风格。

由于赛乃姆舞蹈的节奏着重强调弱拍给予强势的处理，其步法的变化，一般是与音乐节奏的变化相协调，因此本课以节奏为线条，贯穿舞蹈动作教学的始终。在动作的学习中，采取自己探索步法的方式不断巩固体态和基本动律，加深学生对舞步的记忆，活跃课堂气氛，并为后面的自主编排队形打下基础。

创编环节采取老师提出要求，学生根据要求完成的方式来进行，既激发学生的主观能动性，使其体验舞蹈的乐趣，也充分发挥教师的主导作用。

【课时安排】

一课时

【教学准备】

多媒体课件、舞蹈道具

四、教学过程

（一）谈话交流、设计情景导入

1. 了解学生的经验准备情况

教师：同学们，看我带来的朋友你能猜出她是什么民族吗？

（秀一段维吾尔族舞蹈）

2. 情景设计，教师示范导入课题

教师：刚才这段舞蹈立刻让我们感受到了维吾尔族舞蹈的热情，你们知道维吾尔族舞蹈大体上有哪几个分类吗？

教师：维吾尔族舞蹈的形式很多，形成了许多不同的风格特征，有表现整个狩猎过程的刀郎舞，充满宗教意味的萨满舞，热情奔放、形式比较自由的赛乃姆舞，幽默诙谐的纳孜尔库姆舞，还有舞步轻盈流畅、在喜庆节日时跳的夏地亚娜舞。

（出示课件：课题名称）

（二）维吾尔族舞蹈的学习

1. 基本体态及动律的学习

（1）找出维吾尔族舞蹈基本体态及基本动律并练习。

教师：看了同学跳的这段维吾尔族舞蹈后，请你们说一说维吾尔族舞蹈在体态和动律上有什么特点？

学生：……

教师：动律有如下特点：挺拔而不僵，微颤而不窜，上身撒得开，脚步不离散，摇身带晃头，耸肩绕手腕，技巧多旋转，节奏多附点。身体各部位的动作同眼神配合传情达意。

教师：脚步动作有什么特点？

学生：弱拍给予强势的处理。

（2）探索维吾尔族舞蹈特点的形成原因。

①提出问题：

教师：那么维吾尔族舞蹈为什么会呈现出这样的特点呢？

②探索交流：

学生：……

老师补充：赛乃姆的舞蹈姿态大多是从生活中提炼出来的，如最常见的有托帽式、挽袖式、拉裙式、瞭望式、抚胸式等。赛乃姆舞蹈的风格特点是和维吾尔族人民的生活习俗、性格、服饰等特征分不开的，在当地生活中，当他们遇到开心的事情时，头部和颈部就情不自禁地摇动起来，这些动作被吸收在赛乃姆舞中，表现了维吾尔族人民风趣乐观的精神面貌。

2. 赛乃姆舞蹈基本动作的学习

今天这节课我们主要来学习赛乃姆舞蹈组合。它的主要特点是节奏上弱拍给予强势的处理，配合上身的松弛随动，载歌载舞，而赛乃姆舞蹈形式也非常自由，可以是单人、双人、三人、四人、五人，形式多样。

（1）赛乃姆舞蹈步伐的学习。

教师：老师把刚才跳的那段舞蹈再跳一次，请大家仔细看老师的步伐是不是强调了弱拍给予强势的处理。

学生：……

教师：大家刚才说出来的，就是维吾尔族舞蹈中最常见的切分节奏。

教师引导学习"三步一踢""踏蹲旁点""垫步"。

（2）三大步伐的学习。

教师示范，学生模仿。

根据动作特点，教师给出舞步名称。

（3）赛乃姆舞蹈组合的学习。

教师示范，学生模仿。

复习巩固。

教师：维吾尔族人民在欢庆节日的时候，都会载歌载舞，现在我们也来边唱边跳，同学们会不会唱《掀起你的盖头来》？现在，我们就和着自己的歌声，来一遍组合。

学生尝试：

①各小组由小组长组织小组练习所学的动作。

②组内评价，相互帮助，纠正错误动作，以提高全组学习效果。

作用：提高学生自主学练能力及团结协作精神。

（4）学习动作，根据动作特点，提示学生准确说出动作名称。

①教师：我们已经学会了赛乃姆舞的基本步伐，一起来回忆一下。

教师随意说出舞步名称，学生跳。

②请学生与老师一起舞蹈。

（三）创编组合

1. 导入

老师也看到大家舞蹈时非常快乐，其实，快乐是维吾尔族舞蹈的本质。

教师：现在请大家欣赏一段舞蹈。（播放课件）

教师：舞蹈中表现了一个什么情景？

学生：……

教师：对，通过维吾尔族舞蹈特点表现了姑娘在葡萄园中一边劳动一边吃酸葡萄的情景和喜悦的心情，让我们体会一下维吾尔族人民跳舞时那种喜悦的心情。

2. 按要求创编

教师：不过，老师要给大家提出几个要求，请大家运用刚才我们所学的几个基本动作和看到的传神的眼神和动作，根据老师的要求来编排。（主题《花园里》）

A. 出场形成一个圈，时间两个八拍。

B. 一个圈变成两个圈，时间两个八拍。

C. 两个圈流动起来，时间两个八拍。

方法：将学生分成两组，分别设计如何完成要求 A 和要求 B，然后由学生代表指挥大家一起完成，第三个要求全班一起设计完成，老师根据学生的情况提出修改意见，最后三段连贯展示，老师点评。

3. 老师补充结束动作

教师：同学们跳得开不开心？

学生：开心！

教师：那你们怎么表达你们的开心？

（学生欢呼）

教师：其实维吾尔族人民在跳到高兴的时候，也会喊出来！

老师示范结束动作，口念"噢……"

学生学习结束动作。

4. 整体表演

教师：好了，现在我们就把"噢……"这组动作加到我们自编组合的结尾，完整表演一遍。

教师：老师都被你们的喜悦感染了，想和你们一起舞蹈了，大家对自己的作品满不满意？

学生：满意！

教师：那我们就给自己鼓鼓掌！

(四) 拓展

1. 观看录像，判断是不是赛乃姆舞蹈

教师：现在老师要考考大家，今天我们学习了维吾尔族赛乃姆舞蹈，现在老师这里还有两段舞蹈，请大家帮我判断一下，这是不是维吾尔族舞蹈。

播放一段刀郎舞和一段纳孜尔库姆舞。

学生：是。

2. 探讨舞蹈特点

教师：从哪里判断出来的呢？

引导学生从体态、动律、动作特点、音乐等方面来判断。

教师：两段舞蹈分别是维吾尔族舞蹈中的另外两种较有特色的类别，一个是刀郎舞，另一个是纳孜尔库姆舞。那么大家能不能说说，它们各自有什么特点呢？

引导学生分析（出示课件）：

刀郎舞：礼俗性舞蹈；纳孜尔库姆舞：诙谐、幽默。

(五) 总结

教师：为什么同一个民族的舞蹈也会呈现出这么多不同的风格特点呢？不仅仅是维吾尔族舞，其他的民族，如蒙古族、傣族，还有我们湖南的苗族、土家族，等等，这些民族的舞蹈都风格各异，他们舞蹈特点的形成，和这些民族人民的生活也有很密切的联系。希望大家走进生活，用我们的双眼去观察生活，并通过查找相关资料，对这些民族的风土人情多做了解，为我们以后更快更好地掌握这些民族舞蹈奠定基础。

案例评析

本案例是中国民族民间舞蹈教学中的维吾尔族舞蹈部分，执教者是新疆乌鲁木齐第二十三中学教师何眉。本案例的教学重点是初步掌握维吾尔族舞蹈的基本体态和基本动律，并以其中的赛乃姆为舞重点，学会舞蹈的基本节奏和风格。整节课以节奏为线索，贯穿舞蹈动作教学的始终，内容丰富，节奏紧凑，难度适中。

(一) 体现教师的学科专业能力

（1）掌握主要民族民间舞蹈的典型动作，可在教学中进行示范。

教师在课堂一开始就进行了舞蹈的展示，很好地展示了教师的专业性，同时迅速吸引了学生们的注意力，引发了学习兴趣。这是很简单的激发学生兴趣的方法，但是想要达到很好的效果就需要教师对于舞蹈的风格和动作有较好的掌握，由此可以看出该教师拥有较好的学科专业技能。

（2）熟悉主要的民族民间歌舞的风格与特点，对典型的民族民间舞蹈的风格特点有深入的研究，对相关文化背景有深入了解。

教师在与学生分析维吾尔族舞蹈体态和动律特点的同时也加入文化背景的内容，这是学习多元文化的内容时最应注意的问题，不能为动作学习而教，要为文化理解而教。这样才能达到课标中"理解多元文化"的要求，让学生在理解文化内涵的前提下学习艺术，对我国的民族文化产生学习的兴趣和研究的愿望，进而产生民族自豪感。

（二）体现教师的学科教学能力

（1）能够有意识地在欣赏、表现、创造等教学活动中融入相关文化知识的教学，体现出教学的层次与价值；能够通过相关文化的教学，使学生对中国民族民间歌舞产生浓厚兴趣以及深入学习的愿望。

教师在教学中很自然地融入相关背景的学习，与学生分析文化背景，从而探究体态和动作的文化根源。同时在课堂教学中老师始终关注学生的注意力和兴趣点，在教学环节中通过不同手段吸引学生的注意力，激发学生的学习兴趣。学习中国民族民间舞蹈，由于存在文化差异、离学生实际生活较远，这样就要求教师必须抓住学生的兴趣点，激发学生探究学习的愿望。教师在一开始就用一段现场表演的舞蹈赢得了学生的注意，随后的教学就顺理成章了。在动作学习之后，教师又用一段摘葡萄的舞蹈为学生创设了符合舞蹈感觉的生活情境，学生很自然地进入舞蹈的情境中，因此可以很大方地展示自己的学习成果。

（2）在教学评价中灵活运用教学评价原则，通过教学评价激发学生学习的热情和探索新知识与技能的兴趣。

在创编组合环节，教师首先通过视频为学生创设了最具维吾尔族风情的摘葡萄的情景，随后给予学生一个限制的情境进行创编。这样有限制的创编其实很符合舞蹈教学的规律，也降低了学生创编的难度。这一环节实际上是帮助老师对之前的动作教学进行评价，学生也可以通过这个环节更有趣地展示自己的学习成果。这样的设计可以激发学生学习的热情，学生会产生努力练习争取更好表现的愿望。

（北京市第八十中学韩旭 评析）

案例四 《音乐与影视》

北京市和平街一中 朱莉

一、概述

本课内容选自湖南文艺出版社出版的《高中音乐欣赏》教材第五单元《音乐的体裁》

中的第六个知识点，计划授课 2 课时，本节课内容为第一课时。授课时间为 45 分钟。教学重点是通过影视音乐的欣赏与影视音乐表现形式的学习，了解影视音乐的表现形式，区分影视音乐的不同表现手法，使学生能够了解影视音乐的独特审美特点，能够结合所学音乐知识通过自学以及同学之间的探究与合作，完成相关知识与能力的拓展。

二、教学目标

（一）知识与技能

（1）了解影视音乐这一新的音乐体裁的表现形式。

（2）通过视唱了解体验音乐在影视作品中的情感。

（3）能够从音乐要素的角度辨别、归纳、分析影视音乐的美。

（二）过程与方法

通过讲授法、欣赏法、比较法、讨论法，了解影视音乐的表现形式，分析音乐在影视中的作用；带领学生感受影视音乐，能结合视听辨析不同风格的影视音乐在作品中的运用。

（三）情感态度及价值观

（1）通过欣赏影视音乐，培养对影视音乐这一独特音乐体裁的欣赏兴趣。

（2）培养学生对美的感悟，学会分析音乐的情感世界，于无形中接受道德情感教育。

三、学习者特征分析

（1）学习能力：高一年级学生思维活跃，对新事物接受能力强，具备一定的自学能力与鉴赏能力，有团队合作意识，能够在音乐课上以学习小组的形式开展学习与讨论。学习兴趣浓厚，课堂参与积极主动。

（2）知识结构：本节课学习的内容是建立在初中《音乐的要素》、高一上学期《音乐鉴赏》第二单元《音乐的美》和第五单元《音乐的体裁》基础上的。以上知识点的学习是本课时教学内容的铺垫，学生能够在教师的指导下贯穿知识点，对本课时的教学内容开展具有一定深度的研究性学习。

（3）技术支持：高中学生能熟练掌握电脑的基本操作，能够制作较高难度的 PPT 演示文稿，能够运用所学网络知识进行上网查询资料，与教师、学习小组同学进行网上交流等。

（4）相关学科：在音乐与影视欣赏课上，学习者除了要具备良好的音乐素养外，对文学、历史、政治、地理的相关知识的了解与运用，能够让他们更好地理解影视作品的内涵，从而更准确地理解影视音乐的内涵。高中学生在相关学科的知识储备上已经具备分析影视作品音乐的能力。

（5）兴趣爱好：高中学生爱好广泛，对影视的兴趣爱好也有独特的一面，因此在教学内容的选择上教师应该充分尊重学生的社会经历与欣赏习惯，了解他们的兴趣爱好，力争在课堂上取得事半功倍的教学效果。

四、教学重难点

重点：了解影视音乐的表现形式，能区分影视音乐的不同表现手法。

难点：如何感受影视音乐的独特审美。

五、教学环境及资源

教学环境：音乐欣赏专业教室（多媒体设备、钢琴、学生电脑、数字高清投影仪、高保真音响系统）。

教学资源：湖南文艺出版社《高中音乐欣赏》教材、教师建立的多媒体文件库。

六、教学过程

（一）导入（2分钟）

教师：播放电影《阳光灿烂的日子》片头。提示：通过电影画面以及里面的音乐，请你说出影片所处的时代背景。

【设计意图】用听音乐与对话的方式把学生引入教师创设的课堂环境，揭示主题，使其对接下来的过程充满期待。

（二）新课学习

（1）相关知识（2分钟）。

教师：影视音乐是指为影视而创作的音乐。它是一种音乐体裁。

影视音乐主要功能：描绘作用、抒情作用、背景气氛作用、结构贯串作用等。如何在影片中具体表现以上的功能？三种手段：音画同步、音画平行、音画对位。

学生活动方式：学生通过聆听法、思考法掌握教师所授知识点。

【设计意图】从影视音乐的功能入手符合中学生对影视知识的一般了解顺序，可以在很短的时间内调动他们的注意力，激发他们的学习兴趣。

（2）影视音乐的表现形式（10分钟）。

欣赏1.《雨中曲》——音画同步

欣赏2.《辛德勒的名单》——帕尔曼小提琴演奏的主旋律（音画平行）。

教师：与学生一起欣赏影视作品，区分表现形式。

（作者约翰·威廉姆斯在创作中吸取了犹太民族音乐的旋律特点，采用了小提琴独奏将战争阴影下的犹太人凄凉的心境表现得淋漓尽致。教师简单介绍这部影片剧情）

学生活动：学生欣赏电影音乐，师生讨论相关问题，了解音画同步、音画平行.

【设计意图】从音乐表现要素与电影画面之间的联系入手，理解音画同步、音画平行（突出重点）。

（三）感受与体验（15分钟）

1. 从具体影视作品入手，师生体验影视音乐表现出的戏剧美（知识拓展）

教师：放《辛德勒的名单》中的童声合唱，感受音乐属于哪种美。

（1）教师带领学生视唱该片段旋律，从音乐的要素入手体验该音乐，想象电影画面。

（2）童声合唱电影片段欣赏。体验音画对位。

（3）师生探讨这段影视音乐的审美，用表格的形式对比分析。

影视音乐美学比较：

《辛德勒的名单》——小女孩	
音　乐	画　面
旋律单纯优美，和声	侧面使用黑白色调与大红色的对比，突出了红衣女孩在场景中的地位
速度平稳、节奏	电影镜头凌乱，画面动感强烈，多场景、多角度展示大搜查下的人物生存状态。
情绪安静，3/4拍子表达出一种平和与圣洁的氛围	画面充满不安定因素，从辛德勒的视角体现出了对小女孩生命的担忧
用童声表现出一种圣洁安详之情	到处充满死亡的威胁
结论：音乐与画面形成强烈的对比，相反相成，节奏、速度、情绪等戏剧冲突对比明显，属于音画对位，审美上用音乐烘托了影片情节，表明了导演的立场，突出了影片的悲剧美。	

学生活动：欣赏影片，了解对位，结合画面讨论这段音乐在电影中的作用。学生视唱童声合唱片段，感受音乐的悲剧美。在演唱与欣赏的基础上利用比较法填写影视音乐美学比较表格。

学生活动：音乐要素与电影画面的比较法、演唱实践法。

【设计意图】这个环节以视听体验为主，用大量信息进行审美活动，为课堂营造审美气氛。（突出重点，解决难点）

2. 补充欣赏：《泰坦尼克号》《大腕》，填写影视音乐美学比较表格，体验影视音乐的戏剧美

《泰坦尼克号》	
音　乐	画　面
旋律优美，委婉伤感。和声简单，表现了一种倾诉与祈祷	使用电影蒙太奇手法，同时间、多镜头把船上人员的镇定、慌乱、无助与恐惧做夸张表达。用两种节奏的画面语言表现面对死亡的众生相，极具戏剧冲突性
速度平稳稍缓，节奏规整连贯	
情绪从容大气，表达一种高贵与超脱的尊严之美	
弦乐四重奏表达出一种视死如归的超然	四位处在生死边缘的乐手用同期声奏影响绝唱表达一种对死亡的态度
结论：音乐结合影片意境欣赏属于音画对位，用安静的音乐烘托画面要表达的濒临死亡的氛围，表达了当事人对生命的态度，审美上用音乐突出了影片的悲剧美。	

（四）艺术实践（12分钟）

教师：组织指导学生对文件库中的影视音乐片段，如《辛德勒的名单》等，按照影视音乐的表现形式进行分类和美学鉴赏。

学生活动：分组、构思、讨论，用演示文稿的形式。

【设计意图】培养团队合作精神，检验学生本节课学习效果，提高艺术审美水准。（解决重难点）

（五）展示与评价（3分钟）

教师：组织学生演示作业，说明艺术构想。师生从完成质量、展示过程给予评价。

学生活动：学生分组展示对电影音乐的欣赏与感受。学生代表对作业质量进行评价。

【设计意图】发挥学生的主体性，完成课堂教学评估，激发学生学习兴趣。

（六）总结与布置作业（1分钟）

案例评析

朱莉老师《音乐与影视》这节音乐课，突出音乐特点，关注学科综合。音乐是听觉艺术，学生主要通过听觉活动感受与体验音乐。音乐音响随时间的流动而展现，不具有语义的确定性和事物形态的具象性，然而它又与人类的社会生活、各种文化艺术有着紧密的联系，为学生感受、表现音乐和想象力、创造力的发挥，提供了广阔而自由的空间。同时，也要关注音乐艺术的时间性、表演性和情感性特征，并在教学过程中加以强调和体现。

音乐教学的学科综合，包括音乐课程不同教学领域之间的综合：音乐与诗歌、舞蹈、戏剧、影视、美术等不同艺术门类的综合，音乐与艺术之外的其他学科的综合。在教学中，学科综合应突出音乐艺术的特点，通过具体的音乐材料构建起与其他艺术门类及其他学科的有机联系，在综合过程中对不同艺术门类表现形式进行比较，拓展学生的艺术视野，深化学生对音乐艺术的理解。

将音乐与影视相结合，学生可以通过听觉、视觉共同产生对音乐的理解，架起了广泛学习音乐的桥梁，体味音乐在影视中的作用和意义，从而提升学生的审美能力和音乐欣赏的口味。

（一）体现教师的学科专业能力

（1）在教师的学科能力方面，本课教师具有较为丰富的音乐相关文化知识储备，对音乐作品及相关文化有自己独到的解读，对音乐本体及影视作品有深入的研究，并能够熟练运用综合艺术的表现手段，指导学生进行有创意的艺术实践活动。

（2）在学科的人文素养方面，本课教师能够主动收集、涉猎相关姊妹艺术的知识与技能，在以音乐为主体的条件下对相关姊妹艺术有独到的见解，能够主动探寻音乐与社会生活的紧密联系，搜集丰富、有创意的材料及案例进行整理和运用。

（二）体现教师的学科教学能力

（1）在教师教学设计能力方面，本课教师能够密切关注学生音乐相关文化的学习，能够通过高品质的音乐作品和高水平的音乐实践活动进行相关文化的高效教学，能够通过巧妙的设计在欣赏、表现、创造等教学活动中融入相关文化知识的教学，能够巧妙地对教学内容与其他学科进行关联拓展。

（2）在教师教学实施能力方面，本课教师能够巧妙结合音乐材料的教学对相关姊妹艺术的特征进行深入的讲解，通过丰富的教学体验活动，有效地进行分析和实践活动，能够准确把握学生的兴趣点，巧妙地将社会生活中出现的音乐内容与课堂教学进行有效结合，增强音乐的实践性，拓展学生的音乐视野。

（3）在教师教学评价能力方面，本课教师能够选取教学重点知识与技能及学生感兴趣的音乐材料，通过听、唱、说等方式检验学生的学习成果，能够运用教学评价原则在教学评价中进行合理的应用，准确了解教学的实际效果。

（北京市第八十中学刘颖　评析）

案例五　《音画融溶　绘声绘色——德彪西印象派音乐作品欣赏》①

浙江省义乌中学　叶艳

教学年级：高中一年级

教学课时：一课时

一、设计意图

本课旨在通过创设一定的教学情境，让学生从音乐中想象画面、从绘画中体会音乐，通过欧洲印象派几个绘画与音乐作品的介绍、鉴赏和比较，培养学生对美的鉴赏力和分辨力，充分发挥学生的想象力和创造力，使他们体验画中有乐、乐中有画的美好意境。

二、教学内容

印象主义音乐代表人物德彪西及其《大海》《月光》《亚麻色头发的少女》等音乐作品欣赏。用一课时完成。

三、教学分析

印象主义音乐是近现代的一个重要音乐流派，这一流派对当代音乐有着深刻的影响。本单元（第11单元第21节）是一个独立的"印象主义——德彪西"单元，专门介绍印象主义音乐代表人物德彪西及其作品《大海》和《亚麻色头发的少女》《月光》等，主要以《大海》为重点欣赏曲目，旨在引导学生初步感受、体验印象派的风格特点。

交响素描《大海》是德彪西创作的一部音乐画卷，它由三幅交响素描组成。生动地描

---

① 本案例获得第五届全国中小学音乐课评选二等奖。

绘了充满阳光的海面上变化无常的景象，描绘了海的气氛和海的性格。本课欣赏的是《大海》之一《海上——从黎明到中午》。

拓展与探究第一题，意在启发学生聆听《大海》音乐时，想象大海的"情景"，从感性上接触、体验印象派音乐的风格特征。

在拓展与研究第二题中，让学生欣赏贝多芬的《月光奏鸣曲》和德彪西的钢琴曲《月光》，比较这两首乐曲在旋律、节奏和色彩上的异同。比较的重点放在古典主义和印象主义在音乐风格上的不同特点上。

课标要求通过学习、鉴赏，了解印象主义音乐的特点和作曲家德彪西，结合、对照课本上的插图《印象·日出》《神奈川冲浪里》《康威尔斯小姐像》等名画，引导学生了解、探索印象主义音乐和美术之间的共通关系。

学生对印象主义音乐的认识，要求主要依据本单元的"导言"和课本第147页一段知识性文字（印象主义音乐和美术与德彪西），主要通过对音乐作品的欣赏，感受、体验其风格特征。关于印象主义音乐知识，可以以课本上的文字介绍为主，不必过多讲解。

四、学情分析

德彪西的《大海》是一部很难驾驭的作品，因为其创作技法复杂、专业程度艰深，不要说学生，就是连老师们也对印象主义音乐了解很少、钻研不深。然而，作为近现代的一个重要音乐流派，我们再不引导学生去认识了解它，将会是多大的遗憾啊？因此，面对这些很难驾驭的音乐作品，我还是决定引领学生一起去探究了解它。

在一般情况下，引导学生通过音乐要素、音乐表现手段去认识作品的风格特征是比较容易的，而类似《海上——从黎明到中午》这样的作品却困难得多了，因为它的音乐要素、音乐表现手段并不像常见的音乐作品那样容易把握。但是，任何事物总是辩证地存在与发展，在这节课上，我用多种比较手法切入，把美术中的线条图形色彩和不同音乐作品联系比较，把印象派的风景画作品与具有相同意韵的音乐作品联系比较，又把不同乐派的音乐作品联系起来对比欣赏，采用通感联觉的手法，通过让学生直接感受、体验、比较作品音乐的风格，帮助他们更好地理解作品的意境，进而能顺利地了解印象派音乐的特征。

五、教学目的

（1）通过欣赏印象派代表性音乐作品《大海》《亚麻色头发的少女》《月光》，引导学生初步感受和体验印象派音乐的风格特点。

（2）通过学习、鉴赏，了解印象主义音乐的特点和作曲家德彪西。

（3）了解、探索印象主义音乐作品和美术作品之间的共通关系。

六、教学重难点

重点：通过印象派绘画作品的导入，使学生了解印象派音乐的特点，欣赏德彪西主要印象派作品《大海》之一《海上——从黎明到中午》，感受、体验其特有的表现手法及作品风格，从而对印象派主义音乐加深认识。

难点：结合印象派绘画作品，了解印象主义音乐的特征、创作手法，音乐抽象中的具体、具体中的抽象，从德彪西作品中感受音乐的飘逸、模糊，色彩的变幻等独特的美学思想。

七、教学策略与手段

本课采用了大量的对比法、视听法、选择法、归纳法、学科联系法、记录法、绘画法、讨论法、评价法、通感联觉法等有效的教学策略与手段，引导学生有兴趣地、自然轻松地自主学习并掌握难度较大的印象主义音乐作品及知识。

八、课前准备

（1）学生的学习准备：带笔、白纸一大张，高中《音乐鉴赏》教材，对欧洲古典、浪漫、民族乐派音乐已了解，掌握一定的鉴赏知识。

（2）教师的教学准备：自制多媒体课件、教材、教案。

（3）教学环境的设计与布置：音乐教室前方贴有"时时刻刻经典相随"的彩字，黑板写上"音画融溶绘声绘色"的课题，四周墙壁悬挂米黄色落地布帘，营造温馨、舒适、美观的赏乐环境。

（4）教学用具的设计与准备：电脑、多媒体课件、组合音响、背投大屏幕电视。

九、教学过程

课前：创设轻松愉快、有印象派特点的音乐环境，暗示课题。

上课前屏幕展示本课标题《音画融溶绘声绘色》，并同时播放钢琴曲《亚麻色头发的少女》。学生在音乐声中进音乐教室坐下。（课前发一张白纸）

（2）教师概括：音乐和美术属两种截然不同的艺术……

（一）引出课题（从学生已有的学习经验出发，激发学生的学习兴趣和求知欲）

（1）刚才大家从屏幕上看到了，我们今天的音乐课和什么有关？

绘画、美术。

（2）教师概括：音乐和美术属两种截然不同的艺术……

（二）导入新课（设计多种音乐风格体验，调动学生多感官的参与和体验，通过和美术中各元素的结合比较，初步感受《水中倒影》不规则的节奏、旋律特点，为后面印象主义音乐的出现做铺垫）

教师：音乐常常会使人产生联想，好的音乐就像一幅美丽动人的画卷，好的美术作品又宛如一支美妙的乐曲。音中有画，画中有音。音乐家们在乐队这块巨大的调色板上，用每一种乐器提供的各不相同的色彩，用指挥棒描绘出了一曲曲绚丽缤纷的乐章，而色彩、线条、图形都是构成美术作品的基本元素……

比如我们听到这样的音乐：

音乐片段 1《春节序曲》——色彩？

音乐片段 2《野蜂飞舞》——旋律线条？（试着用手跟着音乐划）

音乐片段 3《拉德斯基进行曲》——节奏特点？

音乐片段 4《水中倒影》——节奏是否规律？试着记住其中的一至两句旋律。

听完让学生讲讲各自的理解和想法。（音乐片段 4：节奏模糊没规律，旋律感不强。）

（三）预设铺垫（通过看图、说图、选曲、听曲、论曲等方式，对比、联系，让学生自主探索印象派的奥秘）

（1）展示法国绘画大师莫奈的风景画《印象·日出》。

①这幅画给你哪些直观的感觉？

（模糊、朦胧的、看不清楚、画面有点乱，总之没规则。）

②如果让你选择一段和画面相配的音乐，刚才听的第几段音乐比较合适？

（第 4 段《水中倒影》比较合适，也是不规则的、模糊的。）

（2）简介《印象·日出》莫奈和印象主义画派。

1874 年法国画家莫奈在落选的美术沙龙中展出了一幅名为《印象·日出》的画作，当时的新闻界讥讽他的作品为印象派作品。这个在后来广为使用的名称就成了一群创新画家集体的代名词。

19 世纪六七十年代，在法国兴起了一个画派，他们把颜色彻底分离，用颜色的冷暖来交织画面，是一种艺术的革命。他们采取在阳光下直接作画的方法，主张捕捉自然界的瞬间印象，冲淡理性的东西，追求瞬间的感觉。这种画派被称为印象主义绘画。

（3）屏幕上出示几个名词：云、月光、大海、沉没的教堂。

问：看到这些标题，你们会马上想到什么？

看到这些标题，你会想到一些画面或者印象派画家的作品。其实不然，这是法国印象派作曲家德彪西的音乐作品的名字。德彪西是谁？

（4）介绍德彪西（观看一段介绍作者的录像）：

德彪西是 19 世纪末、20 世纪初法国杰出的作曲家、钢琴家、指挥家和音乐评论家，印象主义音乐的创始人。他著名的作品有管弦乐《牧神的午后前奏曲》、钢琴曲《月光》，以及《云》《节日》《大海》等。

（5）你了解印象主义音乐吗？

请翻开课本第 147 页……（概念性的文字内容以学生自学为主，2 分钟快速阅读）

请用笔画出五六个最能说明印象主义音乐特征的关键词句。

多以自然景物或诗歌绘画为题材，突出瞬间的主观印象或感受，擅长表现幽静朦胧、飘忽空幻的意境。模糊的旋律线条、缥缈的音色、独特的和声……

（四）感受体验（旨在让学生通过自己直观的感受和体验，运用新学的知识，培养鉴赏力和分辨力）

（1）屏幕上出示一幅简笔画（月牙、树枝、柳条低垂）。

问：看到这个画面，大家会想到什么？月亮、月夜、月牙？

世界上关于描写月光的文学、音乐、美术作品很多，例如有……

（2）听一听、辨一辨下列两首描写《月光》的钢琴曲。

①哪首是印象派的音乐作品？说说理由。

②两个作品的音乐风格有何不同？（古典—印象，规律—不规律）

③试着哼一哼作品中的一段旋律。（印象派《月光》的旋律很难记住）

小结并简介贝多芬和德彪西的《月光》及两首作品的特色。

（五）加深理解（以画引题，步步设疑，通过让学生听、看、谈、论、写、画等方式体验、感受大海，培养勤于思考、自主探究的习惯和能力）

（1）屏幕上出示名画《神奈川冲浪里》（日本浮世绘版画大师葛饰北斋的作品）。

德彪西受《神奈川冲浪里》的启发而创作了交响素描《大海》，他非常喜欢葛饰北斋的作品，并曾经将它作为《大海》的总谱封面。

（2）介绍交响音画《大海》。

作于1905年3月，初演于1905年10月。本曲为德彪西最大的一部交响音乐作品。在这部交响素描中，德彪西用音符做颜色、旋律做线条，描绘的是一幅只能用听觉来欣赏和感受的经典画作。

（作品以象征主义的表现手法——新颖的和声、短小的旋律、丰富的音色、自由的发展，生动地刻画出了一幅幅大海的生动画面，并通过整个乐队的不同音区，极为强烈地表现出"大海"中各种画面的色彩。）

全曲分为三大部分：

第一部分《海上——从黎明到中午》；

第二部分《波浪的游戏》；

第三部分《风和海的对话》。

今天我们要欣赏的是第一部分《海上——从黎明到中午》。

（3）初听《大海》（培养学生静心聆听和观察的能力和习惯，初步感受大海的意象）。

请你仔细聆听并关注：

①乐曲主要由哪些乐器音色来表现德彪西对大海的印象？

②用几个关键词汇的连接或画线条、图形，记录下乐曲中大海从黎明到中午经历了怎样的变化过程。（如平静开阔＼长笛；跳动浪花飞溅＼单簧管和弦乐；波浪翻滚＼铜管乐器……）

以闭眼聆听想象为主。

（屏幕右上角小范围播放阿巴多指挥乐队演奏的《海上——从黎明到中午》的录像）

听后请学生回答问题，老师小结：

"这一部分描绘了在大海的潮水声中，夜幕缓慢地拉开，一丝光亮映照在海面上，一轮红日渐渐升起，天空由紫色变为青色，逐渐地增加了光辉，一幅开阔的大海黎明景色被生动地描绘出来……在此之前的音乐经典中，没有谁能把大海色彩的变化、波浪的涌动、清晰可见的深度和令人崇敬的浩瀚与神秘，表现得如此令人敬服。"

（4）谈论《大海》（通过故事引导、学生参与讨论，培养学生自主研究、合作学习的能力，在思考和讨论过程中加深对乐曲的理解和拓展研究）。

关于本曲，曾有这样一段逸话：20世纪初，巴黎有一位从来没有见过大海的绅士，在欣赏德彪西的交响音画《大海》时，仿佛真的看到了惊涛拍岸、浪花飞溅的大海景象，这给他留下了不可磨灭的印象。后来当他到海滨旅游时，见到了真正的大海，反而觉得有些"不够劲"了。待他旅游归来，再次欣赏德彪西的交响音画《大海》时，才找回当初的感觉。此时他不禁惊叹道："哦！这才是大海啊！"

思考讨论：教材第148页拓展与探究第一题：

在交响素描《大海》问世之初，曾有评论家用"我没有听到大海，没有看到大海，没有感觉到大海"来表示不满，但德彪西认为他要创造的不是大海的复制品，而是大海的意象。你对此有何看法？并请谈谈你对这部作品的理解。

（5）边思考、边讨论、边复听《大海》（进一步熟悉乐曲，加深印象，通过写、画等方式表达每人印象中的大海，发挥个性，培养创新能力，进一步加深理解）。

①展开丰富的联想和想象，记下自己瞬间的感觉，边听边用文字或绘画的方式表现出来，展示并介绍。

②学生谈大海，阐述自己的看法和观点。

最后老师简介印象主义音乐的特点。

（六）拓展学习（通过引导学生对印象派绘画中人物肖像线条勾勒特点的了解，进一步说明印象主义音乐与当时印象派绘画和象征主义诗歌的联系，在聆听音乐作品的过程中感受体验其间的奥秘）

出示两幅绘画作品：《吉内弗拉·德·班奇像》和《亚麻色头发的少女》。请同学们比较一下，这两幅画在人物肖像线条的勾勒上有何不同？

（1）前一幅是文艺复兴时期的达·芬奇为他朋友的妹妹画的肖像。

（2）后一幅是法国印象派画家雷诺阿的《康威尔斯小姐像》。

前者线条清晰明了，有质感；后者模糊、朦胧、细碎。

（这一时期的绘画作品避开线条分明的轮廓，用模糊、细碎的笔触表现画家的视觉印象。这一时期象征主义诗人则喜好用奇异的辞藻和声韵去抒发不可捉摸的内心隐秘。德彪西综合了印象派绘画和象征主义诗歌的特征，在音乐上进行了创造性的探索。）

边欣赏钢琴曲《亚麻色头发的少女》，边阅读书本第146页的文字介绍。

老师小结：本课欣赏了德彪西的三部印象主义音乐作品，印象最深的是哪一部？——《大海》用音乐表现绘画，《亚麻色头发的少女》是用绘画表现音乐。

（七）作业设计（由于课时有限，本环节要求学生在课后收集该时期的其他艺术作品进行欣赏，使学生获得更深刻的认识与收获）

（1）课后请再次聆听本课介绍的德彪西三部音乐作品，写一篇赏乐随笔。

（2）课后请同学们收集一些有关印象派音乐家和画家的资料（包括文字、音响、图片等），课后自学探究，并将其收入你的音乐文档袋中，下节课在课堂上分组进行展示和交流。

（附：相关资料、图片、音乐文件等，并谈谈你选择这一作品的原因以及对这一作品的理解。）

序号	作品名称	作曲家（画家）	欣赏小结

（八）课堂小结（升华主题，一语点题）

最后以德彪西的一段话结束本课，请一位学生在音乐声中朗读……

"我非常热爱音乐。正因为我热爱音乐，我试图让它脱离使它受到抑制的贫乏的传统。音乐是热情洋溢的自由艺术，是室外的艺术，像自然那样无边无际，像风，像天空，像海洋，绝不能把音乐关在屋子里，成为学院派的艺术。"——德彪西

这就是德彪西，这就是印象主义音乐……

1. 教学总结（这一环节有利于教师总结经验，及时调整和改善教学，提高教学质量）

由于作品抽象朦胧的特点，本课的内容较难把握，加之学生生活阅历有限，对印象主义音乐感到有些茫然，所以在本课中我联系了印象主义绘画作品的一些例子加以启发，利用音乐和美术的一些关联，让学生通过看、听、想、谈、画等方式，接触体验艺术作品的美感，感受生活中这种瞬间的奇妙感觉。印象派绘画大师莫奈、雷诺阿等人的作品可以帮助我们较好地理解德彪西的作品。我想，艺术的形式应该永远是为内容服务的，生活中的景色也总是因感情的丰富而变得更加美妙……

2. 问题研讨

（1）印象派音乐作品比较抽象，很难设计学生参与大规模、热闹的教学活动环节，像本课这样静静地以聆听感悟为主，让学生谈自己的听后感，小范围地谈论音乐，是否已经完全符合新课标的参与理念？

（2）在欣赏交响音画《大海》时，结合播放演奏录像好，还是播放纯音乐单听好？录像画面是否会干扰学生的思维？

（3）美术作品用多了，是否会让本课的学习过于复杂化？

案例评析

本案例是高中一年级的欣赏单元，本单元专门介绍印象主义音乐代表人物德彪西及其作品，并以《大海》为主要欣赏曲目，引导学生初步感受和体验印象主义音乐。本课的执教者是浙江省义乌中学叶艳老师。本课突出音乐特点，关注学科综合，通过音乐与美术课

程的共同碰撞，达到对音乐作品的理解，提高对音乐艺术美感的体验、感悟和沟通。在本课的教学中，该教师通过印象派绘画与音乐作品的比较鉴赏，帮助学生体验印象主义音乐作品的特点，这是非常有想法的教学思路，同时也拓展了学生的艺术视野，很值得借鉴。

（一）体现教师的学科专业能力

（1）掌握不同时代、不同流派、不同民族的音乐及其特点，对相关文化背景有深入解读，并可运用个人的专长演绎部分音乐作品。

印象主义音乐作品是比较难懂又难以讲解的，这节课的难度确实很大。但是作为近现代一个重要的音乐流派，教师对于印象主义音乐及其特点有自己的理解，对于印象主义音乐代表人物德彪西及其作品也有自己的解读。在教学中，遇到到这样比较有特点的风格流派，要想完成好教学任务，教师首先要做到对教学内容涉及的音乐及相关文化知识有深入了解，并且将这些知识内化形成自己的观点。只有这样，教师才能在课堂上挥洒自如，否则将不能在课堂上引导学生的体验和感受。在教学中，教师又把不同乐派相同主题的音乐作品联系起来对比欣赏，帮助学生直观感受印象主义音乐的特点，进而产生自己的理性认识。

（2）熟悉教材内外音乐与舞蹈、美术、戏曲、曲艺、戏剧等姊妹艺术间的联系与区别，准确把握不同艺术的主要特征。

针对比较难以理解的印象主义音乐作品，教师选择通过对比的方法，将印象派绘画作品与相同主题的音乐作品联系起来，通过移觉的方法，让学生产生听觉和视觉两方面的感受和体验。音乐是听觉艺术，所有的意境和画面都靠人的想象来完成。因此，遇到比较难以理解的印象主义音乐时，选用同样风格的印象派绘画作品帮助学生增加感官体验，是一种非常有效的方法。从这一点也可以看出，该教师对于音乐以外的姊妹艺术也有涉猎，并且能够做到互相联系。

（3）主动收集、涉猎相关姊妹艺术的知识与技能，在以音乐为主体的条件下对相关姊妹艺术有独到的见解。

从本案例可以看出，该教师对相关姊妹艺术的涉猎，不但能够将其联系教学内容，而且可以形成重要的辅助作用。在教学中，我们应当以音乐为主体，在此条件下联系相关艺术，而不能为了拓展而拓展，拓展是为了教学的主体，也就是音乐本身。本案例中教师完成得很好。

（二）体现教师的学科教学能力

（1）能够通过巧妙的设计，在欣赏、表现、创造等教学活动中融入相关文化知识的教学，体现出教学的深度与广度。

本案例是欣赏教学，在欣赏教学中教师设计将美术作品与音乐作品进行对比联系，既实现了教学目的，又拓展了学生审美鉴赏的视野，使学生体验了画中有乐、乐中有画的美好意境，充分发挥了学生的想象力和创造力。这是教师教学智慧的体现，本案例体现出了教学的广度。

（2）能够巧妙结合音乐材料的教学对相关姊妹艺术的特征进行深入讲解，通过归纳、对比等丰富的教学体验活动，有效地进行分析和实践活动。

本案例的教学手段多样，多种手段的结合丰富了学生的学习体验，使学生自然而然融入教师创设的印象美的意境。其中音画视听、对比鉴赏作为最主要的手段有效帮助学生感受和理解印象主义音乐的风格特点，问题的引导和自学环节也符合高中生的教学特点。

（3）在教师教学评价能力方面，本课教师能够选取教学重点进行展开分析和艺术实践，通过问题的提出、作品的对比欣赏等方式检验学生的学习成果；在教学评价中能够合理运用教学评价原则，准确了解教学的实际效果。

本课教学建议：对于高中学生而言，教师教学语言的表述更需突出艺术的本体讲授，可以用文学描述的语言，但要控制量，而音乐与美术的更多术语可以在本课中大胆使用。在学生理性思考的基础上，多加入学生实践参与的艺术实践活动设计。

（北京市第八十中学刘颖、韩旭　评析）

附录　北京市朝阳区教师教学基本能力检核标准

（试行稿）

2009 年 3 月 30 日

《北京市朝阳区教师教学基本能力检核标准》

维度	关键表现领域	能力要点	合格	良好	优秀
教学设计能力	一、教学背景分析能力	（一）正确理解教材内容	能够分析教材所涉及的基本内容，并梳理出单元知识结构框架	能够准确描述知识的纵向与横向联系，并能将知识置于某一个知识或能力框架内进行解读	能够深入挖掘本单元知识在学生发展中的教育价值
		（二）实证分析学生情况	能够关注学生的学习基础，并分析出学生在新知识形成过程中可能遇到的困难	能够对学生的学习基础进行调研，并根据调研资料和数据分析出在新知识学习过程中可能遇到的认知困难	能够根据调研资料和数据，对学生在新知识形成过程中可能遇到的认知和情感上的困难进行理性分析
		（三）科学确定教学内容	能够根据课标要求和教材内容，确定教学重点与难点	能够根据课标要求、教材内容和学生的学习基础，确定教学重点与难点	能够根据课标要求、教材内容和学生的学习基础，整合教学内容
	二、教学目标制定能力	（四）清晰确定课时目标	能够依据教学内容和学生情况确定符合课标要求的教学目标	能够依据教材分析和学情分析确定符合课标要求的教学目标	能够依据教材分析和学情分析以及二者之间的密切联系确定符合课标要求的教学目标
		（五）科学表述三维目标	能够正确选择行为动词表述三维目标，逻辑严谨	能够恰当表述具有可操作性的三维目标	能够将三维目标进行有机整合，使其具有可测评性
	三、教学过程设计能力	（六）合理安排教学流程	能够安排符合知识逻辑的教学流程，教学重点突出，对时间安排有预设	能够安排兼顾知识逻辑和学生认知逻辑的教学流程，对时间安排的预设合理	能够安排具有开放性和生成空间的教学流程
		（七）有效设计教学活动	能够围绕教学目标设计教学活动，并能设计对教学活动完成情况的检测方案	能够围绕教学目标设计具有连贯性的教学活动，并能有针对性地设计对教学活动完成情况的检测方案	能够设计激发学生思维和情感的教学活动，并能对课堂可能生成的问题设计预案
		（八）灵活选择教学策略	能够根据教学目标和内容进行板书、提问、媒体演示和评价等教学手段的设计	能够根据教学目标和内容，利用小组合作等学习方式突出教学重点、突破教学难点	能够根据教学目标和内容，设计教学策略并灵活运用各种教学手段
教学实施能力	一、激发动机能力	（一）营造良好学习环境	能够营造整洁有序的教学环境，并以稳定的情绪和良好的状态进行教学	能够以稳妥的方式处理课堂中的突发事件	能够将课堂突发事件转化为教育契机
		（二）有效激发学习动机	能够运用教学技能呈现设计的教学活动，并吸引学生的注意力	能够根据课堂情况呈现设计的教学活动，并能激发学生的学习兴趣	能够灵活根据课堂情况呈现设计的教学活动，有效激发学生持久的学习动机

续表

维度	关键表现领域	能力要点	合格	良好	优秀
教学实施能力	二、信息传递能力	（三）教学语言精练生动	教学语言表达清楚，语速、音量适中，并能用体语加强信息传递效果	能够正确运用学科术语，教学语言准确、简练	教学语言生动形象，富有感染力
		（四）板书运用熟练巧妙	板书字体端正、大小适中，有一定书写速度	板书设计有整体性，突出重难点和知识间的联系，逻辑层次清晰	板书能够使学生有美的感受，并伴随课堂教学进程有生成性
		（五）教学媒体运用恰当	能够根据教学目标和内容选择运用教学媒体	能够根据教学目标和内容合理选择并恰当运用教学媒体	能够根据教学目标和内容合理改进并综合运用教学媒体
	三、提问追问能力	（六）恰当提问、有效追问	能够根据教学设计适时进行课堂提问，问题本身和表述能让学生理解，减少自问自答、是非问答、集体回答等情况	能够根据学生情况选择恰当的对象进行提问，问题精当并有一定层次性，并能根据学生回答问题的情况进行灵活有效地追问	能够根据课堂上变化的学情及时调整提问内容和方式，重视培养学生的问题意识
	四、多向互动能力	（七）教学组织方式有效	能够根据学习需要和特定学情，组织同位交流、小组合作、全班讨论等活动	组织活动时能够掌握恰当分组、有效分工、控制时间等技能	能够调动每个学生参与活动的积极性，并对活动过程中出现的问题进行恰当处理
		（八）认真倾听、及时反应	能够倾听学生的想法，与学生互动；鼓励学生大胆发言，并引导学生认真倾听同学发言	能够在倾听过程中随时与发言者交流自己的理解，促进师生互动，并系统地指导同学倾听	能够把课堂发言的评价权交给全班学生并进行适当指导，有效促进学生之间的真正互动
	五、及时强化能力	（九）强化重点突破难点	能够运用重复、语言变化、板书强化教学重点	能够运用媒体、提问、体态语等多种方式，强化教学重点，突破教学难点	能够选择恰当时机，灵活运用多种手段，进行有效强化
		（十）强化学生积极表现	能够关注学生积极表现，并给予肯定	能够根据学生特点对其积极表现进行鼓励	能够通过对学生个体积极表现的强化，感染全体学生
	六、课堂调控能力	（十一）合理调控时间节奏	能够控制课堂时间和教学节奏	能够监控学生的状态对课堂时间和教学节奏进行调整	能够根据课堂上不可预知的学情，灵活调整教学设计时各环节的时间分配，并对教学内容作出取舍
		（十二）准确把握内容走向	能够按照教学设计的思路，控制课堂教学的走向	能够根据教学反馈的信息，对教学内容和进程进行调整	能够准确把握教学设计的思路，灵活处理课堂生成性问题，控制课堂教学的走向

续表

维度	关键表现领域	能力要点	合格	良好	优秀
教学实施能力	七、学习指导能力	（十三）关注个体分层指导	能够观察各类典型学生的反应，对边缘学生予以特别关注，并能适时对学生进行个别指导	能够了解不同学生的个性特点、学习风格和学习态度，对沉默和边缘的学生进行情感和智力支持	能够通过不同的教学方式照顾不同学生的学习基础、个性特点和学习风格，并能布置有一定层级的学习任务
		（十四）指导学法培养思维	能够在教学中渗透学习方法，培养学习习惯	能够根据教学内容指导学生的学习方法和思维方法	能够根据学科特点有效指导学生的学习方法和思维方法，提高学科素养
教学评价能力	一、学生学业评价能力	（一）掌握学业评价标准	能够结合具体的教学内容解释学业评价标准中各目标动词的含义，并能选择符合评价标准的课堂检测题	能够根据相关的学业评价标准和学生的学习情况编制用于教科书的测试卷	能够根据相应的学业评价标准独立编制学期综合测试卷，有对学生思维和情感变化的观测点和具体的观测方法
		（二）科学选择评价方法	能够根据教学内容和学生情况选择激励性的评价方法；能够选择不同难度的题目布置作业或练习	能够通过观察、追问等多种方式进行学生的学习过程评价；能够选择和编制不同难度的题目并设计不同的作业完成方式	能够从知识、思维、情感等各个方面系统评价学生的学习状况；能够确定多元化的评价主体和选择多样性的评价方式
		（三）有效利用评价结果	能够选择恰当的方法及时解决课堂练习和作业中出现的问题；能够针对学生的知识漏洞及时对学生进行个别辅导	能够根据课堂练习和作业中出现的问题调整教学进度和教学方法；能够根据学生需求为不同学生提供不同的学业指导。	能够根据学生的情绪、情感、思维状态及时调整教学进度与策略；能够根据评价结果为学生提供具有挑战性的学习任务
	二、教学效果评价能力	（四）掌握教学评价标准	能够了解课堂评价标准的具体内容，并能结合实例进行解释	能够确定教科书呈现的自然单元教学效果评价标准。	能够确定学生某种能力发展单元的教学效果评价标准
		（五）科学运用评价方式	能够有理有据地对自己或他人的教学进行评价	能够分析教师行为与学生表现之间的因果关系	能够实现评价主体的多元化和评价方式的多样性，找出导致教学成功与失败的根本原因
		（六）反思评价改进教学	能够积累反思材料，并根据自己的反思和他人的评价改进教学	能够将自己的评价意见与他人进行有效交流，并对他人提出教学改进建议	能够对分析结果进行理论提升，并对教学提出系统的改进方案

备注：良好层次的要求包含合格层次的要求；优秀层次的要求包含良好层次的要求。

参 考 文 献

［1］马达 . 音乐微格教学［M］. 厦门：厦门大学出版社，2007.

［2］李涛 . 教师常用教学技能训练［M］. 北京：中国轻工业出版社，2014.

［3］孟宪凯 . 微格教学基础课程［M］. 北京：北京师范大学出版社，1992.

［4］张雄安 . 中学体育微格教学教程［M］. 北京：科学出版社，1999.

［5］孙立仁 . 微格教学理论与实践研究［M］. 北京：科学出版社，1997.

［6］李磊 . 教师教学基本能力解读与训练中学音乐［M］. 北京：北京理工大学出版社，2012

［7］曹理，崔学荣，缪裴言，等 . 新课程音乐教学案例选评（第二版）［M］. 北京：高等教育出版社，2017.

［8］曹理 . 名优教师设计音乐课教案与评析［M］. 北京：人民音乐出版社，2014.

［9］王陆，张敏霞编著 . 教学反思方法与技术［M］. 北京：北京师范大学出版社，2012.

［10］赵明仁 . 教学反思与教师专业发展［M］. 北京：北京师范大学出版社，2009.

［11］徐智 . 中小学教师教学反思研究［D］. 桂林：广西师范大学，2005.

［12］朱玉东 . 反思与教师的专业发展［J］. 教育科学研究，2003（11）.

［13］李红玲 . 论教学反思［D］. 太原：山西大学，2007.

［14］陈玉梅，查啸虎 . 教学反思与教师专业发展［J］. 天津师范大学学报（基础教育版），2003（03）.

［15］王映学 . 谈教学反思［J］. 教育探索，2000（11）.

［16］李凤凤 . 探究《凯皮拉的小火车》音乐创作特色［J］. 人民音乐，2009（2）.

［17］成鹏，刘忠民 .《微格教学法在体育教学中的应用研究》［J］. 长春工业大学学报（高教研究版），2007，28（4）.